JN437907

고문진보의 이해와 감상

고문진보의 이해와 감상

박삼수 지음

UUP

고문진보의 이해와 감상

2009년 1월 17일 1판 1쇄 발행
2015년 8월 21일 2판 1쇄 인쇄
2015년 8월 28일 2판 1쇄 발행

지은이 | 박삼수
펴낸이 | 오연천
펴낸곳 | UUP(울산대학교출판부)

출판등록 | 제370-1996-000001호(1996.3.13)
주소 | 44610 울산광역시 남구 대학로 93
전화 | (052) 259-2488
팩스 | (052) 277-3011
홈페이지 | http://uup.ulsan.ac.kr
E-mail | press@mail.ulsan.ac.kr

값 15,000원

ISBN 978-89-7868-156-8

* 이 도서의 국립중앙도서관 출판시도서목록(CIP)은 e-CIP 홈페이지(http://www.nl.go.kr/ecip)에서 이용하실 수 있습니다. (CIP제어번호:2008003895)

머리말

『고문진보(古文眞寶)』(이하 『진보』로 줄여 일컬음)는 송말(宋末) 원초(元初)에 편찬된 것으로 추정되는, 중국 고대 시문(詩文) 선집이다. 필자가 오래전 중문학에 입문하면서 가까이하게 된 『진보』는, 시간이 가면서 점차 수많은 읽을거리 중 하나로 전락(?)하며 소원해졌다. 지난 2000년 중국 문선학회(文選學會)의 초청을 받고 논문을 구상하던 중, 문득 '고우(故友)'를 떠올렸다. 문선학의 연구 대상인 소통(蕭統)의 『문선』이 바로 『진보』의 모태였음을 상기한 것이다. 그 같은 맥락에서 완성된 논문은 해당 학회에서 예정대로 발표되었다. 100명이 훨씬 넘는 학자(개중에는 물론 중국학자가 절대 다수였음)가 논문을 발표하는 대규모 국제학회였으나, 일본학자를 제외하면, 대부분은 『진보』의 존재조차 모르고 있었다. 심지어 중국 문헌학을 전공하는 이도 마찬가지였다. 자못 의외였으나 많은 사람들이 관심을 가졌고, 일부 인사는 필자에게 『진보』 전질(全帙)을 구할 의사를 비쳐 귀국 후 서둘러 구입해 우송하였다. 그야말로 『진보』를 '역수출'한 것이다. 필자 또한 오랫동안 소원했던 『진보』를 다시 만나는 즐거움에 천학(淺學)함도 잊고, 그 후 몇 차례에 걸쳐 중국의 학회와 학술지에 관련 논문을 발표하였다.

『진보』가 우리나라에 전해진 것은 고려 말이다. 이후 조선조 일대를 풍미하면서 일반 선비들이 한문의 기초를 다지거나 조예를 더하는 데 크게 이바지하였다. 뿐만 아니라 한문 교본(敎本)이나 독본(讀本)으로서의 그 위상과 기능은 오늘날까지 이어져, 한학(漢學) 애호가와 전문가들 사이에서는 여전히 필독을 요하는 도서로 자리 잡고 있다. 이는 『진보』가 중국에서는 원(元)・명(明) 이대(二代)에 널리 읽히다가 명말(明末) 이후 점차 문사(文士)들의 관심 밖으로 밀려났고, 지금은 일부 전문가들만 주목하는 것과는 극명히 대비된다.

오늘날 우리 사회에서 통행되고 있는 『진보』는 지난날 우리의 선조들이 밤낮으로 읽고 공부했던 조선간본(朝鮮刊本)이다. 『진보』는 현재 수종(數種)의 판본이 전하는데, 조선간본은 중국이나 일본에서 간행된 다른 어떤 판본보다도 많은 373편(篇)의 작품을 수록하고 있다. 우리 선조들의 학문적 열정이 묻어나는 대목이 아닐 수 없다. 다만 '신학문'이 중심인 오늘날에는, 아무리 한학을 애호하고 전공하는 사람일지라도 그 방대한 분량의 작품을 한 차례 통독하기도 쉽지 않을 터인데, 하물며 한문이란 통독이 아니라 정독과 완독(玩讀)을 거듭해야만 비로소 문리(文理)의 실마리를 잡을 수 있음에 있어서야. 때문에 이제 우리는 『진보』의 시문(詩文) 가운데 문학적 성취와 가치가 특히 두드러진 명작을 골라 읽고 또 읽으며, 우리의 한학적 소양을 키워나가야 한다. 필자가 이 책을 엮는 뜻은 바로 여기에 있다.

이 책은 『진보』에 대한 전반적인 이해를 돕기 위한 '이해편(理解編)'과 불후의 명작을 정선해 감상하기 위한 '감상편(鑑賞編)'으로 구성하였다. 한문 고전의 난해함은 누구나 익히 아는 바이다. 그러나 그 행간에서 풍기는 그윽한 향기는 우리의 지성과 감성, 나아가 인성의 함양에 기본 자양(滋養)이 될 것이다. 이것이 바로 우리가 어려운 한문 고전을 가까이해야 하는 이유이다. 필자는 고전 자양의 섭취를 보다 용이하게 하기 위해

'감상편'의 어려운 한문을 최대한 쉽게 풀이하고자 애썼다. 고전은 마르지 않는, 그리고 썩지 않는 샘물이다. 길을 때마다 새롭게 솟아나는 그 청수(淸水) 맛을 유유(幽幽)히 음미하는 즐거움은, 노고를 마다하지 않고 부단히 두레박질하는 사람만이 향유할 수 있을 것이다.

이 책이 감히 독자 제현의 한문 명작 골라 읽기에 일조할 수 있기를 바란다.

2008년 12월 08일

문수산 기슭에서

박 삼 수

일러두기

1. 이 책의 『고문진보』 이해 및 감상의 대본(臺本)은 조선간본(朝鮮刊本) 『상설고문진보대전(詳說古文眞寶大全)』이다.
2. 이 책의 '이해편'은 그간 필자가 국내외에 발표한 관련 논문을 바탕으로 하여 일련의 수보(修補)를 가한 것이다.
3. 이 책의 '감상편'은 『고문진보』 「전집」의 시가와 「후집」의 산문 가운데 후세에 불후의 명작으로 평가받는 작품을 정선한 것이며, 작품의 배열은 시대 순에 따랐다.
4. '감상편'의 작품 원문을 역문(譯文) 앞에 배치하고, 또 한글 토를 달아 한문의 학습과 송독(誦讀)에 편리하도록 하였다. 또한 작품이 장편인 경우 의미에 따라 단락을 나누어, 원문과 역문, 주석을 긴밀히 대조 참고해 학습하기에 용이하도록 하였다.
5. '감상편'에서 『진보』 원문의 자구(字句)가 해당 작가의 통행본 문집(文集) 등과 다른 경우에는, 원칙적으로 보다 자연스럽거나 널리 통행되어온 것을 취하고, 그 사실을 주석으로 부기(附記)하였다. 이는 『진보』가 초간본(初刊本) 이후 여러 사람에 의해 증보(增補)된 선집인 만큼, 자구상의 편차가 심한 경우가 있음을 감안한 조치이다.
6. '감상편'의 작가 소개는 각 작가의 첫 작품에만 부기하였다. 따라서 다른 작품의 경우에는, 반드시 먼저 앞의 '작가 소개'를 통독한 후 학습과 감상에 들어가는 것이 필요할 것이다.
7. '감상편'의 작품 번역은 충실한 직역을 원칙으로 하여, 한문 학습자의 문리(文理) 터득에 도움이 되게 하였다. 다만 한글 표현상 자연스러움을 제고하기 위해 때로는 다소의 신축성을 가미하였다.
8. '감상편'의 작품 주석은 상세함과 평이함을 아울러 추구하여, 작품의 학습과 감상에 실질적인 도움이 되게 하였다.
9. '감상편'에서 인구에 회자되는 명작임에도 불구하고 기왕의 역주(譯註)에 모호함이 있어 온 부분에 대해서는, 문법상 또 의미상 한껏 객관적이고 합리적인 방향으로 풀이하여 설득력을 높였다.
10. '감상편'의 작품 해설은 장황함을 피하고 보다 핵심적인 설명으로, 독자 나름의 창의적인 이해와 감상에 단초를 제공하고자 하였다.

차례

제1편

『고문진보』의 분석적 이해

제 1 장
『고문진보』의 기초 이해

고대의 중국은 그야말로 '문학 대국(大國)'으로, 선진(先秦) 이래 역대의 시문(詩文) 작품이 한우충동(汗牛充棟, 짐을 지우면 소가 땀을 흘리고, 방에 쌓으면 들보까지 찬다는 뜻으로 책이 대단히 많음을 이르는 말)하고, 명편 가작이 그 수를 헤아리기 힘들다. 예로부터 문인 학사들은 각기 전대(前代)의 대표적인 문학 작품들을 읽고 감상함으로써 자신의 문학적 소양을 증진시켜 왔다. 하지만 고대 사회는 인쇄 기술이 낙후한 데다 도서 유통까지 어려워, 일반 문사(文士)들이 일상에서 접할 수 있는 시문집은 결코 많지 않았다. 옛 문사들의 독서는 상당한 정도의 우연성과 맹목성을 배제하기 어려웠으며, 그들이 접하는 작품 또한 옥석이 혼재하여, 한 시대나 작가의 문학 성취를 대표할 만한 명작을 가려 읽기가 쉽지 않았다. 결국 독서 효율성이 떨어질 수밖에 없었다. 그리하여 명편 가작 위주의 보다 편리하면서도 유목적적(有目的的)인 독서를 통해, 특정한 유형과 시대의 문학 세계에 대한 체계적인 이해와 감상을 희구하는 욕구가 분출하였다.

이 같은 시대적 상황과 기운에 힘입어, 뜻 있는 문사들이 적극적으로 나서 문학 작품의 '선집(選集)'을 편찬함으로써 고대 독서계의 난제를 해결하고, 나아가 문예 사상의 발전에 크게 공헌하는 계기를 마련하였다. 중국 현대 문단의 대문호 노신(魯迅)도 "문학 작품의 평선본(評選本)이 후세 문학에 끼친 영향력은 자못 심대한 것으로, 아마도 명가의 「전집」을 오히려 훨씬 능가할 것이다.(評選的本子, 影響於後來的文章的力量是不小的, 恐怕還遠在名家的專集之上)"(『집외집集外集』)라고 하였으니, 문학 선집의 문학발전사적 의의와 가치는 실로 막대한 것이다.

『고문진보』(이하 『진보』로 약칭함)는 한때 수많은 문사들이 애독하던 시문선집(詩文選集)으로, 대략 송말(宋末)·원초(元初)에 편찬되어 원(元)·명(明) 양대(兩代)에 걸쳐 일시를 풍미하였다. 그러나 명말(明末) 이후 점차 쇠락의 길을 걷기 시작하여, 근·현대에 이르러서는 중국 내에서는 거의 사람들의 기억 속에서 사라졌다가, 근년에야 비로소 일부 전문가들이 관심을 갖기 시작하였다. 하지만 『진보』는 일찍부터 우리나라와 일본에 전해져 문인 학사들의 필독서가 되었으며, 중국의 경우와는 달리 오늘날까지 여전히 사람들의 관심과 애호를 받으며 양국의 한학계(漢學界)와 독서계에 영향력을 발휘하고 있다. 『진보』의 전파와 유행에 있어 본국과 선명히 대비되는 이러한 현상은 자못 흥미롭다. 특히 우리나라에 전해져 간행을 거듭해온 조선간본(朝鮮刊本), 즉 『상설고문진보대전(詳說古文眞寶大全)』은 현존하는 다른 판본들과는 또 다른 특징의 수월성을 띤 최상의 선본(善本)으로 평가되고 있어, 더욱 호기심을 불러일으키게 한다. 그러므로 이제 이 책에서 진행하게 될 관련 논술과 명작 감상은 조선간본을 바탕 판본으로 하고자 한다. 아울러 아래에서 판본의 명칭을 구체적으로 언급하지 않는 경우는 모두 조선간본『진보』를 지칭하는 것임을 밝혀둔다.

『진보』는 고려 말부터 오늘날까지 대략 650여 년의 세월 동안, 우리 민족의 문학적, 학문적 소양을 다지는 '한문 교본'으로서 충실히 기능해 왔다. 하지만 지금껏 그 문선학적(文選學的) 의의나 작품 세계에 대한 학문적 고찰은 극히 드물었는데, 그것은 곧 한문 교본으로서『진보』의 편향적인 성격과 영향을 단적으로 보여준다.

가 『고문진보』의 성서(成書)와 유행

중국문학사상 남조(南朝) 양대(梁代)의 소명태자(昭明太子) 소통(蕭統)이 엮은 시문 총집(詩文總集)인『문선(文選)』(세칭『소명문선』)은 문학 선집의 효시로, 역대 문인 학자의 애호와 중시를 한 몸에 받아 고대 문사의 필독서로 자리매김하였다. 뿐만 아니라 후세에 좋은 글을 가려 뽑는 '문선(文選)'의 의의와 기풍을 확산시키는 데 결정적인 역할을 하였다.『문선』이 세상에 나온 이후 남송(南宋) 말(末)까지, 다수의 시·문 선집이 잇따라 편찬 간행되었다.1) 하지만 이들 선집의 수록 작품은 시대나 지역, 문체

---

1) 다만 후세의 문학 선집은 대개 시가선(詩歌選)이 아니면 산문선(散文選)으로, 시문의 종합 선집은 결코 많지 않았으며, 그 가운데 이름 난 것으로는 다음과 같은 것들이 있음. 남조(南朝) 진대(陳代) 서릉(徐陵)『옥대신영(玉臺新詠)』(고시선본古詩選本); 당대(唐代) 은번(殷璠)『하악영령집(河岳英靈集)』, 원결(元結)『협중집(篋中集)』, 고중무(高仲武)『중흥간기집(中興間氣集)』, 요합(姚合)『극현집(極玄集)』, 위장(韋壯)『우현집(又玄集)』, 위곡(韋穀)『재조집(才調集)』; 송대(宋代) 왕안석(王安石)『당백가시선(唐百家詩選)』, 조사수(趙師秀)『중묘집(衆妙集)』, 주필(周弼)『삼체당시(三體唐詩)』(이상 당시선본唐詩選本), 곽무천(郭茂倩)『악부시집(樂府詩集)』(악부시총집樂府詩總集), 이방(李昉)『문원영화(文苑英華)』, 진덕수(眞德秀)『문장정종(文章正宗)』(이상 시문선본詩文選本), 요현(姚鉉)『당문수(唐文粹)』, 여조겸(呂祖謙)『고문관건(古文關鍵)』, 누방(樓昉)『숭고문결(崇古文訣)』, 사방득(謝枋得)『문장궤범

(文體) 등에 다양성이 결여된 데다 그 선문(選文) 및 편찬의 목적과 기준 또한 천차만별로, 각기 일정한 한계를 나타내고 있었다. 때문에 독서계에서는 작품의 선록(選錄)과 독자층의 범위를 보다 확대한 새로운 문학 선집의 필요성을 절감하였으며, 『진보』는 바로 그 같은 시대적 요구와 기대에 부응하여 편찬된 것이다.

『진보』는 원편본(原編本)이 통행된 이후 여러 사람에 의해 수종의 개편본(改編本)이 간행되기도 하였는데, 현재 관련 기록의 부족으로 원편자와 개편자를 정확히 알 수는 없다. 원말(元末) 지정(至正) 26년(1366) 정본(鄭本, 자字는 사문士文)의 「고문진보서(古文眞寶敍)」를 보자.

> 안타깝게도 옛날에 간행된 책에는 대체로 빠진 자구가 많고, 주석이 명확치 않아, 독자들이 유감스럽게 생각하였는데, 삼산의 임이정 선생이란 분이 제자들을 가르치는 여가에 저자를 둘러보다가 옛날 책을 구해서, 그릇된 것은 바로 잡고, 번다한 것은 깔끔히 정리하고, 간략한 것은 상세히 보충하여 아주 합당하고 완전한 상태로 만들었다. 이 책의 경우는 각 편의 제목 아래에 모두 글의 대의를 덧붙이고, 구두(句讀) 사이사이에 자구의 훈독과 주해(註解)를 자세히 달아놓았다. ……내가 책방을 드나든 지 육 년이 되었을 때, 훌륭한 선비 한 사람을 만나 사귀었는데, 분명 선생의 제자였다. 내가 태어나기 전에 선생께서 먼저 세상을 떠나시어 비록 뵙지는 못했지만, 그 제자를 보니 그 스승을 알 만하였다. 하루는 장여군이란 이가 나에게 말했다. "『고문진보』는 돌아가신 스승님께서 심혈을 기울이셨으나, 미처 권두에 서문을 써넣지 못하셨는데, 당연히 서문이 있어야 하지 않겠습니까? 그러니 선생님께서 서문을 좀 써주시기를 청할 수밖에 없습니다." 이에 나는 청을 거절하지 못하고 관련 내용의 대강을 서술하여,

---

(文章軌範)』(이상 고문선집古文選集).

이 책의 서문을 쓰노라. (惜乎舊所梓行, 率多刪略, 註釋不明, 讀者憾焉. 有三山林以正先生者, 授徒之暇, 閱市而求書. 未善者正之, 繁者芟之, 略者詳之, 必歸於至當而後已. 若此書者, 撮大意於篇題之下, 精明訓解於句讀之閒. ……予寓書林六年, 得一善士, 而與之友者, 必先生之高弟也. 來後去先, 雖不及會, 然觀其徒, 則可以知其師矣. 一日有章余君語予曰: "古文眞寶, 先師用心之勤矣. 猶未有以題其首, 非缺歟? 盍請序之." 予不獲辭, 遂述其槩, 而爲之書)

『진보』는 원말(元末) 이전에 이미 오랫동안 널리 읽혔으며, 그 사이 삼산(지금의 복건성 복주福州)의 임이정이란 사람이 자구를 교정하고, 주석을 증보한 적이 있다는 것이다. 임이정은 이름은 정(楨)이고, '이정'은 그의 자인데, 저술로는 『시학대성(詩學大成)』 증보본(增補本)이 있으나, 그의 생애 사적은 알려지지 않고 있다. 이 정본의 서문(敍文)에서도 『진보』의 편자는 전혀 언급하지 않았으며, 게다가 그 이전에는 권두에 서문(序文)조차 없었던 것으로 보인다. 그런데 100여 년이 지난 명(明) 홍치(弘治) 15년(1502) 청여재(靑藜齋)의 「중간고문진보발(重刊古文眞寶跋)」에서는, 『진보』가 영양(永陽) 사람 황견(黃堅)이 엮은 것이라고 하였다. 대개 이에 근거해 후세에는 황견을 『진보』의 원편자로 보는 것이 통설이다. 다만 황견의 생애 사적, 특히 『진보』 편찬 시기 등에 대해서는 자세히 알 수 없다.

관련 문헌을 살펴보면 『원사(元史)』 「세조본기(世祖本紀)」에 좌강총관(左江總管) '황견'의 이름이 보인다. 그리고 청대에 편찬된 일련의 '원인저작목록(元人著作目錄)'[2]에 또 다른 '황견'이 보이는데, 그의 자는 자정(子貞)이고, 풍성(豐盛) 사람으로, 명초(明初) 이부상서(吏部尙書) 황종재(黃宗載)

2) 이를테면 김문조(金門詔)의 『보삼사예문지(補三史藝文志)』, 노문초(盧文弨)의 『보요금원예문지(補遼金元藝文志)』, 전대흔(錢大昕)의 『보원사예문지(補元史藝文志)』, 황우직(黃虞稷)의 『천경당서목(千頃堂書目)』 등이 있다.

의 아버지이다. 다만 금인(今人) 슝 리훼이(熊禮滙) 교수의 고증[3]에 따르면, 이 두 사람 가운데 전자는 원초(元初), 후자는 원말(元末)의 인물로, 둘 다 『진보』의 편자로 보기는 어렵다. 결국 『진보』의 원편자에 대해서, 우리는 현재 단지 영양(永陽, 지금의 안휘성 저주시滁州市 내안현來安縣) 사람 '황견'으로만 알 뿐이다.

『진보』의 편자 황견은 과연 언제 사람이었을까? 현존 최고본(最古本) 『진보』에는 남송 말 애국시인 문천상(文天祥)의 「육가(六歌)」와 사방득(謝枋得)의 「창포가(菖蒲歌)」가 실려 있는데, 두 사람은 모두 송나라가 멸망한 후 원나라에는 벼슬하지 않고 순국한 애국지사이다. 전하는 바에 의하면, 「육가」는 문천상이 남송의 국운이 풍전등화와도 같던 상황에서 원나라에 항거하며 전투에 참가하였으나, 불행히도 원군(元軍)에게 사로잡혀 북송(北送)되어 갈 때 지은 것이라고 한다. 그렇다면 문·사 두 사람의 시작(詩作)을 만약 후세 사람이 덧붙인 것이 아니라면, 『진보』의 원간본(原刊本)은 필시 송말 원초에 편찬되었을 것이다. 또한 『진보』의 모든 판본에서 문·사 이후 문인의 작품은 전혀 수록하지 않고 있으니, 그 편찬 시기가 결코 원초에서 크게 벗어나지는 않을 것으로 보인다.

한편 조선간본 『상설고문진보대전』은 『진보』의 역대 개편본 가운데 최선본(最善本)으로, 퇴계 이황 선생은 '이 책이 진신안의 편찬으로 탄생되었다(此書出於陳新安之撰)'[4]는 견해를 피력한 바 있다. 『진보』 「후집」 권10 「태극도설(太極圖說)」 평어(評語) 말미에 '신안 진력(陳櫟) 삼가 씀(新安陳櫟謹書)'이라고 하였는데, 아마도 퇴계 선생이 근거한 바일 것이다. 요컨대 '진력'이 곧 조선간본의 주요 개편자로 추정된다.

---

3) 黃堅 選編 / 熊禮滙 點校 『詳說古文眞寶大全』(長沙 : 湖南人民出版社, 2007.7.) '前言' 참조.

4) 『증보퇴계전서(增補退溪全書)』 (4), 『퇴계선생언행록(退溪先生言行錄)』 권5 「논과거지폐(論科擧之弊)」에 보임.

슝 리훼이 교수의 고증[5]에 따르면, 진력은 송말 원초의 저명한 이학자(理學者)이자 학당(學堂) 선생님으로, 휴녕(休寧) 사람이고, 자(字)는 수옹(壽翁)이다. 학당 이름이 정우(定宇)였으므로 학생들은 그를 '정우선생'이라 불렀고, 휴녕이 수대(隋代) 신안군(新安郡)의 치소(治所)였으므로 '진신안'으로도 불렀다. 그는 남송(南宋) 이종(理宗) 순우(淳祐) 12년(1252)에 태어나 원(元) 혜종(惠宗) 원통(元統) 2년(1334)에 세상을 떠났는데, 그렇다면『상설고문진보대전』은 늦어도 1334년 이전에 편찬되었을 것이다. 그리고 그것은 또 황견의 원편본을 근거로 개편한 것이니, 황견의 원편본은 다시 그보다 앞서 편찬되었을 것이다. 대개 살아 있는 사람의 작품은 선집의 수록 대상에서 제외되는 것이 관례였는데, 이 두 종의『진보』에 수록된 작가 중 가장 늦게까지 생존한 인물은 사방득(謝枋得, 1226-1289)이다. 그러니까 두 책이 처음 편찬된 시기는 1290년에서 1334년 사이일 것이다.

『진보』의 서명(書名)에서 이른바 '고문'은 역대의 시문을 아울러 일컫는 말로, 이는『진보』가 고전 문학 작품의 '진보', 즉 진정 보배로운 작품의 선집임을 말해준다. 그러므로 옛날에는 일반 문사는 물론 고문(古文)의 초학자들까지 대개『진보』로 글공부를 하였으며, 많은 글방에서도 이를 교본으로 활용하였다. 때문에 임이정이 그 대의를 요약하고 주석을 정리함으로써, "비단 어린 나이에 글공부를 하는 선비들에게 의지할 근거를 마련해줄 뿐만 아니라, 겨드랑이에 허름한 교본을 끼고 지방의 서당을 오가며 글을 가르치는 훈장들 또한 자구 풀이를 하지 못해 비웃음을 사는 일이 없도록 하였던(非惟使幼學之士得有所資, 而挾兎園冊於黨庠術序之間者, 亦免箝口之譏矣)"(정본「고문진보서」) 것이다. 또한 청여재도 "우연히 좋은 판본을 구하게 되자, 순무(巡撫)의 여가에 틈틈이 대략적으로 교정하여 각공(刻工)에게 명해 중간(重刊)토록 함으로써 후학들이 공부하

5) 주3과 같음.

는 데 자못 편리하게 한 바 있다.(偶得善本, 撫巡之暇, 畧加點校, 因命工重刊以便後學)"(「중간고문진보발」) 『진보』는 원・명 양대에 크게 유행하면서 많은 판본이 간행되었으나 거의 이미 오래 전에 실전(失傳)되었으며, 황견의 초간본이나 청여재의 중간본(세칭 '홍치본弘治本') 또한 현재까지 그 자취를 찾을 수가 없다. 현존하는 주요 판본은 대략 다음과 같다.

(1) 임이정(林以正) 교정본(校訂本)『괴본대자제유전해고문진보(魁本大字諸儒箋解古文眞寶)』 계통의 원간본(元刊本) 잔권(殘卷)과 일본 남북조(南北朝) 복원간본(覆元刊本) 완권(完卷) — 현존 최고본(最古本).

(2)『제유전해고문진보(諸儒箋解古文眞寶)』, 명(明) 만력(萬曆) 9년(전집前集), 11년(후집後集)에 사례감(司禮監)에서 신종(神宗)의 어지(御旨)를 받들어 홍치본(弘治本)을 대본으로 증보(增補) 중간(重刊)한 판본.

(3)『경판신증주석고문대전(京板新增註釋古文大全)』, 명(明) 섭향고(葉向高) 주석본(註釋本), 만력 36年(1608) 정세용(鄭世容) 간행.

(4)『평림주석요산고문대전(評林註釋要刪古文大全)』, 명 만력 연간 여문대(余文臺) 간행.

(5)『상설고문진보대전(詳說古文眞寶大全)』, 송백정(宋伯貞) 음석(音釋), 유염(劉剡) 교정(校正), 조선(朝鮮) 성종(成宗) 3년(1472) 간본(刊本) 계통본(系統本).

(6)『신대각교정주석보유고문대전(新臺閣校正註釋補遺古文大全)』, 청대(淸代) 장서도(張瑞圖) 교석본(校釋本).

황견의 원편본 간행 이후『진보』는 원(元)・명(明) 양대(兩代)를 풍미하면서 후세 사람들에 의해 부단히 개편되었는데, 평주(評注)는 물론 수록 작품을 더하거나 빼기도 하였고, 때로는 편집 체제까지 바꾸었다. 그리하여 양대에 간행된 판본은 그 종류가 상당히 많았을 뿐만 아니라, 피차간 내용상의 차이 또한 대단히 컸다. 나중에는 또 시대적 요구에 부응해

시(詩)·문선본(文選本)을 분리 간행하였고, 다시 문선본이 특히 널리 읽히면서 문선본인 「후집」만 간행하기도 하였다. 그러다 명말(明末) 이후에는, 이 책을 다투어 간행하며 읽고 공부하던 분위기가 갑자기 사라지면서 『진보』는 사람들의 관심 밖으로 밀려났다.

결국 한때는 문사들의 필독서였던 『진보』가 『사고전서(四庫全書)』에도 수록되지 않는 등, 급속히 후세 사람들의 기억 속에서 잊혀 갔다. 혹자는 그 까닭을 이 책이 시골 학당의 이름 없는 선비가 편찬 간행한 탓에 지속적으로 통행되지 못한 것이라고 하나 과연 그럴까? 이미 전술하였듯이 명(明) 신종(神宗)은 『진보』를 중시하여 어명으로 중간(重刊)케 하면서 친히 서문·발문을 쓰기도 하였다. 또 『진보』 초간본 직후의 개편자 진력은 당시의 저명한 이학자였다. 명대의 주석가(註釋家) 섭향고는 복청(福淸) 사람으로 자(字)는 진경(進卿)이고 예부상서(禮部尙書)와 동각대학사(東閣大學士)를 겸임하였는데, 『명사(明史)』에 그의 전(傳)이 있다. 만력 연간의 간행자 여문대는 당시 건안(建安) 서방(書坊, 옛날에 책을 인쇄 제작해 판매하던 곳)의 인사(人士)로, 소설 『서한지전(西漢志傳)』과 『사유기(四遊記)』의 지은이로도 유명하였다. 건안은 곧 송대(宋代) 이래 서방 밀집 지역으로 이름 난 곳이고, 여문대는 또 송·원·명 삼대(三代) 이래 건안 서방의 저명한 고수(高手)였다. 이로 미루어 볼 때 혹자의 견해는 성립되기 어려운 것 같다.

한편 명·청 양대에는 새로운 시문 선집이 속속 출현하였으며, 그 가운데는 대가(大家)의 선본(善本)도 적지 않았다.6) 특히 후세에 대단히 널리 유행하여 오늘날까지 많은 사람들이 즐겨 읽는 형당퇴사(蘅塘退士)의

---

6) 예를 들면 시가선으로 왕사정(王士禎)의 『고시선(古詩選)』·『당인만수절구선(唐人萬首絶句選)』, 심덕잠(沈德潛)의 『고시원(古詩源)』·『당시별재집(唐詩別裁集)』, 종성(鍾惺)·담원춘(譚元春)의 『고당시귀(古唐詩歸)』 등이 있고, 산문선으로 방포(方苞)의 『고문약편(古文約編)』, 요내(姚鼐)의 『고문사류찬(古文辭類纂)』, 증국번(曾國藩)의 『경사백가잡초(經史百家雜鈔)』 등이 있음.

『당시삼백수(唐詩三百首)』와 오초재(吳楚材)·오조후(吳調侯)의 『고문관지(古文觀止)』가 청초(淸初)에 동시에 간행되었다. 추측컨대 바로 이러한 신편(新編) 선집의 참신한 면모야말로, 『진보』로 하여금 중국 사회에서 기왕의 빛을 잃고 서서히 어둠 속으로 사라지게 하기에 충분하였을 것이다. 때문에 지금도 중국에서는 『진보』의 존재조차 아는 사람이 많지 않은데, 근년에 들어 날로 늘어나는 한중 양국 간의 학문적 교류 과정에 그 존재를 인지하고 점차 학문적 관심을 기울이는 전문가가 늘어나고 있다.7)

그렇다면 『진보』가 우리나라에 전해진 것은 언제일까? 고려 말 전녹생(田祿生, 1318～1375)의 『야은유고(埜隱遺稿)』와 그 부록으로 실린 조선 강회중(姜淮仲)의 「선본대자제유전해고문진보지(善本大字諸儒箋解古文眞寶志)」에 따르면, 14세기 중·후엽 전녹생이 중국에서 『진보』를 구입해 와서 첨삭을 한 후 합포(合浦)에서 처음으로 간행하였다. 이어서 조선 세종 2년(1420)에 전예(田藝)가 전녹생의 합포본에 주석을 보충하고, 해석을 보다 명확히 한 후, 서명(書名)을 『선본대자제유전해고문진보』로 고쳐 옥천(沃川)에서 중간(重刊)하였다. 그러나 불행히도 초기의 이 두 판본은 모두 오래 전에 실전되어 그 면모를 알 길이 없다. 또 『야은유고』의 부록에 실린 김종직(金宗直, 1431～1492)의 「상설고문진보대전발(詳說古文眞寶大全跋)」에 따르면, 명(明) 경태(景泰, 1450～1456) 초엽에 한림시독(翰林侍讀) 예(倪)선생이 당시의 통행본(通行本)을 우리나라에 가져다주었으며,

7) 그 가운데 선두주자는 단연 무한(武漢)대학의 슝 리훼이(熊禮滙) 교수로, 그는 특별히 우리나라 통행본(즉 『상설고문진보대전』)을 '역수입'해 여러 해 동안 점교(點校) 정리하여 마침내 지난해 정식으로 출판하였다.(*주3 참조) 슝교수는 그 '전언(前言)'에서 『진보』가 원·명 양대에 크게 유행하였으나 명나라 멸망 이후 점차 소실되면서 근·현대에 와서는 자취조차 찾기 힘들었는데, 이제 이를 다시 중국에서 간행하는 것은 중국 고대 문학선집의 연구와 전파 및 수용사(受容史) 연구에 특별한 효용이 있을 것이라고 하였다.

그것을 조선 성종(成宗) 3년(1472)에 독목사(督牧使) 유공량(柳公良)과 판관(判官) 최후영(崔侯榮)이 『상설고문진보대전』이란 이름으로 간행하였다. 그 후 『진보』는 조선 일대에 크게 유행하여, 마침내 글을 처음 배우는 사람이나 이미 일정한 경지에 이른 문인 학자를 막론하고, 모두가 반드시 읽어야 하는 독본(讀本)이 되었다. 그 같은 분위기 속에서 김종직은 급기야 "집집마다 이를 간직하고 사람마다 이를 송독(誦讀)하기를 다투어 한다면, 조선 왕조의 문장 법도가 진·당·송나라를 넘어서서 주나라나 한나라와도 그 아름다움을 겨루게 될 것(家儲而人誦, 競爲之, 則盛朝之文章法度, 可以凌晉唐宋, 而媲美周漢矣)"(「상설고문진보대전발」)으로 기대하기도 하였다. 『진보』는 간행을 거듭하였으며, 대략 19세기 초엽에는 또 언해본인 『상설고문진보대전언해(諺解)』가 간행되었으니, 당시에 이미 아속공상(雅俗共賞, 아사雅士와 속인俗人이 함께 즐기고 감상함)의 요구가 있었던 것으로 보인다. 역대로 우리나라에서 간행된 것은 모두가 동일 계통본(系統本)으로, 그 유행은 오늘날까지 이어져 한학계의 필수 교본 내지 독본으로 자리를 잡고 있다.

한편 일본의 경우에는 무로마치(室町, 1338～1573)시대 초기에 『진보』가 전해져, 남북조(南北朝)시대(1333～1392)에 처음으로 원간본(元刊本), 즉 『괴본대자제유전해고문진보(魁本大字諸儒箋解古文眞寶)』를 복각(覆刻) 간행한 이래, 우리나라와 마찬가지로 끊임없이 유행하여 현재까지 널리 읽히고 있다. 다만 일본에서 그 사이에 여러 차례 복각, 번각(翻刻)된 것은 거의 대부분이 원간본 계통의 판본인 점이 우리나라와는 다르다. 요컨대 명말(明末) 이후 『진보』의 유행은 중국은 극히 쇠미한 반면, 한·일 양국에서는 오히려 꾸준히 지속되어 오늘날까지 그 한문 독본 내지 교본으로서 상당한 가치를 인정받고 있다.

나 『고문진보』의 선문(選文) 관점

조선간본 『진보』(즉 『상설고문진보대전』)에 수록된 시문은 모두 373편이다. 특히 산문 작품은 130편에 달하여 다른 모든 판본을 훨씬 능가하고 있는데, 원간본에 비해서는 거의 두 배, 그 밖의 판본에 비해서도 거의 1.5배나 많은 작품이다. 조선간본 『진보』는 성서(成書) 이후 오랜 세월 동안 여러 사람의 손을 거쳐 유전되어 오면서 점진적으로 다수의 작품이 추가된 것으로 보인다. 김종직의 「상설고문진보대전발」에 의하면, 성종 3년에 처음으로 간행한 수증(受贈) 대본(臺本)은 "그 시와 문이 옛날 판본에 비해 갑절 이상이나 된다.(其詩若文, 視舊倍蓰)"고 하였으니, 우리나라에 전해질 당시에 이미 현재의 면모에 근접에 해 있었던 것 같다.

『진보』는 전·후대 다수 사람들의 공편(共編) 선집인 관계로, 전서(全書)에서 시종 일관 체계적인 선문 관점을 견지하기는 쉬운 일이 아니었다. 하지만 "어떤 종류의 문학 작품 선집도 반드시 편자의 문학 관점을 구현하고 있다.(任何一種文學作品選本都體現着編選者的文學觀點)"[8)]고 할 수 있다. 『진보』 역시 선문상(選文上) 그 특유의 기본 관점이 없을 수 없는바, 대략 다음 몇 가지로 분석된다.

첫째, 『진보』의 선문 및 편찬 목적은 '고문(古文)'의 독자와 학습자에게 다방면의 편의를 제공함으로써 '아동의 보육을 바르게 하고, 후학의 학습에 도움을 주기(正蒙養而裨後學)'[9)] 위한 것이었다. 원말 정본의 『고문진보서』에서 이르기를, "언제부턴가 시(詩)·서(書)·역(易)·예(禮)·악(樂)·춘추(春秋) 등 육경(六經)을 가르치지 않게 되면서, 세상에서 초학자(初學者)를 가르치는 사람들은 반드시 먼저 『논어』와 『맹자』를 가르치

8) 本社編 『古典文學三百題』, 상해, 上海古籍出版社, 1991.5. 문(文)·36조(條).
9) 청(淸) 오흥조(吳興祚) 『고문관지(古文觀止)』 「서(序)」.

고, 그 다음에는 고문을 가르쳤는데, 이는 또한 '사람의 기본 도리를 다 행하고도 여력이 있으면, 그제야 옛 글을 공부하는 것이다.'라고 한 공자의 뜻을 따른 것이다.(自六藝不講, 而世之誨小學者, 必先以語孟, 而次以古文, 亦餘力學文之意也)"라고 하였다. 『진보』의 편자는 곧 덕행의 수양을 근본으로 하면서 지식의 학습을 부차적인 것으로 여긴 공문(孔門)의 관점에 입각해, 초학자의 교본이자 후학의 독본으로 재도(載道, 성현의 도를 담음)의 '고문' 선집을 편찬하였고, 또한 사람들이 "사람으로서의 기본 도리를 다 행하고도 여력이 있으면, 그제야 옛 글을 공부할 것(行有餘力則以學文)"10)을 극력 권장한 것이다. 이 같은 의식의 저변에는 "책이 있어도 가르치지 않으면 자손들이 어리석고(有書不敎, 子孫愚)", "자손이 어리석으면 예의를 알지 못하건만(子孫愚兮, 禮義疎)"11) "세월은 유수같이 흐르고 흐르며 결코 나를 위해 늘어나지 않는다.(日月逝矣, 歲不我延)"12)는 절박함이 깔려 있다. 때문에 『진보』의 편자는 역대의 저명한 권학문(勸學文) 8편을 권두에 수록 배치함으로써 그 뜻을 보다 명확히 하였다.

둘째, 『진보』의 편자는 당송(唐宋) 문학의 고아(古雅)한 풍격을 특히 숭상하였다. 상술하였듯이 『진보』에서 이른바 '고문'은 운문과 산문을 아울러 가리키는데, 예로부터 "시가는 『시경』의 작품을 원조(元祖)로 삼고, 산문은 양한의 작품을 으뜸으로 삼았는데, 성률과 변려(騈儷)가 흥성하면서 시문(詩文)이 병들기 시작하여(詩以三百篇爲祖, 文以兩漢爲宗, 聲律偶儷興, 而文章病焉)"13) 결국 외화내공(外華內空)의 유미문학으로 전락하고 말았으며, 뜻 있는 문사들이 이를 크게 개탄하기에 이르렀다. 그리하여 초당(初

10) 『논어(論語)』「학이(學而)」.

11) 이상 『고문진보』「백낙천권학문(白樂天勸學文)」.

12) 『고문진보』「주문공권학문(朱文公勸學文)」.

13) 김종직(金宗直) 「상설고문진보대전발(詳說古文眞寶大全跋)」, 『고문진보언해(古文眞寶諺解)』, 서울, 고려서림, 1986.7. 부록.

唐) 때, 진자앙(陳子昂), 장구령(張九齡)이 주도한 시가 혁신을 거치면서 고시(古詩)는 새로운 생명력을 갖게 되었고, 또한 당시(唐詩)는 그 발전의 방향을 명확히 설정하게 되었다. 당시는 마침내 극성기를 맞이하였고, 이백, 두보, 왕유, 백거이와 같은 대가들이 속속 배출되었다. 이어서 송대(宋代)에는 시인들이 당시의 성취를 바탕으로 하면서도 새롭게 시경(詩境)의 창신(創新)을 추구하여, 송시(宋詩) 특유의 철리(哲理)를 중시하고 평이하고 질박함을 지향하는 '신품(新品)'을 창작하였다.

산문에 있어서는 중당(中唐) 때 한유(韓愈), 유종원(柳宗元)의 고문 운동을 거치면서 선진(先秦) 양한(兩漢)의 질박한 재도(載道)의 산문을 부흥시키려는 분위기가 조성되었고, 이어서 송대에는 구양수를 비롯한 육대가(六大家)가 한・유 산문 개혁의 성과를 계승 발전시켰다. 『진보』의 편자는 이와 같은 중국 문학 변천의 맥락에 대한 분명한 인식을 바탕으로 당송 문학의 고아한 풍격을 특히 숭상하였으며, 바로 그 같은 관점에 입각하여 당송 시문을 집중적으로 선록(選錄)하였다. 그 결과 시선집(詩選集)인 「전집」에서 당송 시(詩)가 차지하는 비중과, 문선집(文選集)인 「후집」에서 당송 문(文)이 차지하는 비중이 각각 85%, 88%를 상회하고 있다. 이는 훗날 명대에 일시를 풍미한 '문필진한(文必秦漢)・시필성당(詩必盛唐)', 즉 산문 창작은 반드시 선진・양한의 작풍을 본받고, 시가 창작은 반드시 성당의 작풍을 본보기로 삼아야 한다는 복고풍과는 또 다른 경향으로, 『진보』 편자의 차별화된 의식을 보여준다. 이에 대해 조선조(朝鮮朝) 강회중(姜淮仲)은 「선본대자제유전해고문진보지(善本大字諸儒箋解古文眞寶誌)」에서 "이 선집에 수록된 시문은 선대의 유학자가 고아한 풍격의 작품을 정선해 표양(表揚)한 것으로, 그 뜻을 이어받아 배우고자 하는 선비가 마땅히 높이 받들어 본보기로 삼아야 할 바이다.(此編所載詩文, 先儒精選古雅, 表而出之, 承學之士所當矜式)"[14]라고 하여, 그 의의를 긍정적으로 평가

하였다.

셋째, 『진보』는 선문에 있어, 당송의 고아지작(古雅之作)을 숭상하면서도 일정한 정도의 전면성(全面性)을 추구하였다. 이는 대개 그 '권학(勸學)'의 관점에서 비롯된 것으로, 학습자의 편향되지 않은 '글공부(學文)'를 위한 고려였던 것으로 보인다. 중국문학사상 시문 총집(總集)의 효시로 평가되는 『문선(文選)』 이후 『진보』에 이르기까지 많은 문학 선집이 잇달이 간행되었으나, 대부분 시선이 아니면 문선이었으며, 시문의 종합 선집은 드물었다. 하지만 『진보』는 시문을 함께 선록한 데다 「전집」(총 12권)은 시선으로, 「후집」(총 10권)은 문선으로 명확하게 구분 편찬함으로써 '고문' 학습의 편의성과 효율성을 제고하는 데 기여하고자 하였다. 또한 『진보』의 편자는 선문상(選文上) 나름대로 시대와 체제의 전면성을 고려하여, 학습자로 하여금 다양한 문체의 명작을 읽고 공부할 수 있도록 하였다. 「전집」의 시가 작품은 전한(前漢)으로부터 남송(南宋)에 이르는 오(五)・칠언고풍장단편(七言古風長短篇), 장단구(長短句), 가(歌), 행(行), 음(吟), 인(引), 곡(曲) 등의 시체(詩體)를 포함하고 있고, 「후집」의 산문 작품은 선진으로부터 북송(北宋)에 이르는 사(辭), 부(賦), 설(說), 해(解), 서(序), 기(記), 잠(箴), 명(銘), 문(文), 송(頌), 전(傳), 비(碑), 변(辯), 표(表), 원(原), 논(論), 서(書), 찬(贊), 기타 등의 문체(文體)를 망라하고 있다. 뿐만 아니라 『진보』의 편자는 기본적으로 당송의 재도(載道) 문학을 지극히 중시하면서도 「북산이문(北山移文)」, 「등왕각서병시(滕王閣序幷詩)」, 「춘야연도리원서(春夜宴桃李園序)」 등 약간의 부(賦)나 변체(騈體) 작품을 아울러 선록함으로써, 결코 자아의 편견이나 아집에 빠지지 않았다. 이 또한 독자나 학인(學人)이 역대 시문의 변천과 특색을 이해하는 데 일정한 편의와 도움을 주고자 한 것으로 판단된다.

14) 앞의 책, 부록.

넷째, 『진보』의 편자는 선문의 전범성(典範性)에 유의하였으며, 이 역시 그 권학 관념에서 비롯된 것으로 보인다. 『진보』의 편자는 되도록이면 문학사상 전범적인 명편 가작을 선록함으로써, 독자들이 각종 시문의 전형적인 작품을 공부하여 학습상 진전이 있고, 다수 작가의 대표적인 작품을 감상하여 문예상(文藝上) 심득(心得)이 있도록 하였다. 때문에 『진보』의 시문 가운데에는 중국문학사상 그 문학 성취와 사상 가치가 뛰어난 작품이 다수 포함되어 있다. 예를 들면 호매한 기개로 충만된 한고조(漢高祖) 유방(劉邦)의 「대풍가(大風歌)」, 술기운을 빌려 내심의 정회를 토로한 도연명의 「음주(飮酒)」, 드높은 기세에 상상이 넘치는 이백의 「촉도난(蜀道難)」, 난중(亂中)에 백성을 도탄에 빠뜨리는 학정(虐政)을 폭로한 두보의 「석호리(石壕吏)」, 구성지고 애절한 가락과 정서가 심금을 울리는 백거이의 「장한가(長恨歌)」, 우민지정(憂民之情)이 넘치는 의리(義理)의 언사(言辭)인 소식의 「여지탄(荔枝歎)」, 방축(放逐)된 후 피눈물로 쓴 굴원의 「이소(離騷)」, 충군 애국(忠君愛國)의 전형을 보여준 제갈량의 「출사표(出師表)」, 지극한 효심이 사람을 한없이 울리는 이밀(李密)의 「진정표(陳情表)」, 유학(儒學)의 보위와 노불(老佛)의 배척을 강력히 주창한 한유의 「원도(原道)」, 백성을 죽음으로 내모는 가렴주구를 질타한 유종원의 「포사자설(捕蛇者說)」, 백성과 함께 즐기며 유유자적하는 정서를 노래한 구양수의 「취옹정기(醉翁亭記)」, 활달하고 낙관적인 인생관을 표현한 소식의 「적벽부(赤壁賦)」 등등 일일이 열거하기가 어렵다. 일찍이 김종직도 "한대(漢代)와 위진남북조(魏晉南北朝), 그리고 당송의 한껏 한가롭고 뛰어난 정회(情懷)를 표현한 작품들이 다수 이에 모아져 있어 ……후세에 시문 창작을 배우는 사람들로 하여금 바로 여기에 본보기로 삼을 바가 있음을 알게 하였다. 오호라! 이것이 곧 이 책이 '진정한 보배'인 까닭이로다!"(漢晋唐宋奇閑俊越之作, 會萃于是, ……使後之學爲文章者知有所根柢焉. 嗚

呼! 此其所以爲眞寶也歟[15]라고 하여 그 의의를 높이 평가하였다.

다 『고문진보』 선문의 특색과 결함

『진보』는 고려 말에 우리나라에 전해진 이후 꾸준히 많은 사람들의 애호를 받으며 널리 읽혔는데, 그것은 물론 당시 『진보』 자체가 일정 부분 선본(善本)으로 인식된 때문이기도 하겠으나, 조선조에 시행된 외서(外書) 구입에 대한 금령(禁令)[16]도 그 원인의 하나였던 것으로 보인다. 한편 중국 본토에서는 『진보』의 유행이 처음에는 호조를 보이다가 나중에는 극도로 쇠미하였는데, 이는 아무래도 『진보』가 선집으로서 일정한 장점과 특색을 가지고는 있었으나, 결함 또한 적지 않았던 게 원인이었을 것이다. 이제 그 선문상의 특색과 결함을 아울러 분석하고자 한다. 먼저 그 특색은 다음 몇 가지로 요약된다.

첫째, 난해한 자구에 대한 훈독(訓讀)과 해석, 즉 주석(註釋)이 덧붙여져 있다. 예로부터 중국 고문의 독해는 전문가 여부를 막론하고 누구나 그 난해함에 어려움을 겪었다. 따라서 주석의 필요성은 그야말로 절실한 것이었으며, 만약 주석이 없으면 "독자가 그것을 병폐로 생각할(觀者病焉)"[17] 정도였다. 고문 독해에 필요한 자전(字典)이나 사전이 절대적으로 부족했던 옛날에, 일반 독자들이 역대 시문의 정확한 의미를 이해하기 위해, 보다 상세한 주석은 필수 불가결한 것이었다. 현재 『진보』 초간본의

---

15) 주13과 같음.

16) 이가원(李家源) 『연암소설연구(燕岩小說研究)』, 서울, 을유문화사, 1984.1. 4판, 335-342쪽 참조.

17) 강희중(姜淮仲) 「선본대자제유전해고문진보지(善本大字諸儒箋解古文眞寶誌)」, 『고문진보언해(古文眞寶諺解)』, 서울, 고려서림, 1986.7. 부록.

면모를 자세히 알 수는 없으나, 정본의 서문에 의하면 초기 통행본에 이미 '명확치는 않으나(不明)' '주석(註釋)'이 있었으며, 임이정의 교정본에는 진일보하여 "각 편의 제목 아래에 모두 글의 대의를 덧붙이고, 구두(句讀) 사이사이에 자구의 훈독과 주해(註解)를 자세히 달아놓았다." 이와 같이 『진보』는 초기의 통행본부터 이미 일정한 훈해의 주석이 덧붙여져 있어, 독자나 학습자가 그 시문의 뜻을 파악하는 데 상당한 도움이 되었다.

둘째, 전서(全書)의 앞부분에 「제현성씨사략(諸賢姓氏事略)」을 두어, 수록 작가를 간략하게나마 일일이 소개하였다. 일반적으로 문학 작품을 읽고 감상하면서 만약 그 작가의 생애 사적에 대한 사전(事前) 지식과 이해가 없다면, 상당한 어려움에 부딪히게 됨은 말할 것도 없고, 자칫 원의(原義)와 동떨어진 이해로 엉뚱한 감상을 할 수도 있다. 이렇게 볼 때 『진보』의 편자가 독자에게 편의를 제공하기 위해 기울인 이와 같은 노력은 분명 가상한 것이다. 다만 그 「사략」의 작가 성명이나 자호(字號)가 본문 각 편에 부기(附記)된 것과 일치하지 않는 경우가 있고, 또 일부 작가는 「사략」에서 누락된 경우도 있는데, 이는 『진보』가 여러 사람의 손을 거쳐 이루어진 선집인 까닭에, 후세에 적지 않은 작품이 추가되면서 빚어진 결과가 아닌가 한다.

셋째, 송대 성리학(性理學) 사상을 표현한 작품까지 아울러 수록하였다. 『진보』의 편자는 기본적으로 유가적 종경중도(宗經重道), 즉 경전을 존숭하고 성도(聖道)를 중시하는 사상을 가지고 있으며, 특별히 주돈이(周敦頤)의 「애련설(愛蓮說)」·「태극도설(太極圖說)」, 정이(程頤)의 「시잠(視箴)」·「청잠(聽箴)」·「언잠(言箴)」·「동잠(動箴)」, 장재(張載)의 「서명(西銘)」·「동명(東銘)」, 여대림(呂大臨)의 「극기명(克己銘)」 등 북송 이학(理學) 대가의 명작을 수록하여 유도(儒道)를 선양하고자 하였다. 이는 『진보』 선문의 최대 특징으로, 서건학(徐乾學)의 『고문연감(古文淵鑒)』, 장백행(張伯行)

의 『고문재도편(古文載道編)』 등 청대(淸代)의 일부 선집을 제외하고, 후세 선집에서는 극히 보기 드문 현상이다.

넷째, 조선간본 『진보』의 「후집」은 시대와 작가에 따라 작품을 배열하고 있어, 다른 판본이 모두 문체에 따라 작품을 분류 배열한 것과는 크게 다르다. 여기서 우리는 조선간본의 편자가 문학작품의 문체상 특징보다는, 시대별 · 작가별 사상 내용의 유형을 더욱 중시하여 구태에서 벗어나고 있음을 알 수 있다.

다섯째, 도연명(陶淵明)의 시작(詩作)을 다수 선록하였다. 위진(魏晉) 이후 중국의 문단은 점차 유미적인 문풍(文風)이 만연하였다. 하지만 은일(隱逸) 시인 도연명은 시류에 휩쓸리지 않고 평담(平淡)한 풍격의 시를 즐겨 썼다. 때문에 도연명 당시의 사람들은 그 위인(爲人)에 크게 주목하지 않았을 뿐만 아니라, 작품에 대한 평가 또한 결코 후세의 그 명성에 걸맞지 않았다. 그러한 와중에도 『문선』의 편자인 소통(蕭統)은 도연명을 위해 평전을 쓰는가 하면 문집을 편찬하고, 또 그 서문을 써서 크게 표양하였으니, 진정 도연명의 지음(知音)이라 하기에 손색이 없었다. 그러나 『문선』에 수록된 도연명 시는 겨우 8수에 지나지 않아 사영운(謝靈運) 시 42수, 안연지(顔延之) 시 21수보다도 적다. 『진보』의 편자는 당대(唐代) 이전 작품을 선록함에 있어 대개 『문선』을 근거로 한 것으로 보인다. 그러나 『진보』의 당대 이전 시작(詩作) 28수 가운데에는, 도연명 시가 무려 15수나 포함되어 있다. 이는 도연명 문학의 진품(珍品)에 대한 『진보』 편자의 평가 기준이 전인(前人)을 능가하고 있음을 보여준다.

다음으로 『진보』의 선문상 결함을 살펴보면 대략 다음과 같다.

첫째, 작품의 분류 기준이 그다지 합리적이지 못하다. 『진보』는 「전집」은 시선, 「후집」은 문선으로 명확히 구분되어 있으나, 굴원의 「이소경(離騷經)」과 한 무제의 「추풍사(秋風辭)」 등의 운문을 「후집」에 수록한 것은 모순이 아닐 수 없다. 그것은 오직 그 문체명(文體名)에 의거해 작품을 분류하다가 빚어진 결과로 여겨진다. 한데 그것은 또 원진(元稹)의 「연창궁사(連昌宮辭)」를 「전집」에 배열한 것과 다시 불일치를 보인다. 뿐만 아니라 「전집」의 시체(詩體) 분류의 기준이나 경계 역시 명확치 않은데, 오·칠언고풍 장(長)·단편(短篇) 가운데에 가(歌)·행(行)·음(吟)·곡류(曲類)의 작품[18]이 한데 섞여 있는가 하면, 심지어 근체(近體)의 절구(絶句)·율시(律詩)[19]까지도 함께 실려 있다. 더욱이 오직 시체에 따른 분류를 강행함으로써 급기야 연작시 중의 개별 작품이 그 부류를 달리하는 지경에 이르렀다. 예를 들면 도연명의 「귀원전거(歸園田居)」 3수와 「음주(飮酒)」 3수[20]는 각기 오고장(五古長)·단(短) 양편(兩篇)으로 나뉘어 수록되어 있다. 물론 『진보』가 여러 사람의 손을 거쳐 이루어진 선집임을 감안할 때, 이러한 결함들이 어쩌면 불가피한 것인지도 모른다. 하지만 그럼에도 불구하고 작품 분류상 정밀하지 못한 데 대한 비판은 피할 수 없을 것이다.

둘째, 중국문학사상 일부 주요 작가의 작품이 누락되어 있다. 그 대상 작품으로 송대 육유(陸游)의 시(詩)와 증공(曾鞏)의 문(文)을 꼽을 수 있는데, 육유는 남송의 가장 걸출한 시인인 데다 그의 애국적인 시풍은 그야말로 심금을 울려 유가의 충군애국 사상을 발양하기에 충분하다. 더욱이 『진보』의 편자가 남송 말의 애국 문인인 문천상(文天祥)의 「육가」와 사방득(謝枋得)의 「창포가」를 기꺼이 선록하여 애국사상을 고취코자 한 이

---

18) 예를 들면 반첩여(班婕妤)의 「원가행(怨歌行)」, 사조(謝朓)의 「고취곡(鼓吹曲)」, 이백(李白)의 「자야오가(子夜吳歌)」, 맹교(孟郊)의 「유자음(遊子吟)」 등임.

19) 예를 들면 유종원(柳宗元)의 「강설(江雪)」, 가도(賈島)의 「방도자불우(訪道者不遇)」, 이백의 「산중답속인(山中答俗人)」, 최호(崔顥)의 「등황학루(登黃鶴樓)」 등임.

20) 그 가운데 오고단편(五古短篇) 「음주(飮酒)」 2수는 시제(詩題)가 「잡시(雜詩)」로 잘못되어 있음.

상, 마땅히 육유의 시작품도 몇 수는 수록하였어야 한다. 또 증공은 당송 팔대가(唐宋八大家)에 들 정도의 이름난 문장가이다. 『진보』의 편자가 당송의 고풍(古風) 문학을 특별히 중시하면서도 증공의 산문을 한 편도 수록하지 않은 것은 분명 아쉬운 부분이다.

셋째, 일부 작품의 작가가 그 진위(眞僞)에 대한 명확한 고증 없이 잘못 병기(並記)된 경우가 있다. 「전집」에서 도연명의 「사시(四時)」·「문래사(問來使)」·「귀전원(歸田園)」, 심약(沈約)의 「장가행(長歌行)」, 이업(李鄴)의 「독이사전(讀李斯傳)」, 이백의 「청강곡(淸江曲)」, 송지문의 「유소사(有所思)」, 장곡(張轂)의 「행로난(行路難)」 등은 모두 그 작가에 대해 이설(異說)이 현존하는데,[21] 만약 명확한 고증이 어렵다면 적어도 의문으로 남기는 정도의 신중함은 있어야 할 것이다. 무릇 문학 작품의 감상에 있어 작가의 생애 사적에 대한 올바르고 충분한 이해가 전제되어야 한다고 볼 때, 작가의 오기(誤記)는 독자를 오도(誤導)할 우려가 있으므로 결코 작은 허물이 아니다.

넷째, 상술하였듯이 『진보』의 '권학' 관념과 취지는 아주 두드러져서 전서(全書)를 관통하고 있다. 그런데 권두의 「진종권학문(眞宗勸學文)」을

21) 「사시(四時)」는 도연명과 같은 시대의 대화가(大畵家) 고개지(顧愷之)의 작품이라는 견해가 지배적이고, 「문래사(問來使)」는 어떤 이가 이백의 「심양자극궁감추(潯陽紫極宮感秋)」에서 "도연명이 벼슬을 그만두고 돌아올 제 / 농가(農家)엔 술이 분명 익었으리라(陶令歸去來, 田家酒應熟)"라고 한 것을 빌려 지은 작품이라고 하며, 「귀전원(歸田園)」은 양(梁)나라 강엄(江淹)의 「의도징군전거(擬陶徵君田居)」가 확실함. 또 「장가행(長歌行)」은 『문선(文選)』 이선(李善) 주(注)에서는 작자 미상이라 하였고, 「독이사전(讀李斯傳)」은 『전당시(全唐詩)』 등에 의하면 이업(李鄴)이 아니라 조업(曹鄴)의 작품이고, 「청강곡(淸江曲)」은 북송 말 소상(蘇庠)의 작품이라는 게 일반적임. 또한 「유소사(有所思)」는 초당(初唐) 송지문(宋之問)의 사위인 유희이(劉希夷)의 「대비백두옹(代悲白頭翁)」으로 널리 전해지고 있고, 「행로난(行路難)」은 중당(中唐) 장적(張籍)의 작품으로 보임.

보면, 글공부를 하면 능히 입신 현달하고 부귀영화를 누릴 수 있음을 강조함으로써 사람들에게 열심히 공부할 것을 권고하고 있다. 이는 자칫 세풍(世風)을 오도할 수 있는 혐의와 위험성이 있음을 지적하지 않을 수 없다. 『진보』의 편자가 기왕에 공문(孔門)의 유학(儒學)을 중시한다면, "굳이 세속적인 '이로움'을 말할 필요가 있겠는가?(何必曰利)"[22] 조선조 『퇴계선생언행록(退溪先生言行錄)』에 이르기를, "선생께서는 『고문진보』「전집」을 가르치실 때는 반드시 「진종권학문」 한 편은 제외시키시며 말씀하시기를 '……어찌 이 한 편을 책머리에 놓았는가? 옛 사람들의 권학 규범은 본시 이러하지 않았나니, 어떻게 이욕(利欲)을 자극하는 말로 사람을 권면할 수가 있겠는가?'라고 하셨다.(先生授古文前集, 必遺眞宗勸學文, 曰: ……何以首此? 古人勸學之規, 本不如是. 何用取利欲之說, 以勉人乎?)" (권5 「논과거지폐(論科擧之弊)」)[23]고 한 데서 알 수 있듯이, 일찍이 퇴계 선생은 이미 이 한 편이 옛사람의 권학 규범에 맞지 않음을 못마땅하게 여겨 제자들에게 가르치지 않았으니, 그 고결한 품성과 탁월한 식견을 짐작하고도 남음이 있다.

라 『고문진보』와 『소명문선(昭明文選)』의 관계

『진보』가 시문을 겸선(兼選)함으로써 단일 선본의 한계를 극복하고자 한 것은, 대개 『소명문선』(약칭 『문선』)의 선례를 따른 것으로 보인다. 이와 같이 『진보』는 기본 관점에서부터 『문선』과 밀접하게 연관되어 있는데, 이제 그 면면을 살펴보고자 한다.

---

22) 『맹자(孟子)』「양혜왕 상(梁惠王上)」.
23) 이가원 : 앞의 책, 336쪽에서 재인용.

첫째, 『진보』의 제명(題名)에서 말하는 '문(文)'은 『문선』의 경우와 마찬가지로 시와 문을 아울러 지칭하는데,[24] 이는 후세 요현(姚鉉)의 『당문수(唐文粹)』, 여조겸(呂祖謙)의 『고문관건(古文關鍵)』, 누방(樓昉)의 『숭고문결(崇古文訣)』 등 많은 선본에서는 모두 산문만을 이르는 것과 확연히 구별된다.

둘째, 『문선』은 주대(周代)에서 양대(梁代)까지의 총 700여 편의 문학 작품을 수록하였고, 『진보』(조선간본)는 주대에서 남송까지의 총 373편의 시문 작품을 선록하였다. 다만 『진보』의 선문(選文) 중점은 당송 시대에 두어져 있어 양대(梁代) 이전의 작품은 52편만을 싣고 있는데, 그 가운데 『문선』에 이미 수록된 작품이 32편에 달한다. 때문에 『진보』의 당대 이전 작품의 선록은, 대개 『문선』에 의거하고 있다는 후세 논자들의 주장이 나오고 있다. 뿐만 아니라 조선간본 「후집」은 예외이지만, 『진보』의 다른 여러 판본의 작품 배열이 모두 『문선』과 같이 문체에 의거하고 있는데, 이는 후세의 많은 문학 선집이 시대에 따라 작품을 배열한 것과는 다른 것이다. 게다가 『진보』의 각 문체의 명칭(특히 당대 이전 작품의) 역시 기본적으로 『문선』의 범례(範例)를 따르고 있음도 주목된다.

셋째, 『진보』와 『문선』 두 선본에 수록된 작품의 표제(標題)와 작가의 기명(記名)을 살펴보면, 우선 『진보』에서 작가의 기명은 자(字)를 많이 쓰고 명(名)을 적게 쓰며, 드물게 호(號, 다만 당대 이전의 작가는 한 사람도 호를 쓴 경우가 없음)나 제호(帝號), 관명(官名)을 쓰고 있어 전혀 통일되어 있지 않다. 그러나 그런 가운데서도 많은 작가의 기명이 『문선』과 완전히

24) 『문선』의 '문(文)'은 물론 문식(文飾)을 가한 화미(華靡)한 언사(言辭)로 풀이할 수 있으나(胡德懷 「論『文選』的實際編撰與選文標準」, 趙福海 等 主編 『「昭明文選」與中國傳統文化』, 長春, 吉林文史出版社, 2001.6. 참조), 그 의미를 광의(廣義)의 '문' 즉 운문과 산문을 아울러 지칭하는 것으로 이해하는 것도 아니 될 것도 없음. (王慶元 「阮(元)章(炳麟)二家關于『文選』選文標準立異的評議」, 같은 책 참조)

일치하고 있다. 이를테면 자를 쓴 경우로는 조자건(曹子建), 도연명(陶淵明), 사현휘(謝玄暉) 등이 있고, 명을 쓴 경우로는 이사(李斯), 가의(賈誼) 등이 있으며, 제호나 관명을 쓴 경우로는 한 고조(漢高祖), 한 무제(漢武帝), 반첩여(班婕妤) 등이 있다. 한편 이 두 선집에 수록된 동일 작품의 제명(題名)은 상동하는 경우도 있고, 상이한 경우도 있는데, 그 중 우리는 두 편의 제명에 주목하고자 한다. 먼저 『진보』의 「전집」 권2에 수록된 도연명의 「잡시(雜詩) 2수(二首)」는 『문선』 권30 '잡시 하(雜詩下)'에 수록된 도연명의 '잡시 2수'와 동일한 작품으로, 그것은 바로 『도연명집(陶淵明集)』의 「음주(飮酒)」 시(詩) 제5수와 제7수이다. 특히 제5수는 도연명의 가장 대표적인 시작임을 감안할 때, 그 시제(詩題)를 잘못 표기한 것은 이해하기 힘들며, 또한 대단히 아쉬운 점이다. 『진보』의 이러한 과실은 분명 『문선』을 맹종한 데서 비롯된 것이다. 다음으로 『진보』의 「전집」 권3에 수록된 한대(漢代) 악부시(樂府詩) 1수를 보면, 시제(詩題)가 「악부 상(樂府上)」으로 되어 있는데, 이는 그야말로 어처구니없는 잘못이다. 이 작품은 바로 『문선』 권27 '악부 상(樂府上)·고악부(古樂府) 3수(三首)' 가운데 제1수로, 시제는 「음마장성굴행(飮馬長城窟行)」이다. 그러니까 『진보』의 편자는 『문선』에 의거해 이 작품을 선록하면서, 데면데면하게도 그 소속 유별(類別)인 '악부 상'을 시제로 삼은 것이다. 『문선』 권28에 '악부 하(樂府下)'란 표제가 있는 것을 보면, '악부 상'은 작품의 제명이 아니라 시체(詩體) 유별로서, '악부'의 '상'·'하' 구분일 따름이라는 것이 더욱 분명하다. 한편 조선간본 『진보』 「전집」 권3 '악부 상' 제하(題下) 주(注)에 이르기를, "고악부 3편 가운데 이 작품이 그 첫머리에 있기 때문에 '상'이라고 하였는데, 원제목은 「음마장성굴행」이다.(古樂府三篇, 此篇居首, 故曰上, 本題曰「飮馬長城窟行」)"라고 하였다. 이는 시제로서의 '악부 상'에 대한 그 나름의 해석이라고 하겠으나, 편자의 과오에 대해 지나치게 관대한 견해가 아닐 수 없다. 어쨌든 이 제하의 주 또한『문선』에 근거해 이른 것임이 분명하다. 이상의 몇 가지 예는 모두『진보』의 편자가 그 선문 편찬에 있어 다소 치밀하지 못한 소치라고 하겠다. 다만 우리는 이로부터『진보』의 편자가 얼마나『문선』에 의지했는지를 알 수 있으며,『진보』에 대한『문선』의 영향을 실감하게 된다.

넷째, 중국 고대 문학의 변천 과정을 보면, 육조(六朝)시대의 문인들은 문학의 독립성과 예술성을 한껏 제고함으로써 당대(當代)를 유미(唯美) 문학의 극성기로 이끌었다. 그러나 당대(唐代)에 이르러 뜻있는 문사들이 속속 출현해 외화내공(外華內空)의 유미 문학을 반대하며 시문(詩文)의 복고와 혁신을 주창 추진함으로써, 당대를 육조 문풍(文風)에 대한 혁신의 시대이면서 고대 문학의 황금시대로 탈바꿈시켰다. 이어 송대에는 문인들이 당대(唐代)의 문학 성취를 바탕으로 혹은 새롭게 개창(開創)하거나(이는 곧 송시宋詩를 두고 이름) 혹은 계승 발전시킴으로써(이는 곧 송문宋文을 두고 이름), 그 나름대로 상당한 성취를 이룩하였다. 대개『진보』의 편자는 이 같은 문학 변천의 맥락을 간파하고, 문학의 부미(浮靡, 경박하고 화려함)함을 반대하고 시문의 언지(言志, 사상 감정을 표현함)를 제창하는 입장에서, 당대 문학의 복고·혁신의 전통과 송대 문학의 계승·발전의 성과를 특히 중시하며 당송의 고아한 문풍을 숭상하였는데, 이러한 문학 관념의 기저에는 전통적인 유가 사상이 흐르고 있다.『진보』의 편자가 보여준 유가적 관점에 입각한 권학(勸學)의 취지나, 한유의「원도(原道)」를 비롯한 유가적 의론문(議論文)과 송대 대유(大儒)의 성리학 관련 문장의 대량 선록(選錄)은, 하나의 문학 선집으로서『진보』가 갖는 유가적 사상 경향의 의의를 극명하게 보여주는데, 그 연원을 추적하자면 곧『문선』까지 거슬러 올라가게 된다.『문선』은, 그 선록 작품의 제재와 내용이 실로 광범위하고 풍부하여, 유가사상을 반영한 작품이 있는가 하면 도가

사상을 반영한 작품이 있고, 또 불가사상을 반영한 작품도 있다. 하지만 전체적으로 볼 때, 아무래도 유가사상이 보다 지배적인 위치를 차지하고 있으며,[25] 더욱이 그 작품의 구체적인 사상 내용에서도 유가적인 정치 교화와 공용(功用)에 중점이 두어지고 있다.[26] 전술한 바와 같이 『문선』에 대한 『진보』 편자의 태도는 자못 의지하고 본받는 것이었다. 그렇다면 『진보』의 유가적 경향 또한 『문선』과의 영향 관계에서 완전히 자유로울 수는 없을 것이다.

다섯째, 문학 작품의 예술 성취 방면에 있어 『문선』은 문채(文彩), 즉 어휘의 화려함과 성률의 조화를 중시하였다. 이러한 선문의 기준은 두 말할 것도 없이 육조 유미 문풍의 영향하에서 형성된 것으로, 시대적 한계를 벗어나지 못하고 있음을 보여준다. 일반적으로 문학 선집의 편찬 목적은 고금의 정화(精華)를 가려 집록(集錄)해줌으로써, 금(今)·후세(後世) 문인 학사의 열독(閱讀)에 편의를 제공하는 데 있다. 그 점은 『문선』과 『진보』도 물론 예외가 아니나, 양자는 각기 그 나름의 선문 기준을 가지고 있어 전서(全書)의 성격과 특성에 차이를 보인다. 『진보』의 편자가 견지한 문학 작품의 예술 성취에 대한 선록 기준과 입장은, 기본적으로 '문채(文彩)'에 치우친 작품을 배척하고, '언지(言志)'에 무게가 실린 작품을 숭상하는 것이었다. 때문에 격률의 엄정함이 돋보이는 사영운(謝靈運)의 작품은 한 편도 싣지 않은 반면, 평담하고 자연스러운 도연명의 시편(詩篇)은 다수 수록하였다. 이는 분명 『문선』과는 상반되는 점이며, 곧 『진보』가 『문선』의 속박을 벗어난 일면이다. 다만 『진보』의 편자는 약간의 변려체(駢儷體) 미문(美文)을 아울러 선록한 반면, 질

25) 趙福海 『昭明文選硏讀』, 중국 長春, 時代文藝出版社, 2001.6. 394쪽 참조.

26) 張啓成 外 譯註 『文選全譯』, 중국 貴州, 貴州人民出版社, 1994.11. 전언(前言) 참조.

박 무화(質朴無華)한 민가의 가치는 오히려 홀시하여, 전서에 수록된 240여 수의 시가 작품 가운데 민가는 단 5수에 불과하다. 이는 그 예술성에 대한 선록 기준과 관점에 위배되는 예외적 현상이겠으나, 오히려 『문선』과는 상통하고 있어, 『진보』에 대한 『문선』의 영향을 확인하게 된다.

<소결(小結)> 『진보』는 중국 문학 신집사상 『문선』 이후 흔치 않았던 시문 종합 선집으로, 고대 한문(漢文) 작품의 교본 내지 독본으로 편찬되었다. 그리고 그 선문의 기본 입장과 관점은 곧 문인 학사나 일반 초학자들에 대한 권학(勸學)과 교도(敎導)를 염두에 둔 것이었다. 때문에 실제 선문에 있어 자못 당송 문학에 편중되어 있으면서도, 가능한 한 전면성과 전범성(典範性)을 추구하고자 하였다. 바로 이 같은 관점과 입장은 선문상 갖가지 특색을 띠게 하였고, 그 결과 몇 가지 결함에도 불구하고, 한 때는 문사들이 애독하는 문학 선집이 될 수 있었다. 한편 『진보』는 중국 고대 시문총집의 창시작(創始作)인 『문선』의 상당한 영향하에 편찬되었으며, 중국과는 달리 우리나라나 일본에서는 현재까지도 한학(漢學) 전문가나 초학자의 독본과 교본으로 중요시되고 있어 그 의미가 새롭다.

제 2 장

『고문진보』 시가 작품의 사상 내용

이제 이 장에서는 『진보』 「전집」에 수록된 시편(詩篇)의 사상 내용을 유형별로 분석 정리함으로써, 그 작품 세계의 전모를 일목요연하게 고찰하고, 또한 그로부터 고대 문사(文士)의 독서 취지나 의식 관념을 엿보고자 한다. 다만 「후집」에 수록된 「이소경(離騷經)」과 「추풍사(秋風辭)」는 시작(詩作)임이 분명하므로 여기서 함께 논하기로 한다. 반면 「전집」 권두(卷頭)의 '권학문(勸學文)' 8편은 운문과 산문의 체재가 아울러 있고, 그 내용은 곧 '사람으로서의 기본 도리를 다 행하고도 여력이 있으면, 그제야 옛 글을 공부할 것(行有餘力則以學文)'을 강력히 권고하는, 사실상 전서(全書)의 '서론(緖論)'의 의의를 띠고 있으므로 논외로 한다.

가 『고문진보』 시가 작품의 유형

『진보』에는 모두 240여 편의 시가 작품이 실려 있다. 다만 이들 작품은 각 편의 실질적인 내용이나 사상적인 특질보다는 단순히 시체(詩體)에 따라 분류 배열되어 있을 뿐이며, 더욱이 상술하였듯이 그 분류 또한 부분적으로 합리성을 결여하고 있다. 그러므로 독자가 『진보』의 기존 체재에 의거해 전체 시가 작품의 문학적 특질을 개괄하고 이해하기는 대단히 어렵다. 이에 그 사상 내용을 구체적으로 분석하기에 앞서, 전체 작품의 대체적인 유형을 새롭게 분류 제시함으로써 독자의 초보적인 이해를 돕고자 한다.

『진보』의 전체 시가 작품을 그 사상 내용이나 형식상의 특질에 의거해 분류하면, 대략 다음과 같이 10가지 유형으로 요약된다.

첫째, 영회시(詠懷詩)이다. 이는 『진보』 시가 작품에서 차지하는 비율이 가장 높은 유형으로, 대략 전체의 22%에 달한다. 주요 내용은 일반 문사의 인생 만사에 대한 번민과 감개에서부터, 영웅호걸의 천하 대사(大事)에 대한 웅지(雄志)와 고뇌에 이르기까지 아주 다양하다.

둘째, 교유시(交遊詩)이다. 이는 대략 전체의 16%를 차지하며, 주로 인간관계상의 교유와 교분을 표현하였다.

셋째, 영물시(詠物詩)인데, 이에는 영서(詠書) · 영화(詠畵) · 제화시(題畵詩)를 덧붙여 분류하였다. 넷째, 풍자시(諷刺詩)인데, 이에는 영사시(詠史詩)를 덧붙였다. 다섯째, 애국시(愛國詩)이다. 이 세 가지 유형의 시는 각각 전체의 12% 내외를 차지하는데, 셋째 유형은 주로 각종 사물에 대한 묘사를 통해 시인의 흉회(胸懷)와 이념을 간접적으로 표현하였고, 넷째 유형은 주로 정치 현실과 인정세태에 대한 풍자의 뜻을 표현하였으며, 다섯째 유형은 주로 전형적인 유가사상에 기반을 둔 애국 우민과 제세구민(濟世救民)의 충정을 표현하였다.

이상 다섯 가지 유형의 시작(詩作)이 전체에서 차지하는 비율은 75%를 상회하고 있어, 『진보』 시가 작품의 중심 내용을 이루고 있다.

여섯째, 자연시(自然詩)인데, 이에는 은일시(隱逸詩)를 포함한다. 이 유형의 시는 대략 전체의 9%를 차지하며, 주로 산수 전원의 자연 경물과 은거 생활의 탈속적인 정취를 표현하였으니, 곧 각 시인의 인생 관념과 이상을 반영한 것이다.

일곱째, 풍류시(風流詩)이다. 여덟째, 궁원(宮怨)·규원시(閨怨詩)이다. 이 두 유형의 시는 각각 전체의 5% 내외를 차지하는데, 전자는 주로 문사들의 호매한 풍류와 청아(清雅)하고 한일(閑逸)한 정취를 표현하였다. 후자 가운데 궁원시는 궁중 여인의 고민과 번뇌를, 규원시는 일반 여성의 상사(相思)의 고통을 묘사하였는데, 이는 여인에 대한 시인의 이해와 동성의 정서를 반영한 것이다.

아홉째, 가족시이다. 열째, 정의(正義)·절조시(節操詩)이다. 전자는 전체의 3% 내외를 차지하고 있으며, 주로 가족 간의 친분과 갈등을 묘사하였고, 후자는 전체 작품 가운데 그 비중이 가장 낮은 유형으로, 정의를 제창(提唱)하고 절조를 고양(高揚)하는 내용이다.

나 『고문진보』 시가 작품의 사상 내용 분석

『진보』 시가 작품의 사상 내용은 대략 다음과 같은 몇 가지 유형으로 분석된다.

(1) 세속 인정(人情)

이는 주로 가족시, 궁원·규원시, 교유시에서 표현되고 있다. 우선 가족 간 친애(親愛)의 감정을 표현한 것으로, 조식(曹植)의 「공연(公讌)」은 시인이 한때 형 조비(曹丕)가 베푼 연회에 참석해 즐겁고 유쾌했던 감정을 묘사한 반면, 「칠보시(七步詩)」는 형제 갈등과 골육상잔의 아픔을 표현하였다. 도연명의 「책자(責子)」는 '아들을 책망'하는 가운데 자식에 대한 시인의 애정을 드러내는가 하면 기대를 반영하였다. 맹교(孟郊)의 「유자음(遊子吟)」은 자애로운 어머니의 사랑에 감격해 끝없이 찬송하고 고양하는 마음을 표현하였다. 무명씨의 「고시(古詩)」(이는 곧 「고시십구수(古詩十九首)」 제18수임)는 변함없는 부부 간의 깊은 정을 묘사하였으며, 백거이(白居易)의 「자오야제(慈烏夜啼)」는 효성스런 까마귀가 죽은 어미를 그리며 보여준 지극한 효심을 칭송하며, '새 중의 증삼(鳥中之曾參)'으로 비유하였다. 또 궁중이나 규중 여인의 애원(哀怨)의 정을 노래한 작품으로, 반첩여(班婕妤)의 「원가행(怨歌行)」, 이백(李白)의 「자야오가(子夜吳歌)」, 잠삼(岑參)의 「춘몽(春夢)」 등이 있다.

천륜에 근거한 가족 간의 감정이란 분명 한없이 소중한 것이다. 하지만 한 사람이 일생을 살아감에 있어 가족 못지않게 중요한 존재가 있으니, 그것은 바로 우인(友人)이요 지인(知人)일 것이다. 특히 온갖 세파를 이겨내며 궁극적으로 '두루 천하를 구제하고자 했던(兼濟天下)' 고대 문사들에게 있어서는 더욱 그러할 것이다. 그래서인가 『진보』의 시가 작품 가운데에는 가족 이외의 교분과 친분을 묘사한 작품이 가장 많으며, 그 표현 기법 또한 가장 다양하고 풍부하다. 우선 우인의 독특한 형상의 묘사를 통해 깊은 정의(情誼)를 표현한 것으로, 이백의 「대주억하감(對酒憶賀監)」은 '사명광객(四明狂客)' 하지장(賀知章)에 대한 그리움을 표현하였고, 「조왕역양불긍음주(嘲王歷陽不肯飮酒)」는 술을 마시지 않는 벗을 조롱하면서 피차간 격이 없이 친밀한 우정을 표현하였다. 두보(杜甫)의 「희간정광문겸정소사업(戱簡鄭廣文兼呈蘇司業)」은 활달하고 호방한 우인의 형상을 그렸으며, 「기이백(寄李白)」과 「몽이백(夢李白)」은 이백의 회재불우(懷才不遇, 재능은 있으나 시운을 만나지 못해 실의함)한 형상을 묘사하는 가운데 벗에 대한 동정과 우려의 정을 담아내었다. 한유(韓愈)의 「기노동(寄盧仝)」은 노동의 천부적인 문재(文才)를 경애(敬愛)하고, 안빈낙도하는 그의 인생관을 동경하는 정서를 표현하였다. 석관휴(釋貫休)의 「고의(古意)」와 마존(馬存)의 「연사정(燕思亭)」은 각각 이백의 호탕한 위인(爲人)과 기세 넘치는 문재를 묘사하였다. 매요신(梅堯臣)의 「채석월증곽공보(采石月贈郭功甫)」는 벗을 시선(詩仙) 이백에 비유하였고, 소식(蘇軾)의 「사마온공독낙원(司馬溫公獨樂園)」은 사마광(司馬光)의 위인과 덕망을 칭송하였으며, 황정견(黃庭堅)의 「자첨적해남(子瞻謫海南)」과 「증동파(贈東坡)」는 소식의 활달하고 고결하며 탈속적인 품성을 묘사하였다.

또한 우인과의 일상적인 교유를 묘사하면서 두터운 정의를 표현한 작품으로, 이백의 「우인회숙(友人會宿)」은 달밤에 벗과 함께 묵으며 술도 마시고 정담도 나눈 정경을 그렸고, 「조춘기왕한양(早春寄王漢陽)」은 이른 봄 벗의 내방(來訪)을 애타게 기다리는 마음을 표현하였으며, 「희증정율양(戱贈鄭溧陽)」은 비록 정율양과의 왕래를 직접 묘사하지는 않았지만, 벗을 도연명에 비유해 도연명이 술을 마시며 자적(自適)함과 그 질박한 태고(太古)의 기풍을 숭상한 생활 정취를 서술하면서, 벗에 대한 시인의 찬미와 그리움의 정을 표현하였다. 두보의 「증위팔처사(贈韋八處士)」는 친구와 오랫동안 헤어졌다가 다시 만난 기쁨을 표현하였다. 한유의 「취증장비서(醉贈張秘書)」는 벗과 '문자음(文字飮, 글을 지으며 술을 마심)'을 함께하는 즐거움과 의미를 서술하였다. 이하(李賀)의 「고헌과(高軒過)」는 시인의 집을 찾은 한유와 황보식(皇甫湜) 두 대인(大人)의 문명(文名)과 인격을 칭송하는가 하면, 그들이 내방할 때의 드높은 기풍을 묘사하였고, 또한 두 대인의 내방으로 시인이 곤궁하기 짝이 없는 처지에서 생기와 활력을 찾아, 장차 반드시 평소의 포부를 펼칠 날이 올 것을 확신함을 표현하였다. 소식의 「증사진하수재(贈寫眞何秀才)」는 하수재가 시인의 초상화를 그려준 데 대한 심심한 사의를 표현하였다.

이 밖에도 『진보』의 교유시 가운데에는 다양한 석별의 정을 노래한 작품이 있다. 이백의 「금릉주사유별(金陵酒肆留別)」은 시인이 금릉의 벗들과 작별하며 지은 이별시로, 진지한 우정을 담아내었고, 「남릉서별(南陵敍別)」은 시인이 조서(詔書)를 받고 바야흐로 가족과 헤어져 경성으로 갈 때의 감회를 읊은 작품으로, 석별보다는 세상에 나가는 기쁨과 넘치는 자신감이 이채로우며, 「송우림도장군(送羽林陶將軍)」은 출사(出仕)하는 우인의 호걸스러운 풍모를 찬양하였고, 「아미산월가(峨眉山月歌)」는 가을밤 강물을 따라 가는 나그넷길에 밝은 달을 바라보며 옛 친구를 그리는 정을 묘사하였다. 두보의 「취가행(醉歌行)」은 과거에 낙방하고 고향으로 돌아가는 종질(從姪)을 위로하며 지은 것으로, 석별의 서정이 그윽하다. 육구몽(陸龜蒙)의 「이별(離別)」은 대장부의 색다른 이별의 정회(情懷)를 나타내었다.

(2) 제세(濟世)의 정회(情懷)

'수신 · 제가 · 치국 · 평천하'는 고대 문사의 가장 기본적인 정회의 하나였던바, 『진보』에서도 그 같은 취지의 시작을 가려 싣는 데 상당히 유의하였다. 다음 몇 가지는 바로 그러한 작품에서 흔히 나타나는 주제 유형들이다.

첫째, 성세(盛世)를 가송(歌頌)함이다. 사조(謝朓)의 「고취곡(鼓吹曲)」은 "제도 금릉의 융성함을 묘사하였고(形容金陵帝都之盛)"[27], 「화서도조(和徐

都曹)」는 금릉 교외에 봄기운이 넘치며 생기발랄한 풍경을 그렸다. 백거이의 「칠덕무(七德舞)」는 당(唐) 태종(太宗)이 애초에 "난을 평정하고 왕업을 연 것을 찬미하였다.(美撥亂陳王業也)"[28] 왕우칭(王禹偁)의 「관성상친시공사가(觀聖上親試貢士歌)」는 송(宋) 태종이 친히 공사(貢士, 향시鄕試를 통과한 선비)에게 전시(殿試)를 보이는 정경을 묘사하면서 성덕(盛德)을 칭송하고 태평(太平)을 구가하였다.

둘째, 시국(時局)을 개탄하고, 나라와 백성을 걱정함이다. 이교(李嶠)의 「분음행(汾陰行)」은 안녹산의 난이 일어난 상황에서도 속수무책으로 촉(蜀) 땅으로 피난할 수밖에 없는 당 왕조의 시국을 비탄(悲歎)하였다. 이백의 「등금릉봉황대(登金陵鳳凰臺)」는 봉황대에 올라 조망(眺望)하며 내심에 이는 감개의 시정(詩情)을 토로한 것으로, 심각한 역사 탄식과 냉철한 현실 인식이 중심 내용이다. 한유의 「착착(齪齪)」은 날로 혼란으로 치닫는 시국에 대해 시름에 찬 마음으로 비분강개하며 "크게 어진 이는 하는 일 달라 / 원대한 포부에 속(俗)된 생각 없고 / 보국(報國)코자 충성스런 그 마음 맑디맑은데 / 시국을 근심할 제 하염없이 눈물만 흐른다(大賢事業異, 遠抱非俗觀. 報國心皎潔, 念時涕汍瀾)"고 애달픈 심정을 토로하였다. 백거이의 「강남우천보악수가(江南遇天寶樂叟歌)」는 천보(天寶) 연간의 노(老) 악사(樂師)와의 대화를 통해, 당대(唐代) 안사(安史)의 난 전후 수십 년 간의 성쇠와 치란(治亂)의 엄청난 변화를 반영하였다. 문천상(文天祥)의 「육가(六歌)」는 두보의 「동곡칠가(同谷七歌)」를 본뜬 작품으로, 난중에 사방으로 흩어진 가족을 그리며 토한 국파가망(國破家亡, 나라는 파멸의 위기에 처하고 집안은 풍비박산이 남)에 대한 피맺힌 절규요, 처절한 호곡(號哭)이다.

셋째, 오랑캐를 격퇴하고 나라와 백성을 지킬 것을 강조하고 고양(高揚)

---

27) 『고문진보』 원주(原註).

28) 백거이 『백씨장경집(白氏長慶集)』 권3 원시(原詩) 제하(題下) 자주(自注).

함이다. 남조(南朝) 양(梁) 무제(武帝) 때의 장수 조경종(曹景宗)은 누차 혁혁한 전공을 세웠는데, 한번은 무제가 연회를 베풀어 치하하며 '경(競)' · '병(病)' 두 자를 각운자로 써서 시를 지어 보라고 하였다. 그렇게 지어진 것이 바로 「경병운(競病韻)」으로, 전편에 걸쳐 무장(武將)이 개선할 때의 그 득의양양함을 묘사하는 가운데, 적을 격퇴해 공을 세우고 나라를 지키며 백성을 편안하게 하겠다는 열정과 포부를 담아내었다. 또 이백의 「왕소군(王昭君)」과 왕안석(王安石)의 「명비곡(明妃曲)」, 구양수(歐陽脩)의 「명비곡화왕개보(明妃曲和王介甫)」 등은 한나라 때 왕소군이 흉노와의 화친을 위해 고국을 떠나 머나먼 타국으로 갈 수밖에 없었던 데 대한 비탄을 통해, 은근히 보국안민(保國安民)의 의지와 정신을 고취하였다.

『진보』에 수록된 시작품은 이처럼 천하 만민을 구제한다는 '제세의 정회'를 직접적으로 표현하였을 뿐만 아니라, 왕왕 풍자나 영사(詠史)의 기법을 써서 간접적으로 일련의 정서를 묘사하였다. 그것은 대개 다음 몇 가지 유형으로 나뉜다.

첫째, 농민의 빈곤과 민생의 어려움에 대한 애정 어린 관심을 표현하였다. 이신(李紳)의 「민농(憫農)」은 농민들이 뜨거운 햇볕 아래서 힘들게 일하는 고통을 묘사하였고, 섭이중(聶夷中)의 「상전가(傷田家)」와 무명씨의 「잠부(蠶婦)」는 누에 치는 아낙네에 대한 깊은 동정을 나타내었다. 유종원(柳宗元)의 「전가(田家)」 제2수와 황정견의 「희화답금어(戲和答禽語)」는 가혹한 조세에 시달리는 농촌의 실상을 폭로하였고, 왕한(王翰)의 「고장성음(古長城吟)」은 만리장성을 쌓아 국방을 튼튼히 하는 것보다 백성을 편안히 살게 하는 것이 더 크게 민심을 얻을 수 있음을 강조하였고, 두보의 「석호리(石壕吏)」와 「병거행(兵車行)」은 전란의 고통에 신음하는 민생을 폭로 고발하였다. 소식의 「여지탄(荔枝歎)」은 "신하들이 아름다운 꽃과 맛있는 과일을 바치며 임금에게 아첨하면서 백성들에게 엄청난 고통을 가져다 준 것을 비판하였다.(譏臣子貢花果, 以媚其上, 貽百姓無窮之害)"29) 양분(楊賁)의 「시흥(時興)」은 고관(高官) 귀인(貴人)들이 가난하고 미천한 포의지사(布衣之士)를 업신여김을 풍자하였다.

둘째, 구국(救國)의 양재(良才, 훌륭한 인재)에 대한 깊은 관심을 표현하였다. 제갈량(諸葛亮)의 「양보음(梁甫吟)」은 일대의 용사(勇士)가 간계(奸計)에 희생된 것을 통한(痛恨)하였다. 두보의 「추우탄(秋雨歎)」은 현신(賢臣) 군자가 간악한 소인배가 날뛰는 시국하에서도 여전히 그 뜻을 굽히지 않음을 칭송하였고, 「모옥위추풍소파가(茅屋爲秋風所破歌)」는 개인의 불행한 신세를 뛰어넘어 천하의 한사(寒士)에 대한 동정의 마음을 담아내었다. 소식의 「양강공유석상여취도사위부차시(楊康功有石狀如醉道士爲賦此詩)」는 어질고 유능한 선비가 나라에 바른 도가 행해지지 않아 부득불 강호에 묻혀 있음을 풍자하였다.

셋째, 왕왕 오왕(吳王) 부차(夫差)나 당 현종(玄宗)과 같은 혼군(昏君)을 예로 들어, 모름지기 통치자는 역사의 교훈을 거울로 삼아야 함을 풍간(諷諫)하였다. 이백의 「오서곡(烏棲曲)」, 두보의 「애강두(哀江頭)」, 원진(元稹)의 「연창궁사(連昌宮辭)」, 백거이의 「장한가(長恨歌)」, 소식의 「괵국부인야유도(虢國夫人夜遊圖)」와 「여산(驪山)」 등이 모두 그러한 작품이다.

(3) 사물 형상과 자연 정취

이는 주로 영물시(영서・영화・제화시 포함)와 자연시(은일시 포함)에서 표현되고 있다. 이른바 영물시와 자연시가 만약 사물과 경물의 피상만을 단순하게 묘사한다면, 천박함을 면키 어렵다. 때문에 대개 양자 모두 그 나름의 함의(含意)와 우의(寓意)를 담게 되는데, 그것은 『진보』의 시가 작품도 마찬가지이다.

29) 주27과 같음.

먼저 영물시에서 보면, 두보의 「고도호총마행(高都護驄馬行)」은 우리나라 고구려 유민(遺民) 출신의 명장(名將) 고선지(高仙芝)의 총이말이 고금(古今)의 풍모가 상이(相異)함을 묘사하면서, 고(高) 장군이 일찍이 서역(西域) 출정(出征)에서 누차 뛰어난 전공을 세운 빛나는 명성을 기리는가 하면, 조정의 인재 등용이 부당하여 현재(賢才)가 그 뛰어난 능력을 다하지 못함을 풍자하였다. 또 「고백행(古柏行)」은 늙은 측백나무에 대한 과장된 묘사를 통해 세상의 실의한 선비들을 위한 불평지명(不平之鳴, 불공평함에 대한 울분)을 토로하였고, 「도죽장인(桃竹杖引)」은 도죽 지팡이로 난세에 자신이 믿고 의지할 인물을 비유하였으며, 「이호현장인호마행(李鄠縣丈人胡馬行)」은 '이 세상에 다시없이 출중하여(奇絶代)' '달리 특별한 종자가 있는(別有種)' 준마의 형상을 빌려 걸출한 절대(絶代), 즉 당대(當代)에는 견줄 만한 이가 없을 정도로 뛰어난 인재를 비유한 것으로 보인다. 한유의 「석고가(石鼓歌)」는 '석고(북 모양으로 다듬은 돌)'의 역사와 가치를 기술하는 한편, 오늘날 '아무도 수습하는 이 없는(無人收拾)' 처지를 비탄(悲歎)하면서 바람직하지 못한 현실 세태를 가슴아파하는 시인의 숭고한 정신을 표현하였는데, 이는 그의 복고사상과 일맥상통한다. 또 「단경가(短檠歌)」는 작은 등잔걸이를 읊으며, 힘들게 과거에 급제해 득의한 후에는 조강지처를 버리고 근본을 망각하는 빈사(貧士)를 풍자하였다. 이 밖에 왕곡(王轂)의 「고열행(苦熱行)」은 불볕더위로 '온 나라가 붉게 타는 화로 가운데 있는 듯한(萬國如在紅爐中)' 전화(戰火)를 비유하였고, 증공(曾鞏)의 「우미인초(虞美人草)」는 우미인초의 전설을 통해 항우(項羽)와 우희(虞姬)의 죽음을 애도하는 가운데, 양웅상쟁(兩雄相爭)의 공허하고 무상함을 표현하였다. 소식의 「정혜원해당(定惠院海棠)」은 먼 이국(異國)에서 기러기가 씨를 물어와 뿌리를 내렸을 해당화의 청아(淸雅)한 자태로, 황주(黃州)에서 귀양살이하는 시인의 풍모를 비유하면서, "하늘 끝에서 타향살이하매 모두가 동정할(天涯流落俱可念)" 처지임을 슬퍼하였다. 당경(唐庚)의 「이월견매(二月見梅)」는 봄이 한창인 중춘(仲春) 복숭아·자두 꽃이 만발한 때에도 여전히 피어 있는 매화로, 혼탁한 세상을 홀로 가는 군자를 비유하였다.

『진보』의 영물시 가운데는 영화시의 수량이 상당할 뿐만 아니라, 그 내용 또한 볼 만한 것이 많다. 두보의 「위풍녹사택관조장군화마도인(韋諷錄事宅觀曹將軍畫馬圖引)」은 시국은 어지럽고 영준(英俊)한 인재는 낮은 자리에 가라앉아 실의에 차 있는 사회 현실을 개탄하였다. 한유의 「도원도(桃源圖)」는 "신선이 있는지 없는지는 너무나 막연하고 / 도화원(桃花源) 이야기는 참으로 황당하구나(神仙有無何渺茫, 桃源之說誠荒唐)"로 시작하여 "속세에서 참인지 거짓인지 어찌 알랴? / 이제껏 그 얘기 전한 이는 무릉 사람뿐이나니(世俗寧知僞與眞, 至今傳者武陵人)"로 마무리하며, 도화원은 단지 황당무계한 전설에 지나지 않는다고 단정하였다. 이는 곧 "괴이한 사물이나 엄청난 힘을 과시하는 일, 사회 규범을 어지럽히는 행위, 그리고 귀신에 관한 일은 말하지 않는(不語怪力亂神)"(『논어』「술이述而」) 유가사상에 근거하고 있다. 소식의 「서왕정국소장연강첩장도왕진경화(書王定國所藏煙江疊嶂圖王晉卿畵)」는 왕진경 산수화 속의 선경(仙境)에 대한 묘사를 통해, 황주(黃州)에 귀양살이할 때 청정(淸靜)하고 은일(隱逸)한 삶을 동경한 마음을 드러내었다. 사과(謝薖)의 「도연명사진도(陶淵明寫眞圖)」는 전원시인 도연명을 공경하고 우러르는 정을 표현하였다.

한편 자연시에서 보면 전원을 주요 제재로 한 것으로, 도연명의 「귀원전거(歸園田居)」(제1, 2, 3수)는 벼슬을 버리고 전원으로 돌아온 기쁨과 전원 경물의 아름다움, 몸소 경작하며 사는 향촌 생활의 즐거움을 묘사하였다. 또 「독산해경(讀山海經)」(제1수)은 경작 생활의 여가에 이서(異書)를 읽는 즐거움을 표현하였다. 강엄(江淹)의 「의도징군전거(擬陶徵君田居)」

(이를 『진보』에서는 도연명의 「귀전원(歸田園)」이라고 하였으나 잘못임)는 전원생활에 대한 느낌을 표현하였는데, 전원생활이 "비록 호미 메고 다니기 싫증도 나지만(雖有荷鋤倦)" "탁주 마시며 잠시나마 마음껏 즐기고(濁酒聊自適)" 또 "오솔길 닦아 좋은 벗을 맞을(開徑望三益)" 수 있으니, 세속의 고통·벼슬살이의 고통에 비하면 차라리 전원의 고통을 달게 받겠다는 것이다. 작품 가운데 특히 "해 저물녘 땔나무 수레를 챙기노라면 / 길은 어둡고 햇빛은 이미 저녁 기운 짙은데 / 집으로 가는 사람 밥 짓는 연기 바라볼 제 / 어린 자식은 처마 밑에서 기다리누나(日暮巾柴車, 路暗光已夕. 歸人望煙火, 稚子候簷隙)" 등은 도연명 시의 의경(意境)을 깊이 터득하였으며, 바로 그 때문에 이 시는 오랫동안 도연명 시로 오인되어 왔다.

『진보』에는 또 다수의 산수시가 수록되어 있으며, 그 역시 대개 은일 정취를 묘사하였다. 이백의 「산중답속인(山中答俗人)」과 「산중대작(山中對酌)」, 「제동계공유거(題東溪公幽居)」는 모두 산중 은거의 한가롭고 편안하며 유유자적함을 묘사하였다. 유종원(柳宗元)의 「강설(江雪)」은 "눈 덮인 차가운 강에서 홀로 고기 낚는(獨釣寒江雪)" 은사(隱士)의 고고(孤高)하고 초탈적인 품격을 그렸고, 「어옹(漁翁)」은 상수(湘水)에서 고기 잡는 노인의 한가롭고 평화로운 삶을 묘사하였다. 이 두 작품은 모두 산수 자연에 은거하는 고기잡이 노인의 형상을 노래하고 있으나, 실제로는 시인의 고고하고 청아(淸雅)한 정회를 담아내는 한편, 정치적 실의의 고뇌와 울분을 토로한 것이다. 이 밖에 가도(賈島)의 「방도자불우(訪道者不遇)」와 고변(高駢)의 「보허사(步虛詞)」, 위야(魏野)의 「심은자불우(尋隱者不遇)」는 세외(世外)로 초탈하여 소요자적(逍遙自適)하는 은일(隱逸) 도사(道士)의 형상을 묘사하였다. 소옹(邵雍)의 「청야음(淸夜吟)」에서는 고상하고 청량한 심경으로 대자연의 맑디맑은 기운을 체득하고 있으며, 소식의 「유삼유동(遊三遊洞)」과 소상(蘇庠)의 「청강곡(淸江曲)」, 구양수(歐陽脩)의 「여산고(廬山高)」는 모두 자연 속에서 유유히 소요(逍遙)하는 각 시인의 인생관을 표현하였다.

(4) 인생에 대한 근원적 감개와 깨달음

『진보』에 수록된 많은 양의 영회(詠懷) 시편(詩篇)은 대부분 각 시인이 실의하였을 때 지은 것으로, 인생에 대한 근원적 감개와 깨달음을 표현하였으며, 대략 다음 몇 가지 유형으로 요약된다.

첫째, 인생무상에 대한 개탄이다. 한(漢) 무제(武帝)의 「추풍사(秋風辭)」는 가을을 슬퍼하고 '가인(佳人)'을 그리는 가운데, 어느덧 노쇠해가는 덧없음에 하릴없는 탄식을 토하고 있다. 무명씨의 「고시(古詩)」(이는 「고시십구수」 제15수임)는 "사람 사는 게 백년도 되지 않으니(生年不滿百)" "마땅히 제때에 즐겨야 함(爲樂當及時)"을 강조하였다. 도연명의 「의고(擬古)」(제7수)는 달 밝은 밤 가인(佳人)의 장탄식을 빌려, 인생 영락(榮樂)의 허무함을 표현하였다. 또 그 「잡시(雜詩)」(제1수)와 심약(沈約)의 「장가행(長歌行)」은 모두 인생은 짧고 성년(盛年)은 다시 올 수 없으니, 제때에 더욱 부지런히 힘써 "늙어서 부질없이 슬퍼하지(老大徒傷悲)" 않도록 해야 함을 강조하였다. 송지문(宋之問)의 「유소사(有所思)」[30]는 세상은 쉼 없이 변하고, 세대는 끊임없이 바뀌는 인생의 덧없음을 깊이 탄식하였다. 이백의 「양양가(襄陽歌)」는 마음껏 술 마시며 삶을 즐기는 술꾼의 형상을 그리는 한편, 인생은 무상하고 공명(功名)은 이루기 어려운 데 대한 고뇌와 분개의 정을 토로하였다. 백거이의 「상산로유감(商山路有感)」과 한유의 「유회(幽懷)」는 세월이 사람을 기다려 주지 않는 데 대한 시름을 표현하였고, 무명씨의 「금곡원(金谷園)」[31]은 금곡원의 어제와 오늘을 대비하면서 세상

---

30) 이 시는 대개 유희이(劉希夷)의 「대비백두옹(代悲白頭翁)」으로 알려져 있는데, '유규여아석안색(幽閨女兒惜顔色)' 구(句)만 유희이의 작품에서는 '낙양여아석안색(洛陽女兒惜顔色)'으로 되어 있어 차이를 보일 뿐임.

31) 이 시의 작가를 『전당시(全唐詩)』에서는 조송(曹松)이라고 함.

사의 무상함을 슬퍼하였으며, 최호(崔顥)의 「등황학루(登黃鶴樓)」는 누각에 올라 아득히 바라보며 옛일을 슬퍼하고 역사의 변천을 개탄하면서, 문득 내심에 이는 향수(鄕愁)를 묘사하였다.

둘째, 실의(失意) 시(時)의 무력감과 회재불우(懷才不遇)의 불평지명(不平之鳴)이다. 두보는 일생 동안 벼슬길에 뜻을 얻지 못하고 낮은 자리를 전전하였는데, 그의 「취시가(醉時歌)」는 시인과 우인(友人)이 실의한 상황에 술로써 우울함을 달래는 정경을 묘사하였고, 「상위좌상이십운(上韋左相二十韻)」·「증위좌승(贈韋左丞)」·「투증가서개부이십운(投贈哥舒開府二十韻)」 3수는 실의함에 대한 불만과 하소연을 토로하는 한편 천거를 청원하였고, 「탄정전감국화(歎庭前甘菊花)」는 감국화와 여러 꽃을 대비 거론하며 각각 군자와 소인에게 비유해, 현인(賢人)은 불우하고 소인이 득세하는 세태를 개탄하였으며, 「단청인(丹靑引)」은 위(魏) 무제(武帝)의 후손인 조패(曹霸) 장군이 전란의 시대에 죄를 짓고 서민으로 전락해 그림을 팔아 어렵게 살아간 데 대해 염량세태(炎涼世態, 세력이 있을 때는 아첨하여 따르고, 세력이 없어지면 푸대접하는 세상인심을 비유적으로 이르는 말)를 풍자함과 동시에, 시인 자신의 만년(晩年) 실의에 대한 슬픔을 표현하였다. 한유의 「증정병조(贈鄭兵曹)」는 세월은 유수 같건만 세상사는 여의치 않아 의기소침한 가운데 "세상만사 잊는 데는 술보다 나은 것이 없도다(破除萬事無過酒)"는 하릴없는 탄식을 토하였다. 장적(張籍)의 「행로난(行路難)」은 강호(江湖)에 영락한 한사(寒士)를 그렸고, 백거이의 「비파행(琵琶行)」은 비파 타는 여인의 불행한 처지를 빌려, 시인의 '하늘 끝으로 영락한 한(天涯淪落之恨)'을 토로하였다.

셋째, 인생의 시름이나 고통을 해소하기 위한 방편으로 술의 힘을 빌리거나[借酒澆愁] 늦기 전에 그때그때 한껏 삶을 즐길 것[及時行樂]을 주창하며, 세속 초탈적인 경지를 동경함이다. 도연명의 「의고(擬古)」(제5수)

는 '동방(東方)'의 한 선비를 따라 인간 본연의 참된 삶을 살고픈 심정을 읊었다. 이백의 「장진주(將進酒)」는 금준미주(金樽美酒)로 회재불우(懷才不遇)의 분개와 시름을 떨쳐버리려는 마음을 노래하였고, 「대주부지(待酒不至)」와 「월하독작(月下獨酌)」은 표면적으로는 활달하고 준일(俊逸)하며 유연(悠然)하고 자득(自得)한 '취객(醉客)'의 형상을 묘사하고 있으나 실제로는 심히 고적(孤寂)함과 남모르는 울분을 토로하였으며, 「춘일취기언지(春日醉起言志)」는 아름다운 꽃이 만발한 뜰 앞에서 술에 취해 마음껏 노래 부르며 세속적인 정회는 다 잊고 무아지경에 듦을 표현하였다. 이하(李賀)의 「장진주(將進酒)」는 세월이 유수 같으니 모름지기 "온종일 얼큰하게 술에 취해(終日酩酊醉)" 늙기 전에 삶을 즐길 것을 권고하였으며, 소식의 「박박주(薄薄酒)」는 인생의 참된 정취는 '지금 당장 한 바탕 술에 취해 옳고 그름, 시름과 즐거움을 모두 잊는 것(眼前一醉是非憂樂都兩忘)'보다 더 나은 것이 없음을 강조하였다. 장영(張詠)의 「권주석별(勸酒惜別)」도 사람들에게 "청춘을 헛되이 내팽개치지 말고(莫把青春枉抛擲)" 가능한 한 술을 마시며 마음껏 즐길 것을 권고하였다.

(5) 풍골(風骨) 절조(節操)의 표양(表揚)

풍골과 절조는 고대의 선비들이 보편적으로 추구한 인격적 형상으로, 『진보』에 수록된 시가 작품에서도 그 일면을 엿볼 수 있다. 이 유형의 시작(詩作)은 우선 선비의 청일(淸逸)한 풍류와 호매한 기개를 표현하였는데, 이백의 「왕우군(王右軍)」은 왕희지(王羲之)의 소탈하고 문아(文雅)한 풍도를 칭송하였고, 두보의 「금석행(今夕行)」은 젊은이의 호방함을 찬양하였다. 왕유(王維)의 「소년행(少年行)」은 협객 소년의 호매하고 활달한 풍모를 표현하였다. 반면 이하의 「자소년(刺少年)」은 "태어나서 글을 반 줄도 읽지 않고 / 단지 황금으로 일신(一身)의 부귀를 사기만 한(生來不讀

半行書, 只把黃金買身貴)" 방탕한 공자(公子)의 형상을 그렸는데, 왕유의 「소년행」에서 묘사된 것과는 완전히 상반된 젊은이의 형상으로, 양자(兩者)의 찬미와 풍자 의의가 심히 대조적이다. 소식의 「녹균헌(綠筠軒)」은 "음식에 고기 없는 건 괜찮아도 / 거처에 대나무가 없어서는 안 된다네(可使食無肉, 不可居無竹)"를 강조하며, 청아(淸雅)한 인생을 추구함을 표현하였다. 이 밖에도 마존(馬存)의 「요월정(邀月亭)」과 「장회요(長淮謠)」는 밝은 달을 마주하고 술 마시며 노래하는 한일(閑逸)한 정취를 묘사하였고, 「호호가(浩浩歌)」는 사람은 부귀공명과 같은 외물(外物)에 얽매이지 말고, 응당 호연 자득(浩然自得)한 경지를 추구해야 함을 설파하였다.

이 유형의 시가는 또 정의와 절조를 선양(宣揚)하는 사상 경향을 보이고 있는데, 오은지(吳隱之)의 「탐천(貪泉)」은 탐욕과 청렴은 순전히 자기 자신의 의지에 달렸다는 뜻을 표명하였고, 이백의 「소무(蘇武)」는 꿋꿋이 굽힘 없는 고상한 품격과 절조를 칭송하였으며, 왕유의 「춘계문답(春桂問答)」[32]은 계수나무가 사철 내내 푸름을 서술하면서, 시인의 영원불변의 절의(節義)를 비유 표현하였고, 승(僧) 청순(淸順)의 「십죽(十竹)」은 대나무를 심어 즐기는 것으로 절조를 중히 여긴 옛 사람의 풍류를 비유하였다.

다 『고문진보』 시가의 사상 내용을 통해 본 고대 문사의 의식 관념

『진보』의 선시(選詩)는 편자 자신은 물론, 당시 일반 문사(文士)의 독서 취향을 반영하는가 하면, 그들이 견지한 일련의 의식 관념을 보여준다.

32) 이 시는 현존 『왕유시집』에는 보이지 않음.

상술한 『진보』 시가의 사상 내용에 비춰볼 때, 다음 몇 가지 측면은 고대 문사들의 보편적인 의식 관념으로 주목하게 된다.

첫째, 『진보』 시가의 다섯 가지 사상 내용 가운데, 다섯 번째 유형의 작품이 전체의 8%를 차지하는 것을 제외하면, 나머지 네 가지 유형은 모두 각각 23% 내외를 차지하고 있어 수량상 큰 차이를 보이지 않는다. 하지만 내용상의 비중을 생각할 때, 주류(主流)는 역시 '세속 인정'을 표현한 시작(詩作)이다. 『진보』 시가 작품에서 표현된 가족애나 우정 그리고 여인의 원정(怨情)은 옛 사람들의 일상생활 속의 다양한 인간관계에서 표출된 감정들이다. 중국의 고대 시가는 문학사상 최초의 시가 총집(總集)인 『시경(詩經)』 이래(以來) 그 내용상 일상성과 현실성을 기본 특징으로 하였으니, 자고로 일상생활과 일상적인 일・인물・감정은 시가의 중심 소재였다. 『진보』의 선시(選詩) 역시 전통에서 크게 벗어나지 않고 있는 것이다. 그런데 우리는 여기서 한 가지 현상에 특별히 주목하게 된다. 소위 '세속 인정'에서 아주 중요한 부분을 차지하는 것으로, 남녀 애정(愛情)의 문제를 들 수 있다. 때문에 역대의 선집들이 이 부류의 작품을 선록하는 데 매우 적극적이었다. 하지만 『진보』의 경우는, 무명씨의 「고시십구수」 제18수와 이백의 「채련곡(採蓮曲)」 두 수 정도가 겨우 이에 해당될 뿐이다. 이는 『진보』의 편자가 유가의 전통적인 '시교(詩敎)'의 입장에서, 시가의 도덕 윤리와 정치 교화의 공용성에 유의하고 있음을 단적으로 보여준다. 고대 문사들의 일상생활에 애정 문제가 없을 수 없겠으나, 고도로 윤리화・정치화된 유가 '시교'의 전통하에서 시작을 통한 애정의 음영(吟詠)은 상당히 위축될 수밖에 없었을 것이다.

둘째, 고대 문사들은 대개 '겸제천하(兼濟天下, 널리 천하 만민을 구제함)'의 이상을 추구하였는데, 『진보』의 다수 시가 또한 '제세의 정회'를 표현하고 있음은 바로 이를 대변한다. 예를 들면 성세 가송(盛世歌頌)이나 시국 감개(時局感慨) 혹은 양재(良才) 중시나 민생 관심을 막론하고, 모두가 옛날 선비들이 적극적으로 사회에 참여하고 기꺼이 사회적 책임을 다함으로써, 나름의 인생 이상과 가치를 실현하고자 하였음을 알 수 있다.

셋째, 고대 문사들이 일념으로 추구한 '겸제천하'의 포부를, 현실 사회에서 능히 실현하기는 결코 쉬운 일이 아니다. 남조(南朝)의 좌사(左思)가 「영사(詠史)」 시(詩)에서 "명문 세가의 자제는 높은 자리에 올라 있건만 / 영민하고 준수한 인재는 낮은 벼슬아치로 가라앉아 있음(世胄躡高位, 英俊沉下僚)"을 개탄하였듯이, 수많은 현사(賢士)와 양재(良才)가 시운을 만나지 못하고 평소의 뜻과 재능을 사장(死藏)할 수밖에 없었다. 이 같은 상황에서 유가(儒家)의 요구는, 언행을 삼가고 '독선기신(獨善其身, 홀로 수신양생함)'하며 혼탁한 세상에서 자신의 인격과 절조를 지키고 닦아나가야 한다는 것이었다. 따라서 『진보』에서 자연을 동경하고 피세 은둔을 추구하며, 또 풍골과 절조를 찬양하는 다량의 시가를 선록한 것은 너무나 당연한 착안이었음을 쉽게 이해할 수 있다.

요컨대 『진보』 「전집」은 편자가 유가 사상에 입각하여 '시언지(詩言志, 시가는 사람의 사상 감정을 표현함)'(『서경書經』 「요전堯典」)의 기본 원칙 아래 엮은 선집으로, 우리가 그 시가 작품을 통해 고대 문사들의 보편적인 사상과 의식을 엿보기에 부족함이 없다.

제 3 장

『고문진보』 산문 작품의 사상 내용

이제 이 장에서는 『진보』 「후집」에 수록된 산문 작품의 사상 내용을 유형별로 분석 정리함으로써 그 작품 세계의 전모를 살펴보고자 한다. 또한 그로부터 고대 문사들의 독서 취향을 아울러 고찰하게 될 것이다. 다만 「이소경」과 「추풍사」는 시가(詩歌)임이 분명해, 앞 장에서 이미 논한 바 있다. 그리고 여기서 '산문'이라 함은 부분적으로 운문의 성격이 가미된 사(辭)·부(賦)·변체(駢體) 작품을 포함한 넓은 의미로 이르는 것이다.

가 『고문진보』 산문 작품의 유형

조선간본 『진보』 「후집」에는 모두 128편(「이소경」과 「추풍사」는 제외)의 산문을 시대와 작가별로 배열 수록하였다. 『진보』의 다른 모든 판본이 적게는 60여 편에서, 많게도 90여 편에 불과한 산문을 선록하고,[33] 또 그 분류 배열도 문체(文體)를 기준으로 한 것에 비하면, 이는 분명 일신된 면모이다. 조선간본의 편자(編者)는 전통을 존중하지만 결코 전통에 안주하지 않고, 새로운 안목과 관점에서 나름의 증보를 시도한 것이다. 반면 다른 모든 판본들은, 조선간본이 각 작품의 시대나 작가별 특징을 중시한 것과는 달리, 문체의 유형에 보다 주목한 것이다. 그것은 작품의 내용이나 형식상의 특징이 고려되지 않은 분류 배열이며, 따라서 독자가 『진보』 산문의 실질적인 특징을 한눈에 개괄하기는 결코 쉽지 않다. 더욱이 중국 고전 산문을 분류함에 있어 문체를 기준으로 하는 것은 타당성이 매우 빈약한데, 왜냐하면 그것은 결코 각종 문체의 내용과 형식상의 특징을 보여줄 수 없기 때문이다.[34]

이제 『진보』 산문의 사상 내용을 본격적으로 분석하기에 앞서 전체 작품을 새롭게 분류 제시함으로써 독자의 사전(事前) 이해를 돕고자 한다. 조선간본 128편의 산문 작품은, 그 서술 방식에 따라 분류하면, 대략 의론문(議論文), 서사문(敍事文), 서정문(抒情文)으로 나뉜다.

첫째, 의론문이다. 이는 어떤 이치나 주제에 관한 주의 주장을 논설함을 위주로 하는 산문으로, 정론(政論)・사리(事理)의 성격을 갖는가 하면

33) 예를 들면 괴본대자본(魁本大字本, 즉 『魁本大字諸儒箋解古文眞寶』)에는 67편, 제유전해본(諸儒箋解本, 즉 『諸儒箋解古文眞寶』)에는 93편, 경판대전본(京板大全本, 즉 『京板新增註釋古文大全』)에는 94편, 평림대전본(評林大全本, 즉 『評林註釋要刪古文大全』)에는 79편이 실려 있음.(佐藤保・和泉 新譯, 『古文眞寶』, 日本, 學習硏究社, 1981年版, 부록 「『古文眞寶』諸本收錄作品表」 참조)

34) 예를 들면 '기(記)'는 당대(唐代) 이전에는 대개 기사(記事)와 서경(敍景)에 쓰였으나, 송대(宋代)에 이르러서는 서정(抒情)과 설리(說理)에도 활용되었음. 또한 '론(論)'과 '설(說)', '서(書)'와 '계(啓)', '표(表)'・'소(疏)'와 '주의(奏議)' 등은 제명(題名)상의 상이함 이외에는, 사실상 어떤 차이가 있는지 명확히 구별하기 어려움.(譚家健 「關于古典散文的若干問題」, 『文學評論叢刊』 제5집, 1980.3. 참조)

문학·예술적 특색을 띠기도 한다. 또한 중국 산문의 양대 전통의 하나인 '입언(立言)'에서 근원하며, 중국 산문 발전사상 고전 산문의 주류를 형성하였다. 『진보』의 산문 중에도 이 부류에 속하는 작품이 전체의 절반을 훨씬 넘는 18체(體) 75편에 달한다. 그 가운데 '서(書)'(「상진황축객서上秦皇逐客書」 등 17편), '서(序)'(「송맹동야서送孟東野序」 등 10편), '론(論)'(「과진론過秦論」 등 9편), '기(記)'(「양죽기養竹記」 등 7편) 4체의 작품이 「후집」 전편(全篇)의 4대 근간을 이룬다. 이 밖에도 '설(說)'(「사설師說」 등)·'잠(箴)'(「시잠視箴」 등)·'명(銘)'(「가장고연명家藏古硯銘」 등) 3체 각 4편, '부(賦)'(「아방궁부阿房宮賦」 등)·'문(文)'(「송궁문送窮文」 등) 2체 각 3편, '해(解)'(「진학해進學解」 등)·'송(頌)'(「성주득현신송聖主得賢臣頌」 등)·'변(辨)'(「휘변諱辨」 등)·'표(表)'(「출사표出師表」 등)·'원(原)'(「원인原人」 등) 5체 각 2편, 그리고 「독맹상군전(讀孟嘗君傳)」·「진문공문수원의(晉文公問守原議)」·「약계(藥契)」·「서오대곽숭노전후(書五代郭崇韜傳後)」 4편이 있다.

둘째, 서사문이다. 이는 인물이나 사건의 변화 발전의 서술을 위주로 하는 산문으로, 중국 산문의 양대 전통의 하나인 '기사(記事)'에서 근원하며, 이 또한 고전 산문의 주류이다. 『진보』의 산문 중 이 부류에 속하는 작품은 모두 9체 30편이 있다. 그 가운데 가장 많은 것은 '기(記)'체(體)의 작품으로 「난정기(蘭亭記)」를 비롯해 11편에 달하며, 그 다음으로는 '비(碑)'(「평회서비平淮西碑」 등 5편), '전(傳)'(「오류선생전五柳先生傳」 등 4편), '서(序)'(「등왕각서滕王閣序」 등 3편)의 작품이 있고, 또 '설(說)'(「포사자설捕蛇者說」 등)·'명(銘)'(「격사홀명擊蛇笏銘」 등) 2체 각 2편, 그리고 '문(文)'(「북산이문北山移文」)·'송(頌)'(「주덕송酒德頌」)·기타(「서낙양명원기후書洛陽名園記後」) 3체 각 1편이 있다.

셋째, 서정문이다. 이는 주로 작가의 감정과 정서를 표현하는 산문으로, 비록 행간에 서사나 의론이 엇섞여 들어갈 수 있으나, 그것은 어디까지나 부차적인 것에 불과하다. '입언'과 '기사'를 위주로 한 고대 산문 전통 속에서, 서정 산문이 차지하는 비중은 물론 가장 열세에 놓여 있다. 『진보』에서 이 부류에 속하는 산문은 11체 23편이 있을 뿐인데, 그 중 '서(序)'체(體)(「송양거원소윤서送楊巨源少尹序」 등)가 7편으로 가장 많다. 그 다음으로는 '부(賦)'(「조굴원부弔屈原賦」 등) 4편, '사(辭)'(「어부사漁父辭」 등)・'기(記)'(「취옹정기醉翁亭記」 등)・'서(書)'(「여한형주서與韓荊州書」 등) 3체 각 2편, 그리고 '설'(「가설稼說」)・'잠'(「대보잠大寶箴」)・'명'(「전중소감마군묘명殿中少監馬君墓銘」)・'문'(「제구양문충공문祭歐陽文忠公文」)・'송'(「대당중흥송大唐中興頌」)・'표'(「진정표陳情表」) 6체 각 1편이 있다.

나 『고문진보』 산문 작품의 사상 내용 분석

『진보』의 편찬 목적과 의의는 물론 문사들에게 '고문(古文)'의 교학을 위한 교본을 제공하는 데 그치지 않는다. 한 걸음 더 나아가 또한 문사들이 각 작품에 함축된 다양한 사상 내용을 폭넓게 섭취하고 음미함으로써, 각자의 소질을 계발하고 성정(性情)을 도야하며 사리에 통달하는가 하면, 현실을 직시하면서 웅지(雄志)를 품고 이상을 추구할 것을 기대함에 있다. 조선간본 『진보』의 산문 작품에서 표현된 사상 내용은 대략 다음 몇 가지 유형으로 요약된다.

(1) **유학 보위**(儒學保衛)・**노불 구축론**(老佛驅逐論) (**부**附/ **역리론**易理論)

유가사상에 입각해 편찬된 『진보』의 작품에서, 공맹(孔孟)의 유학을 굳건히 지키고 노장(老莊)과 불교를 물리쳐야 한다는 사상은, 한유(韓愈)

의 몇몇 의론 산문에서 집중적으로 표현되고 있다. 그 중 가장 대표적인 것은 「원도(原道)」로, 전편의 주지(主旨)는 유도(儒道)를 수호하고 노불을 배척하여, 사람들이 순정(純正)한 마음을 회복할 수 있도록 해야 한다는 것이다. 한유는 당대 고문운동의 주창자로서, 시종 유가의 도통(道統)을 극력 제창하였다. 그는 "후대 사람들이 인의와 도덕의 학설을 배우고자 한들 어느 누구에게 배우랴?(後之人, 雖欲聞仁義道德之說, 其孰從而求之)"라고 한탄할 정도로 위기감을 느끼면서, 위도자(衛道者)의 입장에서 출발해 불교와 도교의 공허한 사상을 강력히 반대 배척하였다. 또 「획린(獲麟)」에서는 유가사상의 충실한 계승자로 자처하며, "설령 기린이 있어도 그것이 기린인 줄을 모르는(雖有麟, 不可知其爲麟也)" 난세(亂世)를 개탄하였다. 「여맹간상서서(與孟簡尙書書)」에서는 "불교와 도교의 폐해가 양주(楊朱)와 묵적(墨翟)보다 더함(釋老之害, 過於楊墨)"을 강조하는가 하면, 자신은 노불 등 이난을 배척하여 유가의 정통을 수호하겠다는 입장을 천명하였다. 이 밖에 「중답장적서(重答張籍書)」와 「송부도문창사서(送浮屠文暢師序)」도 한유의 배불론(排佛論) 주장을 설파하였다. 사실 한유 배불론의 대표작으로 「논불골표(論佛骨表)」가 유명한데, 『진보』에는 선록되지 않았다.

아무튼 한유의 이러한 도학(道學) 관념은 송대(宋代) 성리학자(性理學者)들에게 상당한 영향을 끼쳤는데, 조선간본 『진보』에는 송대 이학(理學) 대가의 명문(名文)을 수록하고 있어 주목된다. 그 중 장재(張載)의 「서명(西銘)」은 송대 성리학 사상을 간명하게 논술하였다. 또 여대림(呂大臨)의 「극기명(克己銘)」은 공자의 '극기복례(克己復禮)' 설(說)에 근거해 논지를 전개하였는데, 사람은 사욕(私慾)을 극복하고 도덕을 수행(修行)하여야만 비로소 '인인(仁人)'이 될 수 있다고 하였다. 한편 주돈이(周敦頤)의 「태극도설(太極圖說)」은 송대 성리학 초기 명문(名文)의 하나로, 기본 역리(易理)를 도해(圖解)해 설명하였으니, 곧 "무극의 진수(眞髓)와 음양·오행의 정수(精髓)가 절묘하게 융합해 응집하면서, 하늘의 기운인 건도(乾道)는 남성의 형체를 이루고, 땅의 기운인 곤도(坤道)는 여성의 형체를 이루었다. 또한 그 두 기운이 상호 감응하여 만물을 화육해 생장케 하니, 만물은 끝없이 생성을 거듭하며 그 변화가 무궁무진하다.(無極之眞・二五之精妙合而應凝, 乾道成男, 坤道成女, 二氣交感, 化生萬物, 萬物生生而變化無窮焉)"는 것이다. 이러한 관점은 송대 성리학의 기초를 닦는 데 결정적 역할을 하였다.

이 밖에 송초(宋初)의 성리학자인 석개(石介)의 「격사홀명(擊蛇笏銘)」은, 용도대제(龍圖待制, 임금의 글과 문서 등을 관장하는 용도각龍圖閣 의 관직) 공도보(孔道輔)가 영주자사(寧州刺史)의 막료(幕僚)로 있을 때, "밝으면 예악이 서고, 어두우면 귀신이 나타난다(明則有禮樂, 幽則有鬼神)"는 관점에 입각해 요사스럽게 사람을 미혹케 하는 뱀을 홀(笏)로 쳐서 죽임으로써 "군(郡) 자사를 비롯해 안팎과 원근의 백성들이 모두 몽매함에서 벗어나 푸른 하늘을 보고 흰 해를 보듯 환히 깨닫게(郡刺史暨內外遠近庶民, 昭然若發蒙, 見靑天睹白日)" 한 일을 표창(表彰)하였는데, 그 종지(宗旨) 역시 전통 유학을 보위하고 이단 사설을 구축함에 있다.

(2) **정치 원칙론** (**부**附/ **군주론・관리론**官吏論)

『진보』 편자의 입각점(立脚點)은 전통 공맹(孔孟) 사상이며, 따라서 『진보』의 산문 작품에서 논술된 정치 원칙론의 핵심은 유가 왕도 정치의 이상이다. 가의(賈誼)의 「과진론(過秦論)」은 진나라의 과오를 평론하여 한(漢)나라가 교훈으로 삼을 것을 역설하였는데, 진나라가 패망한 까닭은 인의(仁義)를 근간으로 하는 왕도정치를 시행하지 않은 탓이니, 아무리 산하(山河)가 험고(險固)하고 군대가 강력하더라도 다 믿을 게 못 된다는 것이다. 유종원의 「연주군부유혈기(連州郡復乳穴記)」에서 "군자의 상서로

움은 괴이한 일이 아니라, 정치를 통해서 만사 만물에 성심을 다하고 바른 도에 신뢰를 더하는 것이다. 그러면 사람들이 기꺼이 명령을 따르며 즐거이 각자 가진 바를 바치게 되나니, 이것이 바로 정치인 것이다.(君子之祥也, 以政, 不以怪, 誠乎物而信乎道, 人樂用命, 熙熙然以效其有, 斯其爲政也)" 라고 강조한 것 또한 왕도정치를 두고 이른 것이다. 이 밖에 이화(李華)의 「조고전장문(弔古戰場文)」은 전장에서 참혹하게 희생된 영령들을 조상(弔喪)하고 있는데, 전쟁을 피하고자 한다면, 오직 인의를 널리 베풀어 변방의 이민족들까지 모두 귀복(歸服)케 하는 길뿐임을 강조하였다. 이 또한 왕도주의를 고양(高揚)하고 패도(霸道)주의를 억지(抑止)함임은 두말 할 나위가 없다.

유종원의 「종수곽탁타전(種樹郭槖駝傳)」과 「포사자설(捕蛇者說)」은 왕도정치에 대한 주석성(註釋性)의 글이라고 할 수 있다. 전자는 나무를 심고 가꾸는 이치를 빌려 정치는 백성을 성가시게 해서는 안 된다는 것을 설명하였으며, 후자는 뱀을 잡아 바쳐 조세(租稅)를 대신하는 사람이 차라리 독사에 물려 죽을지언정 다시 조세를 바치는 것으로 환원하기를 결코 원치 않음을 서술하면서 '가혹한 정치는 호랑이보다 무섭다(苛政猛於虎)'는 사상을 천명하였다.

맹자의 사상에 의하면, 왕도주의의 가장 중요한 정치적 목표는 인정(仁政)을 통해 민심을 얻음으로써 천하를 통일하는 것인데, 인정은 오직 인군(仁君)만이 실행할 수 있다. 또한 인군은 반드시 현인(賢人)을 신하로 삼아야 하는데, 현신(賢臣)은 재덕을 겸비하고 인(仁)에 거하며 의(義)에 따르는 군자를 지칭함이니, 오직 현신만이 임금을 보좌해 왕도주의를 시행할 수 있다. 왕포(王褒)의 「성주득현신송(聖主得賢臣頌)」은 인군과 현신이 상호 보완 관계에 있다는 전제하에서, "성명(聖明)한 군주는 반드시 어진 신하를 기다려 공업(功業)을 넓혀가고, 훌륭한 선비 또한 현명한 군주를 기다려 그 덕을 드러냄(聖主必待賢臣弘功業, 俊士亦俟明主以顯其德)"을 강조하면서, 인군이 천하를 경영하려면 반드시 현능한 인재를 등용해야 한다고 하였다. 백거이의 「양죽기(養竹記)」도 사람을 쓸 때는 반드시 "현자를 써(用賢者)"야 함을 말하였고, 한유의 「잡설(雜說)」은 말[馬]로 비유해 영웅호걸은 반드시 그를 알아주는 인재를 만나야 그 뛰어난 재능을 발휘할 수 있다고 하였다. 이는 모두 인재를 알아보고 발탁 등용하는 것이 얼마나 중요하고, 또 자신을 알아주는 사람을 만나는 게 얼마나 어려운 일인가를 설명하였다. 『진보』의 산문에서는, 이상과 같이 위정(爲政)과 군신(君臣)에 관한 기본 원칙을 논설한 것 외에도, 실질적 군주론과 관리론도 산견(散見)되고 있는데, 이는 당연히 정치적 성향이 짙은 논설로, 정치 원칙론과 일정한 관련성이 있는 만큼 여기에 덧붙여 논한다.

먼저 군주론이다. 장온고(張蘊古)의 「대보잠(大寶箴)」은 즉위한 지 얼마 되지 않은 당(唐) 태종(太宗)을 위해 찬술(撰述)한 '왕 노릇하는 바른 도(爲君之道)'로, 선악과 시비를 비추는 황금 거울 같은 감계(鑑戒)의 글을 올리는 까닭은 "군주로서의 신성한 덕(德)을 다하도록(窮神盡聖)" 하는 데 있다고 하였다. 유종원의 「진문공문수원의(晋文公問守原議)」와 「동엽봉제변(桐葉封弟辯)」도 유사한 논지를 피력하고 있는데, 전자는 진 문공이 인재를 등용하면서 "조정에서 공식적으로 논의하지 않고, 궁중에서 사사로이 의논한(不公議於朝, 而私議於宮)" 것을 지적하여 "현신(賢臣)을 해치고 정사(政事)를 그르침(賊賢失政)"을 경계코자 하였고, 후자는 주(周) 성왕(成王)이 "오동잎으로 놀이를 하다가 아우를 제후에 봉(桐葉封弟)"한 고사의 허위성을 논변하여, 군주의 언행을 절대화한 소위 '군주는 희언을 하지 않는다(君無戱言)'는 말의 터무니없음을 비판하였다. 구양수(歐陽脩)의 「종수론(縱囚論)」은 당 태종이 사형수를 가석방한 일을 들어, 군주의 치국(治國)은 응당 인정(人情)에 바탕을 두어야지 "특이한 조치로 돋보이려고(立異以

爲高)" 하거나 "인정을 어기면서 명예를 구해서는(逆情以干譽)" 안 된다는 견해를 피력하였다. 소순(蘇洵)의 「고조론(高祖論)」은 한(漢) "고조의 지혜가 큰일에는 밝았으나 작은 일에는 어두웠다(高祖之智, 明於大而暗於小)"고 평가하였고, 두목(杜牧)의 「아방궁부(阿房宮賦)」는 아방궁의 영화(榮華)에서 훼멸에 이르는 과정과 진나라가 순식간에 흥성했다가 돌연히 패망한 일을 서술하면서, 당대(當代)와 후대의 군주를 경계시켰다.

다음은 관리론인데, 이는 더욱 다양하다. 첫째, 관리의 원리론(原理論)이다. 유종원의 「송설존의서(送薛存義序)」는 '관리는 백성을 위해 일해야 한다(官爲民役)'는 혁신적인 주장을 하였는데, 관리는 "송사(訟事)는 공평하게 처리하고 조세(租稅)는 고르게 부과하기(訟者平, 賦者均)" 위해, 반드시 "아침 일찍 일어나 일하고, 밤늦도록 사색하면서 부지런히 힘쓰고 성심을 다해야(蚤作而夜思, 勤力而勞心)" 한다고 하였다. 또 「재인전(梓人傳)」은 뭇 상인(匠人)의 우두머리인 재인이 사람을 부리는 이치를 빌려, 백관(百官)의 우두머리인 재상(宰相)의 치국지도(治國之道)를 설명하였다. 왕우칭(王禹偁)의 「대루원기(待漏院記)」의 주지(主旨)는 백관의 어른인 재상에게 근신(謹愼) 근로(勤勞)할 것을 권면함이다. 당경(唐庚)의 「상석시랑서(上席侍郞書)」는 조정의 높은 벼슬아치는 무리하게 뛰어난 공을 세우려고 해서는 아니 되며, "올바로 법도를 지키고 따르며(正當持循法度)" "드러나지 않는 공(無功之功)"을 세우도록 해야 한다고 훈계하였다. 한유의 「쟁신론(爭臣論)」과 구양수의 「상범사간서(上范司諫書)」는 간관(諫官)을 맡은 자는 자신의 안위(安危)를 돌보지 않고, 직언 감간(直言敢諫)하여야 함을 강조하였다. 소식의 「전표성주의서(田表聖奏議序)」 또한 군자가 치세(治世)를 만나 명군(明君)을 섬길 때에도, 정대(正大)한 간언(諫言)이 대단히 중요함을 설파하였다. 사마광(司馬光)의 「간원제명기(諫院題名記)」도 간관은 응당 나라를 이롭게 하는 데 오로지 하여야 하며, 절대로 자신의 명리(名

利)를 도모해서는 안 된다는 뜻을 표현하였다.

둘째, 관리의 실제론(實際論)이다. 소순의 「관중론(管仲論)」은 관중이 죽기 전에 제(齊) 환공(桓公)에게 현능한 인재를 천거해 자신을 대신하도록 하지 아니하여, 훗날 제나라 내란의 화근을 낳았다고 질책하였다. 또 「장익주화상기(張益州畵像記)」는 송(宋) 인종(仁宗) 때 장방평(張方平)이 익주자사(刺史)로 부임해, 촉(蜀) 땅에서 "도적 떼가 변방에 출몰한다(有寇至邊)"는 "요사스런 소문이 떠도는(妖言流聞)" 것을 잠재우고, 사람들이 편안하게 살며 즐거이 일할 수 있도록 한 일을 칭송하였다. 소식의 「범증론(范增論)」은 초한지쟁(楚漢之爭) 때 항우(項羽)를 도왔던 범증의 재능을 과장하는 한편, 때를 놓친 거취에 대해 아쉬움을 표현하였다. 한유의 「평회서비(平淮西碑)」와 「남해신묘비(南海神廟碑)」는 각각 승상 배도(裴度) 등의 난리 평정과 광주(廣州)자사 공규(孔揆)의 치적(治積)을 서술하였다. 또 「악어문(鰐魚文)」은 작가가 조주(潮州)자사로 있을 때 현지의 악어로 인한 화난(禍難)을 제거하기 위해 쓴 것이요, 「송석홍처사서(送石洪處士序)」와 「송온조처사서(送溫造處士序)」는 낙양에서 머물러 살며 오랫동안 출사하지 않던 석・온 두 처사가 하양(河陽)절도사 오중윤(烏重胤)의 부름에 응해 그 참모로 부임해가는 것을 전송해 지은 것으로, 오절도사가 현재(賢才)를 등용할 줄 앎을 칭송하는가 하면, 두 처사가 충실히 각자의 직책을 다할 것을 면려하였다. 소식의 「희우정기(喜雨亭記)」는 정자 명명(命名)의 유래와 오랜 가뭄 끝에 단비가 오는 데 대한 심정을 통해, 농사에 대한 관심과 백성과 함께 즐기는 '여민동락(與民同樂)'의 사상을 표현하였다.

셋째, 관리 풍자론(諷刺論)이다. 한유의 「모영전(毛穎傳)」에서는 "그대는 이제 글을 쓰기에 적합하지 않은가?(君今不中書耶)" 등의 말로 관료의 어리석음을 조소 풍자하였고, 또 「남전현승청벽기(藍田縣丞廳壁記)」는 장관(長官)은 대권(大權)을 독차지해 마음대로 휘두르고, 서리(胥吏)는 권세를 믿고 남을 업신여기는가 하면, 부(副)장관은 눈앞의 모순과 불합리를 순순히 받아들이며 적당히 영합하고 안주하는 상황을 반영하여, 봉건 관계(官界)의 부패상을 폭로하였다. 구양수의 「증창승부(憎蒼蠅賦)」와 「붕당론(朋黨論)」은 모두 소인배 벼슬아치를 풍자하였는데, 전자는 "참인(남을 헐뜯는 자)이 나라를 어지럽힌다(讒人之亂國)"고 하였고, 후자는 '군자는 두루 융화하나 사사로이 결탁하지 않고, 소인은 사사로이 결탁하나 두루 융화하지 않는다(君子周而不比, 小人比而不周)'는 관점에 입각해 붕당설의 터무니없음을 논박하였다.

넷째, 관리 및 인재 천거론(薦擧論)이다. 우선 자신을 스스로 천거하거나, 고관 귀인에게 면회를 요청하는 내용이 가장 많은데, 한유의 「상재상제삼서(上宰相第三書)」나 소순의 「상구양내한서(上歐陽內翰書)」와 「상전추밀서(上田樞密書)」, 소철(蘇轍)의 「상추밀한태위서(上樞密韓太尉書)」, 진사도(陳師道)의 「상임수주서(上林秀州書)」 등이 모두 그러하다. 이백의 「여한형주서(與韓荊州書)」의 주지 역시 작가가 자신의 재능을 설명하고, 한형주가 자신을 천거해 줄 것을 바란다는 내용이다. 이 밖에 한유의 「위인구천서(爲人求薦書)」는 작가가 인재를 천거하는 글이다. 한편 이사(李斯)의 「상진황축객서(上秦皇逐客書)」의 주지는 진나라 조정에 객경(客卿)을 축출해야 한다는 움직임이 이는 것을 간(諫)하여 막고자 함에 있는데, 보기 드문 명문장이다. 또 한유의 「진학해(進學解)」는 사제(師弟)의 문답 대화를 가설(假設)하여, 조정의 집권 세력이 현우(賢愚)를 분별치 못하고 인재를 억압하는 실상을 폭로하는가 하면, 자신의 회재불우(懷才不遇)한 울분을 토로하였다. 왕안석의 「독맹상군전(讀孟嘗君傳)」의 주지는 "맹상군이 선비를 얻는 데 능했다(孟嘗君能得士)"는 정론(定論)을 뒤집고자 함인바, 오직 세상을 경영하고 나라를 구하는 뛰어난 재능과 원대한 지략을 갖춘 선비만이 진정한 인재라고 하였다.

(3) 충군 애국론(忠君愛國論)

『진보』의 산문 가운데 충군애국 사상을 표현한 작품은 그다지 많지 않은데, 이는 편자가 기본적으로 유가사상에 입각하고 있다는 점을 감안할 때 자못 의외이다. 그러나 상술한 '정치 원칙론'의 내용 가운데에 이미 충군애국의 관념이 흐르고 있음을 간과해서는 안 될 것이다. 다시 말해 『진보』 산문 작품에서 비록 충군애국의 사상 내용이 명확하게 표현된 경우는 많지 않지만, 그 행간에 넘치는 충성스런 열정과 진실한 감정은 오히려 한껏 강렬하고 심후하다.

아무튼 이 부류의 작품 가운데 가장 대표적인 것은 바로 제갈량(諸葛亮)의 전(前)・후(後)「출사표(出師表)」이다. 전자는 작가가 촉한(蜀漢) 후주(後主) 건흥(建興) 5년에 출사하여 북쪽으로 조위(曹魏)를 정벌하러 가면서 임금께 올린 표문(表文)으로, 선제(先帝) 유비(劉備)에 대한 감은(感恩)과 나라에 대한 충성, 후주에 대한 은근하면서도 절실한 바람이 가슴 깊은 곳에서 용솟음쳐 오른다. 후자는 건흥 6년에 작가가 다시 출병하여 위(魏)나라를 치러 가면서 올린 글로, 피아(彼我)의 형세를 분석하여 서둘러 북벌에 나서야 하는 이유를 열거함과 동시에, 북벌에 대한 굳은 결심과 촉한에 대한 깊은 충성심을 표현하였다. 그 밖에 소식의「표충관비(表忠觀碑)」에도 나라를 위해 충성을 다할 것을 강조하고 있으며, 굴원의「어부사(漁父辭)」는 현실을 풍유(諷諭)하며, 물외(物外)로 초탈하는 '어부'와 차라리 죽을지언정 혼탁한 세태에 영합하지 않겠다는 굴원의 형상을 대비하면서, 애국 우민의 충정을 표출하였다. 원결(元結)의「대당중흥송(大唐中興頌)」은 당(唐) 숙종(肅宗)이 안사(安史)의 난을 평정하고 당나라를 중흥시킨 공덕을 칭송하였는데, 임금과 나라에 대한 충성과 애중(愛重)의 정이 넘친다.

(4) 군자 고사론(君子高士論) (부附/ 위인 정도론爲人正道論)

『진보』의 일부 산문 작품에서는 고대의 이상적인 위인(爲人) 형상을 논설하고 있는데, 이를 여기서는 편의상 '군자 고사론'이라 하기로 한다. 먼저 그 원리론으로, 범중엄(范仲淹)의 「악양루기(岳陽樓記)」에서는 "천하 만인이 걱정하는 것보다 먼저 걱정하고, 천하 만인이 즐거워하는 것보다 나중에 즐거워할(先天下之憂而憂, 後天下之樂而樂)" 것을 주장하였고, 한유의 「송궁문(頌窮文)」은 '군자는 곤궁함 속에서도 꿋꿋하게 이겨나갈(君子固窮)' 뿐만 아니라, 오히려 '곤궁할수록 더욱 강인해진다(窮且益堅)'는 사상을 표현하였다. 한편 정이(程頤)와 장재(張載)의 잠명류(箴銘類) 산문에서는 교훈적인 '위인 정도(사람됨의 바른 도리)'의 견해를 피력하였는데, 정이의 「시잠(視箴)」·「청잠(聽箴)」·「언잠(言箴)」·「동잠(動箴)」 4편은 각각 성실한 마음을 간직하기 위해서는 "외물(外物)을 보는 것을 통제하여 내심을 안정시켜야(制之(視)於外, 以安其內)" 하고, 정도를 지키기 위해서는 "사악함을 막고 성신(誠信)함을 간직하며, 예가 아니면 듣지 말아야(閑邪存誠, 非禮勿聽)" 하고, 모든 길흉과 영욕(榮辱)은 말로써 초래하는 것이니 "법도에 맞지 않으면 말하지 않아야(非法不道)" 하고, 철인(哲人) 지사(志士)는 방정한 행동을 하고자 힘씀으로써 "습관이 본성과 잘 조화 형성되기(習與性成)"를 기대하며, 만약 능히 이와 같이 할 수 있다면 성현에 근접할 수 있음을 강조하였다. 또 장재의 「동명(東銘)」은 자신의 언행에 대해 신중히 삼가고 또 삼가며 한껏 성실하여야 한다고 경계하였다.

다음으로 군자 고사의 실제론이다. 도연명의 「오류선생전(五柳先生傳)」은 시(詩)와 술을 즐기며 소요자적(逍遙自適)하며 안빈낙도하는 은사(隱士)의 고상한 풍모를 묘사하였다. 한유의 「백이송(伯夷頌)」은 방정하고 고결하며 신념이 넘치는 '고대의 현인(古之賢人)' 백이와 숙제를 찬미하였고, 또 「송양거원소윤서(送楊巨源少尹序)」는 양거원이 공적을 쌓은 뒤에는 벼슬에서 물러나 옛날을 그리며 고향으로 돌아감으로써 고대 군자의 풍도를 보여주고 있음을 칭송하였다. 범중엄의 「엄선생사당기(嚴先生祠堂記)」는 후한 엄광(嚴光)의 고고(孤高)한 덕을 표양하였고, 소식의 「전당근상인시집서(錢塘勤上人詩集序)」는 구양수와 그의 절친한 친구 근상인의 고상한 품격을 찬양하였다. 진사도의 「여진소유서(與秦少游序)」는 동창(同窓) 진관(秦觀)의 서신에 대한 답신으로, 자신은 결코 권세에 빌붙어 영달하지 않는다는 품격을 서술하였다. 진사도의 고결하고 강직한 풍모는 그의 「왕평보문집후서(王平甫文集後序)」에서도 충분히 엿볼 수 있다.

(5) **은일 초탈**(隱逸超脫) · **자적 양생론**(自適養生論) (**부**附/ **인생무상 · 즉시 행락론**卽時行樂論)

다양하고 풍부한 사상 내용의 『진보』 산문 가운데, 이 부류의 작품은 상당히 많은 편이다. 후한 중장통(仲長統)의 「낙지론(樂志論)」은 작가가 출사(出仕)하기보다는 기꺼이 '자신의 뜻을 즐기며(樂志)' 살고픈 소망을 묘사하였으니, 예를 들면 "온 세상을 초월해 유유히 노닐고, 천지간 만사에 무심하며, 당면한 시대의 책무를 맡지 않고, 생명의 기약을 길이 지킨다.(逍遙一世之上, 睥睨天地之間, 不受當時之責, 永保性命之期)"고 한 것과 같다. 유령(劉伶)의 「주덕송(酒德頌)」은 음주에 대한 찬송을 통해 무위자연의 초탈 방일(放逸, 제멋대로 거리낌 없이 방탕하게 놂)한 삶을 찬양하였다. 도연명의 「귀거래사(歸去來辭)」는 벼슬을 버리고 귀향해 은거하고픈 소망과 배경을 서술하면서, 어두운 벼슬세계에 대한 혐오의 정을 표출하는가 하면, 한가롭고 자적한 전원생활에 대한 동경과 열애의 정을 표현하였다. 한유의 「송이원귀반곡서(送李願歸盤谷序)」는 은거하기 위해 향촌(鄕村)으로 돌아가는 이원을 송별하며 지은 것으로, 은사(隱士)의 자유로우면서도 청아하고 고결함을 찬미하는 한편, 권문귀족(權門貴族)의 사치 방탕함을 풍자하는가 하면, 권세에 빌붙어 이익을 꾀하는 자를 조소하였다. 왕우칭(王禹偁)의 「황주죽루기(黃州竹樓記)」는 물외(物外)로 초연하여 명리를 추구하지 않는 고결한 품격을 표현하였다. 공치규(孔稚圭)의 「북산이문(北山移文)」은 언뜻 보기엔 심성이 담박한 듯하나, 사실은 명리(名利)와 관록(官祿)에 미혹된 '가은사(假隱士)'를 조소하고 질책하였는데, '진은(眞隱)'을 중요하게 생각하며 깊이 동경하는 마음을 엿볼 수 있다.

사마광(司馬光)의 「독락원기(獨樂園記)」는 "한가로이 이리저리 거닐고, 오직 마음 내키는 대로 노닐며(逍遙徜徉, 惟意所適)" 양생(養生)의 '홀로 즐김(獨樂)'을 바라는 뜻을 묘사하였다. 구양수의 「취옹정기(醉翁亭記)」는 저주(滁州)에 적거(謫居)하는 작가가 방일(放逸)한 심사로 술과 산림을 벗하는 한적한 정회(情懷)를 표현하였는데, 이는 사실 산림의 정취와 생활의 안락함을 빌려 정신적 해탈을 추구함이다. 이러한 고도의 자적 양생(自適養生)의 도는 소식에 이르러 마침내 극에 달했는데, 그 전형적인 작품은 바로 유명한 전·후 「적벽부(赤壁賦)」이다. 두 작품은 모두 황주(黃州) 좌천시기에 지어진 것으로, 피세(避世)와 입세(入世)의 사상적 모순을 표현하였다. 소식은 당시 비록 역경에 처해 있었지만, 영락(零落)함과 적막함을 달가워하지 않았고, 희비(喜悲)의 감정이 변화하면서 마침내 "세상 만물과 우리 인간이 모두 영원히 다하지 않는다(物與我皆無盡)"는 이치를 깨닫고, 정치적 실의의 고뇌로부터 해탈해 유유자적하였다. 당경(唐庚)의 「가장고연명(家藏古硯銘)」은 작가가 벼루의 형상을 통해 "둔함을 본체로 하고, 고요함을 작용으로 하는(以鈍爲體, 以靜爲用)" 것이 곧 양생지도(養生之道)의 핵심임을 강조하였다.

이상은 은일 자적한 사상 내용이다. 이 밖에 『진보』 산문 중 일부 작품에서는 또 인생무상의 정회와 그로 인해 조성된 즉시 행락, 즉 늙고 병들기 전에 그때그때 인생을 한껏 즐겨야 한다는 사상이 표현되고 있다. 왕희지(王羲之)의 「난정기(蘭亭記)」는 세상만사의 변화무쌍함과 인생의 무상함에 대한 비애의 정서를 표현하였다. 이백의 「춘야연도리원서(春夜宴桃李園序)」는 일장춘몽 같은 덧없는 인생에서 기쁘고 즐거운 날은 드무니, 응당 그때그때 마음껏 즐겨야 한다는 뜻을 피력하였다. 구양수의 「추성부(秋聲賦)」는 '비추(悲秋)' 즉 가을을 슬퍼한 작품으로, 작가는 병들고 쇠약한 데다 삶의 고뇌에 겨운 상황에서, 처량한 가을바람 소리를 들으며 마음 속 깊이 이는 인생의 비애를 토로하였다.

(6) **불평지명**(不平之鳴) · **분세질속론**(憤世嫉俗論)

고금을 막론하고 세상에는 모순과 불합리가 상존(常存)한다. 때문에 『진보』 산문 중에는 고대 문사들이 분세질속, 즉 부패한 사회에 분노하고 용속한 세태를 증오하는 감정을 표현한 작품이 보인다. 가의(賈誼)의 「조굴원부(吊屈原賦)」는 굴원의 불행한 생애에 대한 깊은 동정과 통한(痛恨)을 표시하면서, 작가 자신의 불평지명과 분세질속의 정서를 담아내었다. 왕발(王勃)의 「등왕각서병시(滕王閣序幷詩)」는 등왕각의 주변 경색(景色)과 성대한 연회의 분위기를 묘사하면서, 작가 자신의 회재불우한 감개를 서술하였다. 유종원의 「우계시서(愚溪詩序)」는 표면적으로는 죄를 짓고 좌천된 것을 스스로 슬퍼하고 있으나, 실제로는 그로 인한 심각한 타격과 정치적으로 매장당한 데 대한 원한의 감정을 표현함이다. 소순의 「목가산기(木假山記)」는 표면적으로는 집 뜰에 있는 목가산의 험난한 형성 과정과 다행스런 결말을 묘사하고 있으나, 사실 목가산의 세 봉우리는 '삼소(三蘇)'를 비유하며, 그들 삼부자(三父子)의 부침(浮沈)과 불명확한 전도(前途)에 대한 감개를 토로한 것이다.

한편 주돈이(周敦頤)의 「애련설(愛蓮說)」은 연꽃의 고상한 품격으로 자신을 비유하면서, 부귀와 현달을 추구하는 세속적인 무리들을 은근히 풍자하였다. 한유의 「휘변(諱辯)」은 이하(李賀)가 진사(進士) 시험에 참가하는 것이 전혀 문제될 게 없음을 분명히 하면서, 당시 도덕적 품성을 함양하는 데 진력하기보다는, 부모의 이름자를 피하는 데 심력(心力)을 허비하는 불합리한 사회기풍을 신랄히 비판하였다.

(7) 인간관계론

인생이란 실로 다양한 인간관계의 연속이다. 때문에 『진보』의 산문 작품에서도 인간관계상의 갖가지 사상 감정을 표현하고 있다.

인간관계에서 최우선은 당연히 가족관계이다. 이밀(李密)의 「진정표(陳情表)」는 임금의 부름을 받은 작가가 어려서부터 자신을 길러주고, 또 지금은 자신과 서로 의지해 살아가고 있는 "조모가 죽는 날까지 봉양할 수 있기를 바라며(願乞終養)" "벼슬을 사양하고 부임하지 않고자(辭不赴命)" 하는 진정(眞情)을 서술하였다. 소식의 「사보살각기(四菩薩閣記)」는 '사보살각'의 유래를 기술하였다. 즉, 소식은 일찍이 당대(唐代) 오도자(吳道子)가 그린 '사보살상(像)'을 구해 아버지 소순에게 바쳤다가, 소순이 세상을 떠난 후에는 명복을 빌기 위해 불사(佛寺)에 시주하였는데, 불사에서 보살각을 지어 그 보살상과 소순의 화상(畵像)을 함께 시봉(侍奉)하게 되었다는 것이다. 이 두 편에서 우리는 효심의 전형을 보게 된다.

소순의 「명이자설(名二子說)」은 두 아들을 '식(軾)'과 '철(轍)'로 명명한 배경을 설명하면서, 사랑하는 아들에 대한 은근하면서도 간절한 바람과 면려의 뜻을 표현하였다. 진사도(陳師道)의 「사정기(思亭記)」는 자식 된 자는 응당 돌아가신 부모님을 한시도 잊지 말 것이며, 나아가 뭇 조상들도 늘 기억해야 함을 강조하였다. 소식의 「삼괴당명(三槐堂銘)」은 북송(北宋)의 왕호(王祜)가 대대로 덕을 쌓아 그의 아들과 손자, 증손자가 모두 복록(福祿)을 누리고 하늘의 은택을 입었음을 칭송하면서, '선행을 많이 한 집안에는 반드시 넘치는 경사가 있을 것임(積善之家必有餘慶)'(『주역周易』「곤괘坤卦」「문언전文言傳」)을 강조하였다. 소순의 「족보서(族譜序)」는 소씨(蘇氏) 족보를 편찬하게 된 까닭을 설명하면서, "우리 족보를 보는 사람은 부모에게 효도하고 형제간에 우애하는 마음이 흡사 구름이 뭉게뭉게 피어나듯 솟아날 것이다.(觀吾之譜者, 孝悌之心, 可以油然而生矣)"라고 하였으니, 가족의 의의와 중요성을 아울러 고려하였음을 알 수 있다.

이제 가족 이외의 인간관계를 서술한 작품을 보기로 하자. 한유의 「유주나지묘비(柳州羅池廟碑)」와 「전중소감마군묘명(殿中少監馬君墓銘)」, 소식의 「조주한문공묘비(潮州韓文公廟碑)」와 「제구양문충공문(祭歐陽文忠公文)」·「육일거사집서(六一居士集序)」 5편은, 모두 이미 작고한 친우(親友)에 대한 애도와 추념의 뜻을 표현하였다. 이 중 두 번째 작품에서 기술한 인물이 한유와 그 집안 사이에 친밀한 교유가 있었던 마계조(馬繼祖)인 것을 제외하면, 나머지 4편은 모두 당송(唐宋) 고문(古文) 대가(大家) 사이의 붕우 내지는 사제(師弟) 관계상의 표현이다. 즉 첫 번째 작품은 한유가 유종원을, 세 번째 작품은 소식이 한유를, 네·다섯 번째 작품은 소식이 구양수를 각각 기린 것이다.

한편 한유의 「답진상서(答陳商書)」와 구양수의 「송서무당남귀서(送徐無黨南歸序)」, 장뢰(張耒)의 「송진소장서(送秦少章序)」, 진사도의 「진소유자서(秦少游字敍)」 4편은, 모두 타인에 대한 충고와 권면(勸勉)의 뜻을 표현하였다. 첫 번째 작품은 한유가 진상에게 글을 너무 난삽(難澁)하게 쓰지 말고, 세상 사람들이 좋아하는 글을 쓰도록 충고하였다. 두 번째 작품은 구양수가 과거에 급제한 후 귀향하는 제자를 위해 쓴 증별(贈別)의 글로, '삼불후(三不朽, 영원히 썩지 않고 사람들의 존숭을 받는 세 가지 일로, 입덕立德, 입언立言, 입공立功을 이름)'의 이론에 근거해, 무엇보다 수신(修身)이 우선이며, 평생을 글 짓는 데에 많은 심력을 소비하는 것은 슬픈 일임을 강조하였는데, 제자를 면려하는 뜻이 실로 심후하고 진실하다. 세 번째 작품은 장뢰가 호구지책으로 벼슬함을 자탄(自歎)하는 진구(秦覯)를 위해 지은 것으로, 그 같은 삶에서도 나름의 의미와 즐거움을 추구할 것을 중심으로 권면하였다. 네 번째 작품은 진사도가 진관(秦觀)이 "천하 사방의 일은 되돌려주고, 고향 마을로 돌아가 늙기를 바란다(願還四方之事, 歸老邑里)"는 것을 알고, 그가 응당 최선을 다해 입공 보국(立功報國)할 것을 독려하였다.

그리고 한유의 「송맹동야서(送孟東野序)」는 지우(知友) 맹교(孟郊)에게 준 증별 문장으로, 재화(才華)가 넘치나 시운을 만나지 못한 맹교의 억울함을 대변하면서, 천명(天命)의 이치를 들어 그를 위로하였다. 소식의 「가설송동년장호(稼說送同年張琥)」는 장호가 반드시 오랜 세월 몸과 마음을 다해 수양할 것이며, 절대로 조급히 이루려 하거나 허명을 추구하지도 말 것을 충고하였다. 구양수의 「상주주금당기(相州晝錦堂記)」는 지우 한기(韓琦)의 공덕을 칭송하였다. 한유의 「송육흡주참시서(送陸歙州傪詩序)」는 멀리 흡주자사로 부임해 가는 육참을 떠나보내며, 석별의 아쉬운 정을 표현하였다.

(8) **학문 · 교육 · 사도론**(師道論) (**부**附/ **문장론**文章論)

일찍이 공자가 '배움에 싫증 내지 않고 가르침에 게으름 피우지 않음(學而不厭, 誨人不倦)'을 누차 강조한 바 있는데, 『진보』에 수록된 산문 작품 가운데에도 그와 관련된 내용이 보인다. 먼저 학문론을 보면, 소식의 「이군산방기(李君山房記)」는 책이란 감상할 가치도 있고, 실용적인 가치도 있다는 견지에서, 당시는 예전에 비해 한결 책이 많은데도 선비들의 학문하는 태도는 갈수록 불성실해지는 데 대해 불만을 토로하였다. 또한 옛날 사람들은 "밤낮으로 책을 소리 내어 읽으며, 오직 그 함의(含意)를 제대로 이해하지 못할까 두려워하는(日夜誦讀, 唯恐不及)" 마음으로 정성을 다해 공부하였으나, 당시 사람들은 결코 그런 정신이 없음을 지적하면서, 세상에 쓰일 수 있도록 더욱 학문에 정진할 것을 권면하였다. 또 「능허대기(凌虛臺記)」는 세상만사 무상하기 그지없다는 관점에 입각해, "세상에 족히 의지할 만한 것이 있다면(蓋世有足恃者)" 후세에 길이 전해질 수 있으나, 그것은 결코 "이 누대의 존망에 달려 있지는 않다(不在乎臺之存亡)"고 하였으니, 곧 학문과 수덕(修德)에 힘쓸 것을 권고한 것이다.

다음으로 교육론을 보면, 이구(李覯)의 「원주학기(袁州學記)」는 주학 설립을 기리기 위해 쓴 기문(記文)으로, 교육의 공용(功用)과 중요성을 천명하였다. 특히 학교가 나라의 흥망성쇠와 관련되어 있다는 견해는 경책(警策)의 의의가 크다. 이어서 사도론을 보면, 한유의 「사설(師說)」은 당시 사회가 "스승에게 배우기를 수치스러워하여(恥學於師)" 사도(師道)가 사라지는 불량한 기풍이 만연한 세태를 두고 이른 것으로, 배움에는 반드시 스승이 있어야 하고, 또한 마땅히 존사중도(尊師重道), 즉 스승을 존경하고 성도(聖道)를 중시해야 한다는 이치를 반복 천명하였다. 유종원의 「답위중립서(答韋中立書)」 역시 사도를 경시하는 사회 유폐(流弊)를 날카롭게 풍자하고 강력히 규탄하였으며, 말미에서는 '글이란 성현의 도를 밝히는 것임(文以明道)'을 강조하기도 하였다.

이 밖에도 『진보』 산문 가운데에는 몇몇 문사의 문장론이 보인다. 장뢰의 「답이추관서(答李推官書)」는 문장이 지나치게 표현 형식에 편중됨으로써 오히려 알찬 내용을 결핍하게 되는 병폐가 있음을 비판하였는데, 이는 곧 고문가(古文家)의 '글이란 성현의 도를 담아내는 것(文以載道)'이요 · '글이란 성현의 도를 밝히는 것'이라는 문장론을 대표한다. 구양수의 「명선부(鳴蟬賦)」는 매미 소리를 빌려 만물의 울음소리를 논하면서 '문장이란 곧 사람의 울음소리'라는 논지를 폈다. 마존(馬存)의 「자장유증갑방식(子長游贈蓋邦式)」은 사마천(司馬遷) 『사기(史記)』의 문장이 "웅위(雄

偉)하고 비범한 기상이 있는(有奇偉氣)" 까닭은, 바로 사마천이 일찍이 "천하의 광대한 경관을 다 관람하며(盡天下之大觀)" 그 기(氣)를 북돋운 "연후에 그것을 발하여 책을 썼기(然後吐而爲書)" 때문이며, 따라서 문장을 지을 때는, 먼저 대자연의 갖가지 다양한 변화를 직접 보고 듣고 느끼며 '위기(偉氣)'를 수양하여야 한다고 하였다.

다 『고문진보』 산문의 사상 내용을 통해 본 고대 문사의 의식 관념

이 책에서 논술 대상으로 삼은 조선간본 『진보』에 수록된 128편의 산문 작품 가운데, 이상으로 총 120편의 사상 내용을 분석하였다. 나머지 8편의 내용은 잡다한 데다 별다른 의의나 특색이 없어 인급하지 않았나.

어쨌든 『진보』의 선문(選文)은 고대 문사의 독서 취향을 반영하고 있으며, 그것은 또 그들이 견지한 처신(處身) 처사(處事)의 의식 관념을 보여준다. 이 같은 견지에서 이제 『진보』 산문의 사상 내용의 면면을 통해, 고대 문사들의 내면세계를 고찰코자 한다.

첫째, 『진보』 산문의 다양한 유형의 사상 내용 가운데, 가장 많은 작품에서 논한 것은 바로 정치원칙론(부/ 군주론 · 관리론)으로, 무려 45편의 내용이 이에 해당하며, 이는 전체의 1/3을 넘는다. 여기서 우리는 정치에 대한 고대 문사들의 높은 관심을 알 수 있는데, 이는 물론 적극 입세(入世)의 유가사상에서 연원한 것이다. 때문에 『진보』 산문에서 논술한 정치원칙론은 유가 왕도주의의 정치 이상을 반복 강조하였고, 그 군주론 역시 인군지도(仁君之道)나 다름이 없다. 한편 관리론은 그 유별(類別)도 자못 다양하거니와 수량 또한 대단히 많아서, 이 정치원칙론(부/ 군주론 · 관리론) 전체 작품의 2/3를 상회한다. 환언하면 고대 문사들이 가장 즐겨 읽은 것은 바로 관리의 도를 천명한 문장이며, 그것은 그들이 '배움에 상당한 성취가 있으면 세상에 나아가 벼슬한다(學而優則仕)'(『논어論語』「자장子張」)는 의식에서 입신양명에 부귀 현달함은 물론이거니와, 궁극적으로 평생의 웅지(雄志)를 펴며 겸제천하(兼濟天下)하고자 하였음을 반증한다.

그리고 충군 애국론은 『진보』 산문 가운데 가장 적은 수의 작품(단 5편)에서 논한 내용인데, 이는 정치원칙론과 일정한 상관성이 있으면서도 그 치중점에 있어서는 다소 차이를 보인다. 이른바 충군애국 사상은 고대 사회에서 신하와 백성 된 자가 반드시 갖추어야 할 덕목의 하나였다. 하지만 그것은 아무래도 제일 관문을 통과한 후, 즉 출사 임관(出仕任官)한 후에야 비로소 본격적인 관심을 기울이고, 또 실천 의지를 다지게 되는 것이니, 포의(布衣)의 서생에게는 그다지 절실한 문제는 아니었을 것이다. 바로 이 점이 『진보』의 편자가 이 유형의 내용을 논술한 작품을 가장 적게 선록한 까닭이 아닌가 한다.

둘째, 인간관계론은 『진보』의 전체 산문 가운데, 정치 원칙론 다음으로 큰 비중을 차지하고 있으며, 해당 작품은 상술한 19편이 전부다. 한 사람의 처신과 처사는 그의 각종 인간관계와 불가분의 관계에 있다. 그러므로 사람은 누구나, 특히 원대한 포부와 인생 이상을 실현하고자 했던 고대 문사들이라면, 더욱 다양하고 의미 있는 인간관계를 형성해나가는 데 많은 정성을 기울였을 것이다.

셋째, 『진보』에서 군자 고사론(부/ 위인 정도론)과 은일 초탈·자적 양생론(부/ 인생무상·즉시 행락론) 두 유형의 사상 내용을 표현한 작품이 각각 14편씩이 있어, 공히 전체에서 세 번째 비중을 차지한다. 이 또한 고대 문사들의 생활 관념에서 중요한 위치를 차지하고 있었음을 알 수 있다. 전자는 고대 문사들이 동경한 이상적인 위인(爲人) 형상을, 후자는 고대 문사들이 고난의 삶 속에서 새로운 출구를 찾아 '유세독립(遺世獨立, 속세를 떠나 홀로 유유자적함)'하고픈 정서를 각각 반영하였다.

이상에서, 충군 애국론을 제외한 네 가지는 『진보』 산문에서 표현된 사상 내용의 4대(大) 유형이다.

넷째, 유학 보위・노불 구축론(부/ 역리론)과 학문・교육・사도론(부/ 문장론), 불평지명・분세질속론을 표현한 작품은 각각 9, 8, 6편이 있는데, 이들은 충군 애국론과 함께 『진보』 산문에서 표현된 사상 내용의 4가지 소(小)유형에 속한다. 그중 전자는 말할 것도 없고, 가운데 것도 유사(儒士)의 사상 관념과 상당한 관련이 있다. 고대 문사들은 일찍이 유가의 영향을 받지 않은 이가 거의 없으니, 어린 시절에는 대개 유학에 입문해 글공부에 열중하였다. 한유의 의론 산문에서 표현된 '유도(儒道) 수호론'은 아주 시의 적절하며, 그 절박함은 가히 사람의 마음을 움직일 만하다. 고대에는 적지 않은 문인 학사(學士)들이 한유와 같은 견해나 노력에 깊이 공감하였으며, 나아가 관련 의론문에도 많은 관심을 가졌을 것이다. 또한 그들은 '배움에 싫증 내지 않고, 가르침에 게으름 피우지 않는다(學不厭, 敎不倦)'는 관념과 태도를 견지하였음은 말할 것도 없고, 대개 각고의 노력으로 학문에 정진하는가 하면, 덕성을 닦고 천성을 기름으로써 평생의 이상을 실현하는 데 몰두하였다. 뿐만 아니라 사도(師道)를 굳게 지키는가 하면, 글을 가르치고 사람을 기름으로써 국가 사회에 공헌하는 데 진력하였다. 한편 불평지명과 분세질속론은 고대 문사들이 정치적 좌절과 시련을 겪으면서 분연(憤然)히 토로한 항변이다.

『진보』「후집」은, 편자가 도덕 수양을 근본으로 하면서 지식의 추구를 부차(副次)로 하는 공문(孔門)의 관점에 입각하여, 초학자의 교본(敎本)이자 기성 문사의 독본(讀本)으로 엮어낸 '재도(載道)'의 고문 선집인 만큼, 고대 문사들의 보편적인 독서 취지와 의식 관념을 반영하였다.

참고문헌

『原本備旨懸吐註解古文眞寶集』, 世昌書館, 1966.

『古文眞寶諺解』, 高麗書林, 1986.

金時俊 역, 『古文眞寶』, 正韓出版社, 1977.

한무희/송정희 공역, 『古文眞寶』, 明知大學出版部, 1979.

金學主 역, 『(新完譯)古文眞寶』, 明文堂, 前集 1986. 後集 1989.

박일봉 역 『古文眞寶』, 育文社, 詩篇 1988. 文篇 1991.

韓武熙 역, 『古文眞寶』, 惠園出版社, 1991.

성백효 역, 『(懸吐完譯)古文眞寶』, 전통문화연구회, 1994.

김달진 역, 『古文眞寶』(후집), 문학동네, 2000.

이장우 외 역, 『古文眞寶』, 을유문화사, 「전집」 2001. 「후집」 2003.

노태준 역, 『고문진보』, 홍신문화사, 2008.

黃堅 選編 / 熊禮滙 點校, 『詳說古文眞寶大全』, (중국) 湖南人民出版社, 2007.

久保天隨, 『古文眞寶新釋』(日本, 博文館)

昭和漢文叢書, 『古文眞寶新譯』(日本, 弘道館)

星川淸孝, 『古文眞寶』(日本, 明治書院)

佐藤保・和泉 新譯, 『古文眞寶』(日本, 學習硏究社)

李家源, 「『古文眞寶』간행 年代 是非」, 『朝鮮日報』 1973년 11월 6일 문화면

金學主, 「朝鮮時代刊行 中國文學 關係書 硏究」, 『東亞文化』26, 1988.

朴三洙, 「試論韓國版『古文眞寶』」, 趙福海 等 主編 『昭明文選與中國傳統文化』, 吉林文史出版社, 2001.

朴三洙, 「試論『古文眞寶』與『昭明文選』之關係」, 中國文選學硏究會, 『文選與文選學』, 北京, 學苑出版社, 2003.

朴三洙, 「略論『古文眞寶』散文篇的思想內涵」, 『長春師範學院學報』 22-2, 2003.
朴三洙, 「『古文眞寶』 選文 淺攷」, 嶺南中國語文學會 『中國語文學』 제43집, 2004.
朴三洙, 「『古文眞寶』詩歌作品思想內容淺析」, 『天津師範大學學報』 2006(1)(增刊), 2006.
張啓成 等 譯注, 『文選全譯』, 貴陽, 貴州人民出版社, 1994.
趙福海 主編, 『昭明文選譯註』, 長春, 吉林文史出版社, 1994.
中國文選學研究會 編, 『文選學新論』, 鄭州, 中州古籍出版社, 1997.
鄭州大學古籍所 編, 『中外學者文選學論集』, 북경, 中華書局, 1998.
趙福海 等 主編, 『「昭明文選」與中國傳統文化』, 長春, 吉林文史出版社, 2001.
趙福海, 『昭明文選研讀』, 長春, 時代文藝出版社, 2001.
謝冰瑩 等 註譯, 『新譯古文觀止』, 台北, 三民書局, 1977.
闕勛吾 等 譯註, 『古文觀止』, 長沙, 岳麓書社, 第3版, 1991.
정용수, 『韓國 漢文學 研究의 基礎』, 부산, 동아대학교 석당전통문화연구원, 1993.
김 영, 『朝鮮 後期 漢文學의 社會的 意味』, 집문당, 1993.
이가원, 『燕巖小說研究』, 을유문화사, 1978.
王 洪 主編, 『古代散文百科大辭典』, 북경, 學苑出版社, 1997.
長谷川水, 『中國の古典名著』, 日本, 凸版印刷株式會社, 1993.

제2편

『고문진보』 명작 감상

시가詩歌 감상

배우기를 권하는 글
勸學文

송(宋) 왕안석(王安石)

讀書不破費[1]하고 讀書萬倍利하며
書顯官人才하고 書添君子智하니
有卽起書樓하고 無卽致書櫃니라
窓前看古書[2]하고 燈下尋書義하라
貧者因書富하고 富者因書貴하며
愚者得書賢하고 賢者因書利하니
只見讀書榮하고 不見讀書墜라
賣金買書讀하라 讀書買金易라
好書卒難逢[3]이오 好書眞難致니
奉勸讀書人하나니 好書在心記하라

책을 읽으면 비용도 들지 않고
책을 읽으면 이로움이 그지없다네
책은 관리의 재능을 드러나게 하고
책은 군자의 지혜를 더해준다네
여유가 있으면 서각(書閣)을 짓고
여유가 없으면 서궤(書櫃)라도 장만해
창가에서 성현(聖賢)의 책을 읽고

등불 아래서 글의 뜻을 새겨야 하리
가난한 이는 책으로 인해 부유해지고
부유한 이는 책으로 인해 고귀해지며
어리석은 이는 책으로 인해 어질어지고
어진 이는 책으로 인해 명리(名利)를 얻는다네
책 읽어 영달하는 것은 봤어도
책 읽어 추락하는 것은 보지 못했네
황금 팔아 책을 사서 읽을 것이로다
책을 읽으면 황금 사기는 쉽나니
좋은 책은 갑자기 만나기 어렵고
좋은 책은 참으로 구하기 힘들다네
삼가 권하노니 책 읽는 사람들이여
좋은 책은 마음에 새겨둘 것이로다

왕안석(1021~1086) : 북송의 걸출한 정치가, 사상가, 문학가. 자(字)는 개보(介甫), 호(號)는 반산(半山), 임천(臨川, 지금의 강서상 무주撫州) 사람. 신종(神宗) 때 승상으로, 정치 사회 개혁을 위한 신법(新法)을 추진하였으나, 보수파의 반대에 부딪혀 실패하였다. 만년에는 형국공(荊國公)에 봉해져 흔히 '왕형공(王荊公)'으로 불린다. 시문(詩文)에 모두 능했으며, 특히 산문에 있어서는 '당송팔대가(唐宋八大家)'의 한 사람으로 꼽힌다.

주석

1 破費(파비) : 비용을 들임, 돈을 씀.
2 古書(고서) : 곧 옛 성현의 책을 이름.
3 卒(졸) : 갑자기.

해설

이 글은 오언고시(五言古詩)로, 책읽기의 갖가지 공효(功效)를 들어 사람들에게 열심히 공부할 것을 권면하였다. 다만 도덕 수양이나 품성의 함양에는 거의 무게를 두지 않고, 오직 입신 현달하고 부귀영화를 누리기 위한 수단으로 책읽기가 강조되고 있어 못내 씁쓸하다. 어쨌든 책읽기는 예나 지금이나 분명 대단히 중요하고 유익한 것이며, 그 공효는 공리성을 훨씬 뛰어넘는 것이니, 언제나 누구에게나 양서(良書) 읽기는 반드시 필요한 것이다.

큰 바람의 노래
大風歌

한(漢) 고조(高祖)

大風起兮雲飛揚이러니 **威加海內兮歸故鄉**[1]이로다
安得猛士兮守四方[2]고

큰 바람 일고 흰 구름 날리거니
거센 위세 천하에 떨치고 고향으로 돌아왔건만
어찌하면 용맹한 장사(壯士) 얻어 사방을 지키랴?

한 고조(기원전 256~기원전 195) : 즉 유방(劉邦). 자는 계(季), 패현(沛縣, 지금의 강소성 패현) 사람. 진(秦)나라 말엽 농민 의병장(義兵將)의 한 사람이었으며, 진나라가 망한 후 항우(項羽)를 비롯한 여러 할거(割據) 세력을 물리치고 한나라를 세웠다.

주석

1 海內(해내) : 사해(四海)의 안. 곧 전국(全國), 천하를 가리킴.
2 安(안) : 하(何)와 같음. 어찌, 어떻게.

해설

한 고조 12년(기원전 195) 유방은 회남왕(淮南王) 영포(英布)의 반란을 평정하고 돌아오는 길에, 패현에 들러 고향의 어른과 젊은이들을 불러 연회를 베풀었는데, 당시 한창 술기운이 오르자 그가 부른 노래가 바로 이 시다. 비

록 천하를 호령한 영웅의 호매한 기개가 엿보이기는 하나 창업(創業)보다 수성(守成)의 어려움에 고뇌가 넘치고 감상(感傷)이 서려 있다.

가을바람의 노래
秋風辭

한(漢) 무제(武帝)

秋風起兮白雲飛하니 草木黃落兮鴈南歸로다
蘭有秀兮菊有芳[1]하니 懷佳人兮不能忘[2]이로다
泛樓船兮濟汾河[3]하니 橫中流兮揚素波로다
簫鼓鳴兮發棹歌[4]하니 歡樂極兮哀情多로다
少壯幾時兮奈老何[5]오

가을바람 불고 흰 구름 날리니
초목은 시들고 기러기는 남쪽으로 돌아간다
난초는 꽃 피우고 국화는 향기 풍기나니
아름다운 사람 사뭇 그리워 잊을 수가 없구나
누선(樓船) 띄워 분하(汾河)를 건널 제
중류(中流)를 가로지르니 흰 물결이 인다
퉁소 불고 북 치며 뱃노래를 부르는데
즐거움이 극에 달하니 슬픈 정이 솟구치누나
젊음이 몇 때이더냐, 장차 늙어 감을 어이 하리!

한 무제(기원전 156~기원전 87) : 즉 유철(劉徹). 경제(景帝)의 아들로, 54년간 재위하며 문치(文治)와 무공(武功)에 걸쳐 두루 뛰어난 치적을 남겼다.

주석

1 蘭(난)·菊(국) : 난초와 국화. 작품 속의 '가인(佳人)'을 비유함. | 秀(수) : 꽃이 핌.

2 佳人(가인) : 여기서는 현재(賢才)를 비유 지칭함. 『진보』 원주(原注)에서는 군신(群臣)을 이른다고 하나, 이론의 여지가 있음.

3 樓船(누선) : 다락이 있는 큰 배. | 汾河(분하) : 지금의 산서성(山西省)의 강으로, 황하로 흘러들어감.

4 棹歌(도가) : 뱃노래. '도'는 노(櫓).

5 奈何(내하) : 어떻게 함, 어찌 함. 곧 반문의 형식으로, 어쩔 수 없음을 나타냄.

해설

이 시는 한 무제가 일찍이 하동(河東, 지금의 산서성 일대)으로 거둥하여 후토(后土, 토지 신神)에게 제사 지내고, 분하에서 배를 타고 여러 신하들과 주연을 즐기다 지은 것이다. 때는 바야흐로 쓸쓸함이 감도는 깊은 가을이라 낙극생비(樂極生悲)·흥진비래(興盡悲來), 곧 즐거움이 다하면 슬픔이 이는 감상(感傷)을 이기지 못하고, 성년(盛年)을 다시 맞이하기 어려운 인생무상을 비탄하였는데, '가인'을 그리는 마음에 길이길이 천하를 경영하고픈 제왕의 소망과 고뇌가 묻어난다.

원망의 노래
怨歌行

한(漢) 반첩여(班婕妤)

新裂齊紈素[1]하니 皎潔如霜雪이라
裁爲合歡扇[2]하니 團圓似明月이라
出入君懷袖하야 動搖微風發[3]이라
常恐秋節至하야 涼飈奪炎熱[4]이라
棄捐篋笥中[5]하니 恩情中道絶이라

새로 짠 제나라 산(産) 흰 깁
희고 깨끗하기가 서리와 눈 같은데
마름질하여 합환선(合歡扇)을 만드니
둥글기가 저 하늘의 밝은 달 같구나
임의 품과 소매 사이를 드나들며
일렁일렁 산들바람을 일으켰건만
언제나 두려웠다네, 장차 가을이 오며
서늘한 바람이 찌는 더위를 몰아내면
속절없이 대상자 속에 버려지고
임의 사랑 중도(中途)에 끊어질 것을!

반첩여(기원전 48(?)~기원전 6(?)) : 한 성제(成帝) 때의 나인으로, 미모에 문재

(文才)까지 뛰어났다. 처음에는 성제의 총애를 받아 '첩여'(비빈妃嬪의 칭호)가 되었으나, 나중에는 성제가 조비연(趙飛燕) 자매를 총애하면서 버림을 받고 장신궁(長信宮)으로 물러나 태후(太后)를 모시며 여생을 보내면서, 시(詩)・부(賦)로 애절한 심사를 토로하였다.

주석

1 裂(렬) : 찢음, 자름. 여기서는 베틀에서 다 짠 베를 잘라냄을 이름. | 齊紈素(제환소) : 제나라 산(産) 흰 깁(비단). 예로부터 제나라 땅에서 흰 깁이 많이 났으므로, 이같이 말한 것임.

2 合歡扇(합환선) : 두 개의 부채를 붙여놓은 듯한 모양의 단선(團扇, 둥글부채)으로, 남녀의 사랑을 상징함.

3 이상 2구(句)는 임금의 총애를 받을 때의 상황을 표현함.

4 涼飇(양표) : 양풍(涼風). 서늘한 바람. | 奪(탈) : 여기서는 그 자리를 빼앗아 새롭게 차지해 앉는다는 말.

5 篋笥(협사) : 대상자. 곧 대오리로 엮어 만든 상자.

해설

이 시는 무더운 여름에는 사람들이 애지중지하지만, 가을이 되면 그냥 버려지는 부채로 실총(失寵)한 시인의 신세를 비유한 작품으로, 애원(哀怨)의 정서가 깊다.

옛 시
古詩[1]

무명씨(無名氏)

客從遠方來하야　遺我一端綺[2]라
相去萬餘里호대　故人心尙爾[3]라
文綵雙鴛鴦을　裁爲合歡被[4]라
著以長相思[5]하고　緣以結不解[6]라
以膠投漆中[7]하니　誰能別離此[8]오

손[客]이 먼 데서 와
비단 반 필을 건네주나니
서로 만여 리나 떨어져 있건만
임의 마음 아직도 이와 같다네
한 쌍의 원앙 무늬 고운 비단을
마름질해 합환(合歡)의 이불 만들며
솜 넣어 이 사랑 영원하기를
둘레 꿰매 이 연분 끊임없기를 바라거니
우리 사이 아교를 옻칠에 넣은 듯하나니
어느 누가 우릴 갈라놓을 수 있으랴?

주석

1 이 시는 후한(後漢) 후기 오언시(五言詩) 성숙기의 대표적인 성취로 평가되는 「고시십구수(古詩十九首)」 중 제18수임. 『문선(文選)』 권29에 실려 전해짐.

2 一端(일단) : 일단(一段)과 같음. 포목 반(半) 필(疋). | 綺(기) : 무늬 비단.

3 故人(고인) : 여기서는 멀리 오랫동안 이별한 지아비를 가리킴. | 爾(이) : 그러함, 이와 같음. 곧 (아끼고 사랑하는 마음이) 변함없다는 말. ◇이상 2구는 『진보』에는 빠져 있으나, 『문선』에 근거해 보충함.

4 合歡被(합환피) : 부부가 함께 덮고 자는 이불. '피'는 이불.

5 著(저) : 이불 속에 솜을 넣음. 솜은 '면(綿)'이고, '면'은 또 '면면(綿綿)', 즉 죽 연이어 끊이지 않는 모양을 나타내니, 이 구(句)는 곧 그리움과 사랑의 정이 끊임없이 이어지기를 바란다는 뜻을 함축함.

6 緣(연) : 이불의 사방 둘레를 실로 꿰맴. '연'은 또 연분(緣分)·인연이니, 이 구는 곧 부부의 아름다운 연분이 끊어지지 않기를 바란다는 뜻을 함축함.

7 膠(교)·漆(칠) : 아교와 옻칠. 두 가지 모두 접착력이 뛰어나 서로 한데 붙으면 절대로 떨어지지 않으니, 곧 부부 사이가 지극히 친밀하고 견고함을 비유함.

8 此(차) : 아교와 옻칠을 가리키면서, 또한 그와 같이 한없이 친애하는 부부 사이를 이름.

해설

이 시는, 먼 길을 떠나 오랫동안 객지를 떠도는 지아비가 인편에 보내온 비단 반 필을 받고, 환희에 찬 마음으로 지아비에 대한 깊고 두터운 사랑과 신뢰를 표현하였다. 특히 부부의 사랑과 정의(情誼)를 상징하는 다양한 비유와 은어(隱語)의 활용은 민가풍(民歌風)의 서정(抒情)으로, 한껏 순박함을 더한다.

일곱 걸음 시(詩)
七步詩[1]

위(魏) 조식(曹植)

煮豆持作羹하고　漉豉以爲汁[2]이러니
其向釜下燃[3]한대　豆在釜中泣이라
本自同根生이어늘 相煎何太急[4]고

콩을 삶아 국을 끓이고
메주 걸러 간장을 달이거니
콩대는 가마솥 아래로 들어가 불타고
콩은 가마솥 안에서 흐느껴 우는구나
본시 같은 뿌리에서 태어났거늘
닦달함이 어찌 이리도 급한가요?

조식(192～232) : 위 무제(武帝) 조조(曹操)의 아들이자 문제(文帝) 조비(曹丕)의 동생으로, 자(字)는 자건(子建). 일찍이 진왕(陳王)에 봉해졌고, 시호(諡號)가 '사(思)'였으므로 후세에는 흔히 진사왕(陳思王)으로 불린다. 어려서부터 영민하여 조조의 총애를 한 몸에 받으며 태자의 물망에까지 올랐으나, 불행하게도 나중에 실총(失寵)하였다. 때문에 조식의 일생은 순탄했던 전기와는 달리, 조비가 제위에 오르면서 온갖 시기와 박해가 이어진 후기에는 실의(失意)와 고통의 나날이었다. 바로 그 같은 고난의 삶이 그를 건안(建安) 시대를 대표하는 문인으로 거듭나게 하였다.

주석

1 이 시는 남조(南朝) 송대(宋代) 유의경(劉義慶)의 『세설신어(世說新語)』「문학편(文學篇)」에 처음 보이는데, 후세에 널리 전송(傳誦)되면서 판본에 따라 자구(字句)상의 차이가 나타남. 『진보』에는 원래 4구로 된 시가 실려 있으나, 『세설신어』 등에 근거해 수정 증보함.

2 漉(록) : (액체를) 거름. | 豉(시) : 메주. | 汁(즙) : 여기서는 간장을 가리킴.

3 萁(기) : 콩대. 콩을 떨고 남은 줄기와 잎.

4 煎(전) : 끓임, 달임, 졸임. 여기서는 곧 무섭게 닦달함을 이름.

해설

『세설신어』에 따르면, 조비가 한번은 늘 눈엣가시로 여기던 동생 조식을 없애고 싶은 마음에, 일곱 걸음 안에 시를 한 수 지으라고 명하면서, 만약 시를 짓지 못하면 처형할 것이라고 닦달하였다. 한데 조식은 그 말이 떨어지기가 무섭게 바로 이 시를 지어내었다고 한다. 『세설신어』가 중국문학사상 일화(逸話)소설로 분류된다는 점에서, 이 이야기의 사실 여부를 속단하기는 어렵다. 하지만 콩대를 때서 콩을 삶는 것으로 형제간의 갈등을 비유한, 그 절묘함은 이 시가 널리 애송되는 결정적 요인이 되었다. 뿐만 아니라 후세에는 또 형제간의 다툼이나 골육상잔(骨肉相殘)을 '자두연기(煮豆燃萁)'란 말로 비유하게 되었다.

술을 마시며
飮酒[1]

동진(東晋) 도연명(陶淵明)

結廬在人境[2]이나　而無車馬喧[3]이라
問君何能爾[4]오　心遠地自偏이라
採菊東籬下하니　悠然見南山[5]이라
山氣日夕佳[6]하고　飛鳥相與還이라
此中有眞意[7]러니　欲辨已忘言[8]이라

오두막집 엮어 세간(世間)에서 살건만
거마의 시끄러움은 없다네
그대에게 묻노니, 어찌 그럴 수 있는가?
마음이 멀면 땅은 절로 편벽하다네
동쪽 울타리 아래에서 국화를 따노라니
한가로이 남산(南山)이 보이는데
산색(山色)은 황혼녘이라 더욱 아름답고
새들은 쌍쌍이 둥지로 돌아가는구나
이러한 가운데 진정 삶의 참뜻이 있거늘
그걸 밝혀 말하려다간 문득 말을 잊는다

도연명(365~427) : 자(字)는 원량(元亮), 이명(異名)은 잠(潛), 별호(別號)는 오류선생(五柳先生). 세상에서는 정절선생(靖節先生)이라고도 부른다. 동진(東晋) 심양(潯陽) 시상(柴桑, 지금의 강서성 구강九江 서남쪽) 사람으로, 중국문학사상 굴지의 대문호. 몇 차례 낮은 벼슬을 한 적이 있으나, 고결한 품성으로 자연 정취를 애호하여, 결국 팽택령(彭澤令)을 끝으로 전원으로 돌아와 술과 시를 벗하며 안빈낙도하였다. 특히 전원생활과 은일(隱逸) 정취를 평담 질박(平淡質樸)한 필치로 그려낸, 그의 전원시는 중국 고전 문학의 절창으로 꼽힌다.

주석

1 이 시의 제목이 『진보』에는 「잡시(雜詩)」로 되어 있으나, 『도연명집(陶淵明集)』에 근거해 고침. 「음주」 시는 모두 20수인데, 이 시는 제5수로, 시인의 대표작임.

2 人境(인경) : (깊은 산속이 아닌) 사람이 사는 곳, 세간(世間).

3 車馬喧(거마훤) : 거마의 시끄러운 소리. 곧 세속적인 교유 왕래의 번잡함을 가리킴. '훤'은 시끄러움.

4 君(군) : 그대. 여기서는 시인 자신을 가리킴. | 爾(이) : 그러함, 그와 같음.

5 悠然(유연) : 한가롭고 자적(自適)한 모양. 또 아득한 모양.

6 山氣(산기) : 산기운. 여기서는 산색(山色), 즉 산의 경치를 가리킴. | 日夕(일석) : 저물녘, 황혼 녘.

7 中(중) : 『진보』에는 '간(間)'으로 되어 있으나, 『도연명집』에 근거해 고침. | 眞意(진의) : 인생 본연의 참뜻, 참된 즐거움을 이름.

8 辨(변) : 변(辯)과 같음. 설명함, 즉 밝혀 말함. | 忘言(망언) : 무슨 말로 설명을 해야 할지를 잊어버린다는 뜻. 곧 『장자(莊子)』 「제물론편(齊物論篇)」에서 말한 "쟁변(爭辯)하는 것은 아직 제대로 알지 못한 부분이 있기 때문이니, 무릇 큰 도는 이름 붙여 일컬을 수 없고, 큰 변론(辯論)은 말로 할 수 없는 것이다.(辯也者, 有不見也. 夫大道不稱, 大辯不言)"와 「외물편(外物

篇)」에서 말한 "말이란 뜻을 표현하는 것으로, 뜻을 알고 나면 말은 잊어버린다.(言者所以在意, 得意而忘言)"는 경지를 이름.

해설

이 시는 시인이 팽택령을 그만두고 전원으로 돌아와 은거한 이후의 작품으로, 세속적인 번잡함과는 동떨어진 안온(安穩)하고 한적(閑適)함이 넘치는 대자연의 품속에서 기꺼운 마음으로 유유자적하며, 인생의 참된 의미와 즐거움을 체득한, 희열에 찬 심경을 표현하였다. 특히, 천고의 명구로 인구에 회자되는 '채국(採菊)'2구에서는 물아(物我)의 혼연일체가 이루어지면서 그야말로 '무아지경'에 다다랐으니, 이미 세속 초탈을 넘어 정신 해탈에 들었음이라. 또한 저물녘 산색의 아름답고도 평화로움과 쌍쌍이 둥지로 돌아가는 새들의 한가롭고도 다정함은, 자재(自在)함, 즉 어떤 속박이나 장애없이 마음대로 함의 진수를 보여준다. 이 같은 대자연에 하나의 개체로서 몰입하여, 시인이 느끼고 깨달은 '진의(眞意)'는 진정 말로는 설명할 수 없는, '대도(大道)'이자 '상도(常道)' 바로 그것이다.

잡시
雜詩

동진(東晋) 도연명

人生無根蔕[1]하야 飄如陌上塵[2]이라
分散逐風轉하니 此已非常身[3]이라
落地爲兄弟[4]러니 何必骨肉親고
得歡當作樂이니 斗酒聚比鄰[5]이라
盛年不重來요 一日難再晨이라
及時當勉勵어다 歲月不待人이라

인생은 정처가 없나니
표표히 흩날리는 길 위의 티끌이로다
이리저리 흩어져 바람 따라 떠도나니
이는 이미 영원불변의 본연(本然)이 아닐세
이 땅에 태어났으면 모두가 형제이거늘
어찌 굳이 골육만을 친애(親愛)하랴?
기쁜 일 있으면 마음껏 즐겨야 하나니
말술을 준비하고 가까운 이웃을 부르세
인생에 장년(壯年)은 거듭 오지 않고
하루에 새벽이 다시 오기 어렵나니
우리 모두 늦기 전에 더욱 힘쓰세

세월은 사람을 기다려주지 않는다네

주석

1 根蔕(근체) : 초목의 뿌리와 꼭지(꽃이나 열매의). 곧 정처(定處)를 비유함.

2 飄如(표여) : 표연(飄然)과 같음. 표표히. 정처 없이 떠돌아다니는 모양. | 陌(맥) : 길.

3 常身(상신) : 항구불변의 몸, 항상 그러한 본연의 몸. 여기서 '비(非)상신'은 곧 인생무상을 표현함.

4 落地(낙지) : (이 땅에) 태어 남. ◇이 구는 『논어(論語)』「안연편(顔淵篇)」의 "군자는 단지 언행을 삼가 과실을 범하지 아니하고, 다른 사람에게 공손하며 예의를 지키면, 온 세상 사람이 다 친형제나 다름이 없다.(君子敬而無失, 與人恭而有禮, 四海之內, 皆兄弟也)"는 뜻을 빌려옴.

5 比鄰(비린) : 근린(近鄰), 즉 가까운 이웃.

해설

인생은 정처가 없으니, 당연히 무상할 것이다. 짧고도 덧없는 인생에 우리 모두가 형제같이 화목할 것이요, 기쁘고 즐거울 때면 다함께 어울려 환희의 술잔을 기울여야 할 것이다. 유수 같은 세월 속에, 한번 가면 다시 오지 않는 것이 인생이다. 그럼에도 우리는 인생에 대한 제대로 된 통찰 없이 시종 허상을 좇으며, 일생을 허송하기가 십상이다. 이제 더 늦기 전에, 우리 자신을 면려(勉勵)하며, 인생의 참된 의미와 즐거움을 찾아 참삶을 살도록 해야 한다. 이것이 이 시의 주지(主旨)이다. 그야말로 인문정신에 바탕을 둔 적극적이고 건강한 인생철학이다. 혹자는 이 시의(詩意)를 소극적인 향락주의로 풀이하기도 하나, 과연 그럴까? 이론의 여지가 있다.

아들을 나무라며
責子

동진(東晉) 도연명

白髮被兩鬢[1]하니 肌膚不復實이라
雖有五男兒[2]나 總不好紙筆[3]이라
阿舒已二八[4]이나 懶惰故無匹[5]이요
阿宣行志學[6]이나 而不愛文術[7]하고
雍端年十三이나 不識六與七이요
通子垂九齡[8]이나 但覓梨與栗[9]이라
天運苟如此[10]하니 且進盃中物[11]이로다

백발이 양(兩) 살쩍을 뒤덮고
살결도 더 이상 실(實)하지 않나니
내 비록 아들 다섯이 있건만
도무지 지필(紙筆)을 좋아하지 않네
큰놈 서(舒)는 벌써 열여섯인데
게으르기가 본디 필적할 이 없고
선(宣)이란 놈은 열다섯이 다 됐건만
글을 읽고 짓는 데 관심이 없네
옹(雍)과 단(端)은 열세 살인데
육(六)과 칠(七)조차 구분을 못하고

통(通)이란 놈은 아홉 살이 다 되었는데
배와 밤만 찾을 뿐이라네
이내 천명이 진실로 이와 같을진대
그저 술잔이나 기울일 수밖에 없구나

주석

1 被(피) : 피복(被覆). 덮음, 덮어씌움. | 鬢(빈) : 살쩍, 귀밑머리. 관자놀이와 귀 사이에 난 머리털.

2 五男兒(오남아) : 도연명은 다섯 명의 아들, 즉 도엄(陶儼) · 사(俟) · 빈(份) · 일(佚) · 동(佟)이 있었음. 여기서 말하는 서(舒) · 선(宣) · 옹(雍) · 단(端) · 통(通)은 곧 그들의 유명(乳名)임.

3 紙筆(지필) : 종이와 붓. 여기서는 곧 글공부를 이름.

4 阿(아) : 이름, 특히 아명(兒名) 앞에 쓰여 친밀감을 나타내는 말.

5 故(고) : 고(固)와 통함. 본디, 죽(같은 상태로 계속되는 모양).

6 行(행) : 장차, 거의 ~이(가) 다 되어감. | 志學(지학) : 지학지년(志學之年). 열다섯 살을 이르는 말. 출처는 『논어』 「위정(爲政)」 : "공자께서 말씀하셨다. '나는 열다섯에 배움에 뜻을 두었다.'(子曰: 吾十有五而志于學)"

7 文術(문술) : 시문(詩文)을 읽고 짓는 등의 공부.

8 垂(수) : 거의 ~이(가) 다 되어감.

9 覓(멱) : 찾음.

10 天運(천운) : 천명(天命), 명운(命運). | 苟(구) : 진실로, 만약 ~이라면.

11 且(차) : 단지, 다만, 그저. | 盃中物(배중물) : 잔속의 물질. 곧 술을 이름.

해설

예나 지금이나 부모의 마음은 다 한가지인가 보다. 세속적인 욕망을 미련 없이 떨쳐버리고 전원으로 돌아와 자적한 삶을 산 도연명조차도, 지필을 좋아하지 않는 자식들을 이렇듯 나무라고 있으니 말이다. 시인의 마음 한 구석엔 아직도, '열심히 배워서 상당한 성취가 있으면 세상에 나아가 벼슬하며(學而優則仕)'(『논어』「자장子張」), 평소 갈고 닦은 재학(才學)을 마음껏 발휘해 제세구민(濟世救民), 즉 혼란에 빠진 세상과 도탄에서 허덕이는 백성을 구제한다는 전통적 의식과 관념이 남아 있는 것일까? 하지만 자식들을 더욱 분발(奮發) 호학(好學)하라고 다그치는 마음에 차라리 인간미가 넘친다. 도연명 자신은 비록 출사(出仕)의 길에서 제대로 적응하지 못하고 진로를 선회하였지만, 자식들만은 이 세상의 적자(適者)로서 큰 꿈을 펼쳐나가길 소망한 것이리라. 그러나 도연명은 결코 자식들을 강요하지는 않은 것 같다. 바람과는 동떨어진 현실을, 그저 운명으로 돌리며 술잔을 기울이는 품이야말로 진정 도연명다운 '해우법(解憂法)'이라 하겠다.

『산해경』을 읽고
讀山海經[1]

동진(東晋) 도연명

孟夏草木長[2]하니　繞屋樹扶疎[3]라
衆鳥欣有托[4]이요　吾亦愛吾廬라
旣耕亦已種하니　時還讀我書라
窮巷隔深轍[5]이요　頗回故人車[6]라
欣然酌春酒하니　摘我園中蔬라
微雨從東來하니　好風與之俱라
汎覽周王傳[7]하고　流觀山海圖[8]라
俛仰終宇宙[9]하니　不樂復何如오

바야흐로 초여름이라 초목이 자라
집을 둘러 나뭇잎과 가지가 무성하니
뭇 새는 깃들일 곳 있어 기쁘고
나 또한 내 오두막을 사랑하노라
이미 밭도 갈고 씨도 뿌렸으니
때로는 또 내 서책(書冊)을 읽는다
궁벽한 골목이라 깊은 수레바퀴자국 없고
번번이 옛 친구의 수레마저 되돌린다
흔연(欣然)히 봄 술을 마실 제

남새밭 나물 뜯어 안주 삼는데
보슬비 동녘에서 날리며
상쾌한 바람도 함께 불어온다
『목천자전』을 훑어보고
『산해경』을 두루 살펴보는데
순식간에 온 우주를 다 유람하거니
즐겁지 아니하고 또 어찌겠는가?

주석

1 山海經(산해경) : 동아시아 최고(最古)의 지리서(地理書)로, 고대 해내(海內)·외(外)의 산천(山川) 이물(異物)과 신화 전설을 기록하였음. 작자 미상. 후한(後漢) 유흠(劉歆)이 교정(校定)하였으며, 진대(晋代) 곽박(郭璞)이 주(注)를 달고 도찬(圖讚)을 덧붙임.

2 孟夏(맹하) : 초여름, 곧 음력 4월.

3 扶疎(부소) : 초목의 잎과 가지가 무성한 모양.

4 托(탁) : 여기서는 새가 몸을 의탁할, 즉 깃들일 곳. 보금자리, 둥지.

5 窮巷(궁항) : 벽항(僻巷), 즉 외따로 떨어져 궁벽한 골목. 또는 누항(陋巷), 즉 좁고 누추한 골목. '항'은 골목, 마을. | 隔(격) : 격리됨. 곧 없다는 말. | 深轍(심철) : 깊게 패인 수레바퀴자국. 곧 크고 좋은 고관(高官) 귀인(貴人)의 수레를 가리킴.

6 頗(파) : 자못. 곧 번번이, 늘.

7 汎覽(범람) : 훑어봄. 다음 구의 '유관(流觀)'도 이와 같음. 곧 도연명이 「오류선생전(五柳先生傳)」에서 스스로 말한 '불구심해(不求甚解)', 즉 책을 읽을 때 글의 요지를 이해하고 정신을 깨닫는 데 주력할 뿐, 자구상의 의미에 너무 천착하지 않는다는 뜻. | 周王傳(주왕전) : 『목천자전(穆天子傳)』을 가리킴. 역시 신화 전설류의 옛 전적(典籍)으로, 주(周) 목왕(穆王)이 팔준마(八

駿馬)를 몰고 서방으로 순유(巡遊)를 나가, 서왕모(西王母)를 만나고 성희(盛姬)를 사랑한 고사를 기술하였음. 작자 미상, 역시 진대 곽박의 주(注)가 유명함.

8 山海圖(산해도) : 즉 『산해경』. 원래 글뿐만 아니라 그림도 함께 있었기 때문에 『산해경도(山海經圖)』라고도 일컬어짐. 하지만 그 옛 그림은 실전되고, 현행 판본에 보이는 그림은 청대(淸代)에 다시 그려 넣은 것임.

9 俛仰(면앙) : 부앙지간(俯仰之間). 머리를 숙였다가 드는 사이, 순식간. 곧 극히 짧은 시간을 가리킴. | 終(종) : 다함[盡].

해설

본디 「독산해경(讀山海經)」은 모두 13수이나, 『진보』에는 그 첫 수(首)인 이 한 작품만 선록하였다. 시제(詩題)가 '『산해경』을 읽고'로 되어 있으나, 실제로는 『산해경』과 『목천자전』을 읽으며 느낀 바를 표현한 것이다. 이 제1수는 전편의 서시(序詩)로, 은거하며 몸소 경작하는 여가에 옛 책을 읽으며 우주를 유람하는 무한한 즐거움을 묘사하였다. 고서(古書)를 탐독하며 세외(世外)를 소요(逍遙)하는 품이 필시 세속을 초탈하고픈 은자의 고뇌어린 심사의 발로이리라.

달빛 아래에서 홀로 술을 마시며
月下獨酌

당(唐) 이백(李白)

花下一壺酒[1]를　獨酌無相親이라
擧杯邀明月[2]하니　對影成三人[3]이라
月旣不解飮[4]하고　影徒隨我身[5]이라
暫伴月將影[6]하야　行樂須及春[7]이라
我歌月徘徊하고　我舞影凌亂[8]이라
醒時同交歡[9]이나　醉後各分散이라
永結無情遊[10]하야　相期邈雲漢[11]이라

꽃나무 아래에서 한 병의 술을
홀로 마시며 친(親)할 이 없으매
술잔 들어 밝은 달을 청하여 부르고
그림자를 마주하니 세 사람이 되누나
달은 본시 술 마실 줄 모르고
그림자는 그저 내 몸만 따르나니
잠시 달과 그림자를 벗하며
응당 이 봄날에 행락(行樂)하여야 하리
내가 노래 부르니 달이 서성이고
내가 춤을 추니 그림자가 어지럽구나

술 취하기 전에는 함께 어울려 즐기지만
술 취한 뒤엔 제각기 흩어지나니
길이길이 망정(忘情)의 교유를 맺고자
멀리 은하에서의 만남을 기약하노라

이백(701~762) : 자(字)는 태백(太白), 호(號)는 청련거사(靑蓮居士), 세칭(世稱)은 시선(詩仙). 원적(原籍)은 농서(隴西) 성기(成紀, 지금의 감숙성 진안秦安 일대), 수말(隋末)에는 선대(先代)가 서역(西域)으로 옮겨가 우거(寓居)하였고, 이백은 그곳에서 태어났다. 다섯 살 때는 부모를 따라 면주(綿州) 창륭(昌隆, 지금의 사천성 강유江油) 청련향(靑蓮鄕)으로 이주하였다. 촉(蜀) 땅에서 청소년기를 보낸 후, 스물다섯 살 때부터 장기간 각지를 유랑하며 정치적 이상을 실현할 길을 모색하였다. 마흔 살이 넘어 경성 장안으로 들어가 한림원(翰林院) 공봉(供奉)에 올랐으나, 부패한 권귀(權貴)들을 멸시하다가 그들에게 배척당해 1년여 만에 벼슬을 버리고, 다시 유랑 길에 올랐으며, 낙양에서 두보(杜甫)를 만나 지우(知友)가 되었다. 안사의 난 중에는 영왕(永王) 이린(李璘)의 막료가 되었다. 하지만 이린의 모반이 실패하는 바람에, 함께 연루되어 귀양을 가다가 중도에 사면 받고 돌아왔다. 만년 역시 우여곡절 끝에 족숙(族叔)인 당도(當塗, 지금의 안휘성 당도) 현령(縣令) 이양빙(李陽冰)에게 의지해 살다가 병사하였다. 이백의 시는 웅혼(雄渾)하고 호방한 풍격에, 상상(想像)이 풍부하고, 적극적이고 낭만적인 색채가 넘친다.

주석

1 花下(화하) : 『이백집(李白集)』에는 '화간(花間)'으로 되어 있음.
2 邀(요) : 맞음, 청(請)하여 부름.
3 三人(삼인) : 곧 달과 시인 자신, 그리고 시인의 그림자를 가리킴.
4 解(해) : 능(能)과 같음. ~할 줄 앎.
5 徒(도) : 다만, 단지.

6 將(장) : 여(與)와 같음. ~와(과).

7 이 구는 이 아름다운 봄 달밤에는 응당 행락(行樂)하며, 내심의 시름을 떨쳐버려야 한다는 뜻을 표현함.

8 凌亂(능란) : 무질서하게 뒤섞여 어지러움, 어수선함. 여기서는 사람의 움직임에 따라 그림자가 어지럽게 흔들림을 형용함.

9 醒時(성시) : 깨어 있을 때. 여기서는 아직 술에 취하기 전을 말함.

10 無情遊(무정유) : 망정(忘情), 즉 세속 잡념을 잊는 교유(交遊) 내지 교분(交分). 밝고 맑은 달과 그림자가 전혀 세속에 물들지 않은, 남박(淡泊)하기 그지없는 것이기에 이같이 말한 것임.

11 邈(막) : 아득히 높고 멂. | 雲漢(운한) : 은하(銀河). 여기서는 천상(天上)의 선경(仙境)을 가리킴.

해설

이백의 「월하독작」 시는 모두 4수가 선하나, 『진보』에는 그 첫 수인 이 한 작품만 선록하였다. 함께 술잔을 기울일 이조차 없는 고독한 상황에서, 문득 상상의 나래를 펴 달을 부르고 그림자를 마주하며 흥겨운 주연(酒宴)을 벌이는, 시인의 호방불기(豪放不羈)한 낭만이 이채롭다. 하지만 그것이, 어디를 둘러 봐도 지기(知己) 하나 없는 현실 사회에서 정치적으로 실의한 데 대한, 시인의 고뇌와 고통 그리고 고독의 발로임을 알 때, 오히려 처량하기 그지없다. 그 때문인가, 시인은 어느새 표연(飄然)히 우화등선(羽化登仙, 사람의 몸에 날개가 돋아서 하늘로 올라가 신선이 됨)하여, 천상(天上)의 선경(仙境)에서 달과 그림자를 벗하며 소요 자재(逍遙自在)하는 탈속(脫俗)의 상상에 빠져 있다.

산중에서 속인(俗人)에게 답하며
山中答俗人[1]

당(唐) 이백

問余何事栖碧山[2]고　笑而不答心自閑이라
桃花流水窅然去하니　別有天地非人間[3]이라

왜 청산(靑山)에 사느냐고 내게 묻는데
빙그레 웃으며 답하지 않건만 마음은 절로 한가롭다
복사꽃 만발하고 시냇물 아득히 흘러가나니
별천지가 펼쳐진 이곳 진정 인간 세상 아니로세

주석

1 이 시의 제목이 『이백집』에는 「산중문답(山中問答)」으로 되어 있음.

2 何事(하사) : 『이백집』에는 '하의(何意)'로 되어 있음. 무슨 일로, 무엇 때문에, 왜. | 栖(서) : '서(棲)'와 같음. 깃들임, 삶. 여기서는 은거한다는 뜻. | 碧山(벽산) : 일반 명사로 청산(靑山)과 같은 말. 일설에는 지금의 호북성 안륙현(安陸縣)에 있던 산으로, 그 아래에 도화암(桃花巖)이 있었으며, 이백이 일찍이 그곳에서 글을 읽었다고 함. 하지만 이백의 시 가운데 배경이 다른 여러 작품에서도 이따금 '벽산'이란 말을 쓰고 있어, 고유 명사로 보는 것은 적절치 않음.

3 이상 2구는 도연명의 「도화원기(桃花源記)」에서 묘사한 '도화원'의 고사를 은근히 운용함. '요연(窅然)'은 깊고 아득한 모양.

해설

이 시는 산중 은자의 한일(閑逸)하고 자재(自在)한 정회(情懷)를 묘사하였다. 속세와는 동떨어진 청산의 그윽한 정취를 속인이 알 턱이 없으니, 시인은 그 범속(凡俗)한 질문에 그저 미소만 지을 뿐이다. 그러면서 시인은 복사꽃 만발하고 시냇물 아득히 흐르는 '별천지'에서 한적(閑適)함을 만끽하며 마냥 즐겁기만 하다.

금릉 술집에서의 이별
金陵酒肆留別[1]

당(唐) 이백

風吹柳花滿店香[2]하고　吳姬壓酒喚客嘗[3]이라
金陵子弟來相送[4]하니　欲行不行各盡觴[5]이라
請君試問東流水[6]하라　別意與之誰短長고

봄바람에 버들개지 날리니 온 술집에 꽃향기 가득하고
오(吳) 땅의 미희(美姬)는 술 걸러 맛보라 길손을 부르네
금릉의 젊은이들 모두 나와 이 몸을 배웅하는데
떠나는 이, 보내는 이 저마다 거침없이 술잔을 비우나니
그대들에게 청하노니, 저 동류하는 강물에게 물어 보게나
헤어지는 아쉬움과 저 강물 중 어느 것이 길고 짧은가를!

주석

1 金陵(금릉) : 지금의 강소성 남경(南京)의 옛 이름. | 酒肆(주사) : 주점(酒店), 술집. | 留別(유별) : 떠나는 사람이 남아 있는 사람에게 작별을 고함. '송별(送別)'과 상대적인 개념.

2 柳花(유화) : 버들개지. 일설에는 버들개지는 본디 향기가 없으며, 따라서 여기서는 이를 버들개지를 넣어 빚은 술 이름으로 봐야 한다고 함. 하지만 또 일설에는 버들개지도 미향(微香)이 있으며, '유화지향(柳花之香)'은 이백이 아니면 말할 수가 없다고 함.

3 吳姬(오희) : 옛 오나라 땅 여인. 금릉이 춘추시대 오나라 땅이었으므로 이같이 말한 것임. 여기서는 술집 여인을 가리킴. '희'는 여인에 대한 미칭(美稱). | 壓酒(압주) : 옛날에 미주(米酒)를 빚어 숙성이 되면, 자루에 담아 술주자(술을 거르거나 짜내는 틀)에 넣고 무거운 물건으로 눌러 술을 짜던 것을 이름. 곧 술을 거른다는 말.

4 子弟(자제) : 젊은이. | 相(상) : 동사 앞에서 일방이 다른 일방에게 어떤 행위를 한다는 뜻을 나타냄. 여기서는 '서로'란 뜻이 아님.

5 欲行(욕행) : 떠나는 이. 곧 시인의 자칭. | 不行(불행) : 떠나지 않는, 즉 보내는 이. 곧 시인을 배웅하는 금릉의 젊은이들을 가리킴.

6 東流水(동류수) : 장강(長江)을 가리킴.

해설

이 시는 이백이 스물여섯 살 때 처음으로 유람한 금릉을 떠나며, 그곳의 벗들을 유별(留別)한 작품이다. 버들개지 날리는 봄날, 오 땅의 미희가 술을 권하는 주막에서, 배웅 나온 여러 벗들과 어울려 이별의 술잔을 기울이는 광경이 눈에 선하다. 금릉 장강(長江) 변(邊)의 아름다운 풍물과 후한 인심, 끈끈한 우정을 뒤로 하고 길을 떠나야 하는 시인은, 아득히 흐르는 장강의 물줄기보다 더 끝없다는 비유로 석별의 정을 묘사하고 있는데, 호방한 시인의 성품이 묻어나는 절묘한 서정(抒情)이 아닐 수 없다. 후세에 많은 시인들이 이를 모방하였으나, 원작의 절묘함을 능가할 수 없었다는 것은 어쩌면 당연한 것이리라.

술잔을 잡고 달에게 묻는다
把酒問月[1]

당(唐) 이백

青天有月來幾時오　我今停杯一問之라
人攀明月不可得[2]이나　月行却與人相隨[3]라
皎如飛鏡臨丹闕[4]하니　綠煙滅盡清輝發[5]이라
但見宵從海上來[6]요　寧知曉向雲間沒고
玉兎擣藥秋復春[7]하니　姮娥孤栖與誰鄰[8]고
今人不見古時月이나　今月曾經照古人이라
古人今人若流水하니　共看明月皆如此라
惟願當歌對酒時[9]에　月光長照金樽裏[10]라

푸른 하늘에 달이 생겨난 지 얼마나 되나?
나 이제 술잔을 멈추고 한번 물어 보노라
사람은 밝은 달에 오르려 해도 오를 수 없건만
유유히 가는 저 달은 되레 사람을 따르고 또 딸리누나
하늘을 나는 명경처럼 밝은 달이 붉은 궁문에 비칠 제
파란 밤안개 사라지며 맑디맑은 달빛이 부서진다
대개 달이 밤에 바다에서 떠오르는 것만을 볼 뿐이니
새벽녘에 구름 사이로 사라지는 걸 어찌 알랴?
옥토끼는 약 찧으며 가을 가고 또 봄 오거니

항아는 홀로 살며 그 누구와 이웃할거나?
지금 사람은 옛 달을 볼 수 없건만
지금 달은 일찍이 옛 사람을 비추었다네
옛 사람이나 지금 사람은 마냥 유수 같이 사라져 가건만
예나 지금이나 바라보는 저 밝은 달은 매양 이와 같다네
단지 바랄 뿐이노라, 술 마시고 노래 부를 때
저 밝은 달빛 언제까지나 금 술잔 속을 비춰주기를!

주석

1 이 시의 제하(題下) 원주(原註)에 "옛 친구 가순이 나에게 물어보라고 하였다.(故人賈淳令予問之)"고 함.

2 攀(반) : 등반(登攀). 더위잡고 오름, 즉 무엇을 끌어 잡고 험한 산이나 높은 곳을 기어오름.

3 이 구는 달은 운행하면서 때로는 뒤에서 사람을 따라오기도 하고, 때로는 앞에서 사람을 따라오게 하기도 한다는 뜻을 표현함.

4 皎(교) : 흼, 맑음, 밝음. | 丹闕(단궐) : 붉은 궐문(闕門), 궁문(宮門). '궐'은 궁문 밖 양편의 망루(望樓).

5 綠煙(녹연) : 초록빛이 도는 연무(煙霧), 연운(煙雲)이란 뜻. 곧 저녁 무렵의 안개나 구름을 이름.

6 宵(소) : 밤.

7 玉兎擣藥(옥토도약) : 고대 전설에 달에는 흰 토끼가 불사약을 찧고 있다고 한 것을 이름. '옥토'는 옥토끼, 즉 달 속에 산다는 전설상의 토끼. '도'는 (절구에) 찧음.

8 姮娥(항아) : '항아(嫦娥)'라고도 씀. 고대 신화 속 인물로, 후예(后羿)의 아내였는데, 후예가 서왕모(西王母)에게서 구한 불사약을 훔쳐 먹고 달로 달아나 신선이 되었다고 함. '후예'는 예(羿)라고도 하며, 상고시대 동이족(東

夷族) 수령으로, 활쏘기를 특히 능했다고 함.
9 當歌對酒(당가대주) : 술과 노래를 마주한다는 뜻. 곧 술 마시고 노래함을 이름. '당'과 '대'는 같은 뜻임. 조조(曹操) 「단가행(短歌行)」의 "술 마시고 노래하세 / 인생이 얼마나 되나?(對酒當歌, 人生幾何)"에서 빌려온 말로, 원작과 마찬가지로 짧고 덧없는 인생에 대한 감개(感慨)의 정을 담음.
10 樽(준) : 술 단지, 또는 술잔.

해설

이 시는 친구의 요청으로 '술잔을 잡고 달에게 묻는' 시인의 익살스런 낭만에 정겨움이 느껴지는 작품이다. 언제부터인지도 모르는 멀고 먼 옛날부터 한결같이 세상을 비춰주는 밝은 달은, 우리에게는 한없이 아름답고 다정다감한 벗이다. 그러나 밤하늘에 밝게 떠오른 저 달도 모두가 잠든 새벽녘이면 소리 없이 지고 말거늘, 사람들은 아름다운 '호시절'이 결코 영원하지 않으며 순식간에 사라지고 만다는 것을 깊이 깨닫지 못한다. 또한 밝은 달을 바라보며 탈속(脫俗)의 선경(仙境)을 꿈꾸지만, 그건 환상일 뿐이다. 설령 불사(不死)의 세계일지는 몰라도, 단조롭고 고적(孤寂)하기 그지없는 월궁(月宮)의 삶을 부러워할 것은 없다. 다만 예나 지금이나 한결같은 달과는 달리, 우리네 인생은 그야말로 덧없다. 더 늦기 전에 밝은 달빛의 영원성을 함께 하며, 황금 술잔을 기울이는 행락(行樂)에 젖을 줄 알아야 한다. 또한 아름다운 시절을 아끼며 현실의 일상에 더욱 충실해야 한다.

술을 드시오
將進酒[1]

당(唐) 이백

君不見黃河之水天上來[2]아 奔流到海不復回라
君不見高堂明鏡悲白髮[3]아 朝如青絲暮成雪[4]이라
人生得意須盡歡[5]이니 莫使金樽空對月[6]하라
天生我材必有用이요 千金散盡還復來라
烹羊宰牛且爲樂[7]이니 會須一飮三百杯[8]라
岑夫子 · 丹丘生[9]아 將進酒하고 杯莫停[10]하라
與君歌一曲하니 請君爲我傾耳聽하라
鍾鼓饌玉不足貴[11]요 但願長醉不願醒이라
古來聖賢皆寂寞[12]호대 惟有飮者留其名이라
陳王昔時宴平樂[13]에 斗酒十千恣歡謔[14]이라
主人何爲言少錢[15]고 徑須沽酒對君酌[16]하리
五花馬 · 千金裘[17]를 呼兒將出換美酒[18]하야
與爾同銷萬古愁[19]라

그대는 보지 못했는가? 황하의 강물이 천상(天上)에서 내려와
세차게 흘러 바다에 이르면 다시 돌아오지 않는 것을!
그대는 보지 못했는가? 고당(高堂)에서 명경 보며 백발을 슬퍼함을!

아침에 청사(青絲)처럼 검던 머리 저녁에 어느새 백설이 되었나니
사람이 살다 기쁘고 즐거우면 응당 환락을 다하여야 하는 법
결코 황금 술잔을 텅 빈 채로 밝은 달을 대하게 하진 말 것이다
하늘이 나 같은 재목을 낳았을 땐 반드시 쓰임이 있을 것이요
천금(千金)은 다 쓰고 나면 다시 또 모이게 되나니
양고기를 삶고 쇠고기를 저미어 우선 마음껏 즐겨나 보세
모름지기 술이란 한 번에 삼백 잔은 마셔야 하나니
잠(岑) 선생, 단구(丹丘) 군(君)!
어서 술을 드시오, 잔을 멈추지 말고
내 그대들에게 노래 한 곡을 불러 주리니
청컨대 나에게 귀 기울여 들어주오
종과 북을 울리며 산해진미를 만끽함도 귀할 것은 못 되나니
다만 길이길이 취하기를 바랄 뿐, 깨어나기는 바라지 않노라
예로부터 어질고 사리에 통달한 이들은 모두가 적막하였고
오직 술꾼들만이 그 아름다운 이름을 남겼다네
진사왕(陳思王)은 옛날에 평락관(平樂觀)에서 연회 베풀어
한 말에 만 닢이나 하는 미주(美酒)로 마음껏 즐기며 담소하였나니
주인으로서 어찌 돈이 모자란다 하겠는가?
어떻게든 당장 술을 사다 그대들과 대작을 할 것이다
오색의 얼룩말과 진귀한 갖옷이 있으니
아이를 시켜 모두 가져다 미주를 바꿔 와
그대들과 함께 만고(萬古)의 시름을 풀리라

주석

1 將進酒(장진주) : 한대(漢代) 악부고제(樂府古題). '장'은 청(請)의 뜻. 청컨대. '진주'는 음주(飮酒)의 뜻.

2 天上來(천상래) : 황하는 청해성(靑海省) 곤륜(崑崙)산맥에서 발원하는데, 그 지세가 지극히 높기 때문에 이같이 형용함. 이는 또 그 물살의 빠름을 아울러 이름. ◇이 구는 아래의 '세월은 쏜살같고 청춘은 다시 오지 않는다'는 뜻을 예시(豫示)함.

3 君(군) : 『진보』에는 '우(又)'로 되어 있으나, 『이백집』에 근거해 고침. | 高堂(고당) : 고대광실(高臺廣室). 곧 아주 크고 좋은 집.

4 靑絲(청사) : 검은 머리카락을 비유한 말. ◇이상 2구는 앞 2구를 이어받아 인생무상을 비탄(悲歎)함을 표현함. | 成(성) : 『진보』에는 '여(如)'로 되어 있으나, 『이백집』에 근거해 고침.

5 得意(득의) : 여기서는 어떤 소망이나 욕망이 이루어져 아주 기쁘고 흡족함을 이르며, 정치적으로 득의함을 말하는 것은 아님.

6 使(사) : 『진보』에는 '파(把)'로 되어 있으나, 『이백집』에 근거해 고침.

7 羊(양) : 『진보』에는 '고(羔)'로 되어 있으나, 『이백집』에 근거해 고침. | 宰(재) : 고기를 저밈. | 且(차) : 우선, 잠시. 또는 다만, 그저.

8 會須(회수) : 마땅히.

9 岑夫子(잠부자)·丹丘生(단구생) : 잠훈(岑勛)과 원단구(元丹丘). 모두 이백의 지우(知友)로, 『이백집』에 증시(贈詩)가 많음. '부자'는 연장자를 높여 일컫는 말. '생'은 동년배나 연소자를 친근하게 일컫는 말.

10 이 2구는 『진보』에는 빠져 있으나, 『이백집』에 근거해 보충함.

11 鐘鼓饌玉(종고찬옥) : 부귀하고 호화스런 생활을 형용하는 말. '종고'는 종과 북을 통틀어 이름. 여기서는 고대 호문 귀족들이 연회 시에 연주하던 악기를 가리킴. '찬옥'은 옥찬(玉饌), 즉 옥같이 정미(精美)한 산해진미를 이름. 『진보』에는 '종정옥백(鍾鼎玉帛)'으로 되어 있으나, 『이백집』에 근거해 고침.

12 聖賢(성현) : 『진보』에는 '현달(賢達, 현능賢能하고 사리에 통달한 사람)'로 되어 있으나, 『이백집』에 근거해 고침. | 寂寞(적막) : 여기서는 중용(重用) 되지 못함을 이름.

13 陳王(진왕) : 조식(曹植)을 일컫는 말. *102쪽 「일곱 걸음 시(詩)」 참조. | 時(시) : 『진보』에는 '일(日)'로 되어 있으나, 『이백집』에 근거해 고침. | 平樂(평락) : 평락관(觀). 한대(漢代)의 궁관(宮觀) 즉 궁전으로, 지금의 하남성 낙양(洛陽)에 있었음. 일찍이 조식이 이곳에서 연회를 베푼 적이 있는데, 그의 「명도편(名都篇)」 시(詩)에서 이르기를 "돌아와 평락관에서 연회 베풀 제 / 미주는 한 말에 만 닢이나 하였네(歸來宴平樂, 美酒斗十千)"라고 한 바 있음.

14 千(천) : 『진보』에는 '금(金)'으로 되어 있으나, 『이백집』에 근거해 고침. | 恣(자) : 마음껏. | 謔(학) : 농담함, 곧 담소함.

15 主人(주인) : 시인의 자칭.

16 徑須(경수) : 여기서는 직수(直須)와 같음. 바로(당장) ~해야 함. '경(徑)'이 『진보』에는 '차(且)'로 되어 있으나, 『이백집』에 근거해 고침. | 沽(고) : (물건을) 삼[買].

17 五花馬(오화마) : 털에 오색의 무늬가 아름다운 얼룩말, 또는 갈기를 다섯 갈래로 자른 말. 곧 명마(名馬)를 이름. | 千金裘(천금구) : 값이 천금이나 나가는 갖옷. 곧 아주 값비싼, 진귀한 가죽옷을 일컬음.

18 將出(장출) : 가지고 나감. '장'은 (물건을) 가짐, 잡음.

19 爾(이) : 이인칭 대명사. 너(희), 그대(들).

해설

이 시는 대략 이백이 마흔 살 넘어 벼슬을 버리고 장안을 떠나 다시 유랑길에 오른 직후의 작품으로 알려져 있다. 인생은 너무나 덧없는 것이니, 조금이라도 기쁘고 즐거운 일이 있으면, 그때그때 미주(美酒)를 통음(痛飮)하며 마음껏 즐겨야 한다는 것이 시인의 생각이다. 그러나 이는 결코 소극적이고 퇴폐적인 음주 향락을 주장하는 게 아니다. 여기서 우리는 스스로 회재불우(懷才不遇)한, 즉 재능은 있으나 시운을 만나지 못한 현실에 대한 시인의 비분(悲憤)의 격정을 간과해서는 안 된다. "종과 북을 울리며 산해진미를 만끽함도 귀할 것은 못 된다"는 데는 세속적 부귀영화에 대한 멸시의 감정이 넘치고, "다만 길이길이 취하기를 바랄 뿐, 깨어나기는 바라지 않는다"는 데선 어두운 정치 현실에 대한 분개의 격정이 드높다. 하지만 시인은 또 "하늘이 나 같은 재목을 낳았을 땐 반드시 쓰임이 있을 것"이란 자아 긍정의 관념과, "천금(千金)은 다 쓰고 나면 다시 또 모이게 된다"는 낙관적 신념의 바탕 위에, 값비싼 재물을 다 내다 미주를 바꿔 마음이 통하는 벗들과 대작하며 만고의 시름을 풀어버린다. 그러니 자칫 그 호매한 기개의 광휘(光輝)가 독자로 하여금 시인의 비분과 고뇌를 간과하게 할 것 같다.

촉도(蜀道)는 험난하나니
蜀道難[1]

당(唐) 이백

噫嘘嚱[2]	危乎高哉[3]여
蜀道之難이	難於上青天이라
蠶叢及魚鳧[4]는	開國何茫然[5]고
爾來四萬八千歲[6]에	不與秦塞通人烟[7]이라
西當太白有鳥道[8]하니	可以横絶峨嵋巔[9]이라
地崩山摧壯士死하니	然後天梯石棧相鉤連[10]이라

어휴휴, 아스라이 높고도 가파르나니
촉도의 험난함은 저 푸른 하늘을 오르는 것보다 더하도다!
잠총과 어부 임금께서 촉(蜀) 땅에 나라를 여신 게 너무나 까마득하나니
그 후 사만 팔천 년 동안 진(秦) 땅과는 사람의 왕래가 없었는데
진 땅 서쪽으로 우뚝 솟은 태백산에는 겨우 조도(鳥道)가 있어
촉 땅의 아미산 꼭대기로 건너갈 수 있을 뿐이었다네
일찍이 땅 꺼지고 산 무너지며 장사(將士)들이 깔려 죽고 나서
두 곳 사이에 돌계단과 잔교(棧橋)가 이어졌도다

주석

1 蜀道(촉도) : 옛 진(秦)나라나 당나라 도성(都城), 즉 지금의 섬서성 일대에

서 촉(蜀) 지방, 즉 지금의 사천성으로 통하는 길. '촉'은 본디 삼대(三代) 이전 상고시대에 지금의 사천성 성도(成都) 일대에 있던 나라 이름이며, 진대(秦代) 이후에는 그곳에 촉군(蜀郡)을 둠. 때문에 후세에는 '촉'을 그 지역의 별칭으로 씀.

2 噫嘘嚱(희허희) : 촉 지방의 방언(方言)으로, 그곳 사람들이 놀랍고 기이한 사물을 보았을 때 탄식하는 말.

3 乎(호)·哉(재) : 감탄의 어기(語氣)조사.

4 蠶叢及魚鳧(잠총급어부) : 상고시대 촉나라에는 잠총, 백호(柏濩), 어부, 포택(蒲澤, 즉 두우杜宇), 개명(開明) 등의 임금이 있었는데, 여기서는 '잠총'과 '어부'로 촉나라 초기의 군왕들을 모두 일컬음. '급(及)'은 와(과).

5 茫然(망연) : 아득한 모양. 곧 문자도 없던 까마득한 옛날 일이라, 촉나라의 개국에 관해서는 그저 막연하여 자세히 알 수 없다는 뜻을 표현함.

6 爾來四萬八千歲(이래사만팔천세) : '이래'는 그때 이래(以來)로의 뜻. 여기서 말하는 48,000년은 촉나라 개국 임금 잠총에서 당대(唐代)까지의 햇수로, 그 유구(悠久)함을 강조함.

7 秦塞(진새) : 옛 진나라 지역. 지금의 섬서성 일대로, 사방에 관문(關門)과 요새(要塞)가 많았으므로 이같이 이름. | 通人烟(통인연) : 상호 간의 왕래와 통행을 이름. '인연'은 인가의 밥 짓는 연기.

8 太白(태백) : 산 이름. 진령(秦嶺), 즉 종남산(終南山)의 주봉(主峰)으로, 당대 장안 서쪽, 지금의 섬서성 미현(郿縣) 동남쪽에 있음. | 鳥道(조도) : 너무나 높고 가파르며 좁고 험하여 사람은 물론 길짐승도 다닐 수 없고, 오직 날짐승만 겨우 날아서 넘어갈 수 있는 길이란 뜻으로, 지극히 험준한 길을 형용함.

9 橫絶(횡절) : 가로 질러 넘음, 건넘. | 峨嵋(아미) : 산 이름. '아미(峨眉)'로도 씀. 지금의 사천성 아미현(峨眉縣) 서남쪽에 있으며, 두 봉우리가 마주하고 있는 것이 마치 눈썹 모양과 같다고 하여, 이같이 일컬음. | 巓(전) : 꼭대기. ◇ 이상의 2구는 진(秦) 땅과 촉 땅 사이에는 온통 고산준령(高山

峻嶺)으로 가로막혀 있어 오직 '조도'만 서로 통하고 있을 뿐임을 표현함.

10 "地崩(지붕)"2구(句) : 촉 땅의 역사와 촉도(蜀道)의 내력 및 그 개척의 어려움을 묘사함. 전하는 바에 의하면 진(秦) 혜왕(惠王)이 다섯 명의 미희(美姬)를 촉왕(蜀王)에게 출가시키고자 함에, 촉왕이 다섯 명의 역사(力士)를 보내 맞아오게 하였다. 돌아오는 길에 큰 뱀 한 마리가 산굴로 들어가는 것을 보고 역사들이 달려들어 뱀 꼬리를 잡고 힘껏 잡아 당겼더니, 그만 산이 무너져 역사와 미인들이 모두 깔려 죽고, 큰 산은 결국 다섯 개의 재[嶺]가 되었다. 그 후 사람들은 '천제(天梯)'와 잔교(棧橋)를 놓아 교통로를 개척함으로써, 촉 땅 사람들이 비로소 외부로 왕래하게 되었다고 함. '천제'는 높디높은 산의 험준한 돌계단. '석잔(石棧)'은 깎아지른 암벽에 구멍을 뚫고 나무를 박아 만든 각도(閣道). 곧 잔도(棧道), 잔교. '구련(鉤連)'은 (끌어당겨) 이음, 연결함. 『진보』에는 '구련(句連)'으로 되어 있고, 뜻도 같으나, 『이백집』에 근거해 고침.

上有六龍回日之高標[11]하고 下有衝波逆折之回川[12]이라
黃鶴之飛尚不得過[13]요 猿猱欲度愁攀緣[14]이라
青泥何盤盤[15]고 百步九折縈巖巒[16]이라
捫參歷井仰脅息[17]하고 以手撫膺坐長嘆[18]이라

위에는 여섯 마리 용이 해를 돌려 가는 표지로 높디높은 산봉우리가 있고
아래엔 벼랑에 부딪혀 역류하는 물결이 거세게 소용돌이치는 냇물이 있나니
황학(黃鶴)도 날아서 넘어갈 수가 없고
원숭이도 넘으려다간 문득 더위잡아 오를 것을 걱정한다네

저 청니령(青泥嶺)은 또 얼마나 구불구불한지
백보에 아홉 번이나 굽이져 가파른 돌산 봉우리를 휘감아 도는데
삼성(參星)을 어루만지고 정성(井星)을 스쳐 지나다 우러러 보며 숨이 막혀
손으로 가슴을 쓸어내리고 그 자리에 주저앉아 장탄식(長歎息)하리라

주석

11 六龍(육룡) : 해 수레를 끄는 여섯 마리 용. 고대 신화에 따르면 희화(羲和)가 매일 여섯 마리 용이 끄는 수레에 해를 싣고, 동쪽 하늘에서 서쪽 하늘로 달렸다고 함. | 回日(회일) : 해 수레를 되돌림을 이름. | 高標(고표) : 촉도 상에 있어 하나의 표지가 된 최고봉이란 뜻. ◇이 구는 그 최고봉은 육룡도 해 수레를 되돌릴 수밖에 없는 높디높은 표지란 말로, 산이 대단히 높음을 극단적으로 형용함.

12 衝波逆折(충파역절) : 격류가 벼랑에 부딪혀 역류함을 이름. | 回川(회천) : (앞으로 흘러가지 못하고) 거세게 소용돌이치는 냇물. ◇이 구는 깊은 계곡의 물이 휘돌아 흐르면서 물살이 대단히 급함을 형용함.

13 黃鶴(황학) : 황곡(黃鵠)이라고도 함. 아주 큰 새로, 일거(一擧)에 천리(千里)를 날며, 전하는 바에 의하면 선인(仙人)들이 주로 타고 다녔다고 함.

14 猿猱(원노) : 재빠르고 나무나 벼랑을 잘 타고 오르는 원숭이를 이름. | 度(도) : 넘음, 넘어감. | 攀緣(반연) : 반원(攀援)과 같음. 더위잡고 기어오름.

15 青泥(청니) : 청니령(嶺). 지금의 섬서성 약양현(略陽縣) 서북쪽에 있던 재[嶺]로, 당시 촉 땅으로 들어가는 요로(要路)였음. | 盤盤(반반) : 굽이진 모양.

16 百步九折(백보구절) : 길이 무수히 굽이져 지나가기가 쉽지 않음을 형용함. | 縈(영) : 회전함, 휘감음. | 巒(만) : 산봉우리.

17 捫(문) : 어루만짐, 쓰다듬음. | 參(삼)・井(정) : 별자리 이름. 옛날에 천상(天上)의 별자리 위치를 기준으로, 지면(地面)을 구획(區劃)해 상응시킨

구역(區域)을 '분야(分野)'라고 하는데, 삼성(參星)은 촉(蜀)의 분야요, 정성(井星)은 진(秦)의 분야임. | 脅息(협식) : 숨을 죽임, 숨이 멎음. ◇이 구는 산이 너무나 높아 그 꼭대기에서 삼성을 어루만질 수도, 정성에 다가갈 수도 있을 정도임을 표현함.

18 撫膺(무응) : 가슴을 어루만짐, 쓸어내림. '응(膺)'은 가슴. 『진보』에는 '부응(拊膺)'으로 되어 있고, 뜻도 같으나, 『이백집』에 근거해 고침.

問君西遊何時還[19]고　　畏途巉巖不可攀[20]이요
但見悲鳥號古木[21]하니　　雄飛雌從遶林間이라
又聞子規啼夜月[22]하니　　愁空山이라
蜀道之難이 難於上青天하니 使人聽此凋朱顏[23]이라

그대에게 묻노니 서쪽으로 먼 길 떠나 언제나 돌아오려오?
두렵도록 험한 길과 가파른 암벽은 진정 더위잡아 오를 수 없을 것이요
보이는 것은 슬픈 소리의 새들이 고목에서 우는 것일 뿐이러니
수컷이 날아오르면 암컷이 뒤따르며 숲속을 휘돌아 날리라
또 들리는 것은 두견새 밤 달빛 속에 슬피 우는 소리일 뿐이러니
텅 빈 산엔 분명 시름만 가득 피어나리라
촉도의 험난함은 저 푸른 하늘을 오르는 것보다 더하거니
사람들에게 그걸 일러 주면 홍안(紅顏)이 금방 시들어버리리라

주석

19 西遊(서유) : 서쪽으로 먼 길 떠남. 곧 촉 땅이 진 땅 및 당나라 장안의 서남쪽에 있었으므로, 이같이 말한 것임.

20 畏途(외도) : 두려움을 느낄 정도로 험준한 길. | 巉巖(참암) : 높고 험준

한 산속 암벽.

21 悲鳥(비조) : 울음소리가 특히 처량한 새. | 號(호) : (새가) 욺.

22 子規(자규) : 두견(杜鵑), 곧 두견새. 촉 지방에 특히 많은 새라고 함. 전설에 의하면 호(號)를 망제(望帝)라고 한 촉왕(蜀王) 두우(杜宇)는, 재상(宰相) 개명(開明)이 치수(治水)에 크게 공을 세우자, 처음에는 그에게 정사(政事)를 일임하더니 나중에는 아예 제위까지 선양(禪讓)하고 서산(西山)으로 들어가 은거하다 죽었는데, 그 혼백이 두견새로 화(化)하였다고 함. 그 같은 전설이 있는 두견새가 봄이 되면 저녁부터 아침까지, 또 여름이 되면 밤낮없이 구성지게 울어댔는데, 마치 '돌아감만 못하도다!(不如歸去)'라고 우는 듯한 울음소리가 너무 애절하여, 신하와 백성들이 늘 망제를 그리워하며 슬픔에 잠겼다고 함.

23 凋朱顏(조주안) : 홍안의 아름다운 용모를 금방 노쇠하게 만든다는 뜻. 촉도의 험난함을 과장해 이른 말.

連峰去天不盈尺[24]이요　枯松倒掛倚絶壁이라
飛湍瀑流爭喧豗[25]요　砯崖轉石萬壑雷[26]라
其險也若此하니　嗟爾遠道之人胡爲乎來哉[27]오

연이은 산봉우리는 하늘에서 한 자[尺]도 안 떨어졌고
메마른 소나무는 절벽에 거꾸로 걸려 의지해 있도다
세찬 여울과 거센 폭포는 다투어 요란스런 가운데
벼랑에 부딪혀 계곡의 돌을 굴리며 수많은 골짜기에 온통 우레 소리로다
그 험난함이 이와 같거늘
아! 그대 원방(遠方)의 사람아, 무엇 하러 이런 곳엘 찾아온단 말인가?

주석

24 이 구는 산봉우리가 하늘에 닿을 듯이 높이 솟아 있다는 말로, 앞에서 "삼성(參星)을 어루만지고 정성(井星)을 스쳐 지나간다"고 한 말과 같은 뜻임. 앞에서는 길가는 사람을 묘사하고, 여기서는 산봉우리를 묘사하였음.

25 飛湍(비단) : 나는 듯 거센 여울. '단'은 여울, 급류(急流). | 瀑流(폭류) : 폭포. | 喧豗(훤회) : 떠들썩한 소리, 요란한 소리.

26 砯(빙) : 세차게 흐르는 물이 바위에 부딪혀 나는 소리. 여기서는 동사로, 물이 (벼랑에) 부딪힌다는 뜻. | 轉石(전석) : 계곡의 돌이 세찬 물살의 충격으로 굴러감을 이름. | 萬壑雷(만학뢰) : 수많은 산골짝의 물이 세차게 흐르며 마치 우레같이 요란한 소리를 냄을 이름. '학'은 계곡, 골짜기.

27 嗟(차) : 탄식하는 소리. 아! | 爾(이) : 이인칭 대명사. 너, 그대. | 胡爲(호위) : 하위(何爲)와 같음. 무엇 때문에, 왜. | 乎(호) : 어기조사.

劍閣崢嶸而崔嵬[28]하니　一夫當關이면 萬夫莫開라
所守或匪親이면　化爲狼與豺[29]라
朝避猛虎요　夕避長蛇니
磨牙吮血하고　殺人如麻[30]라
錦城雖云樂[31]이나　不如早還家라
蜀道之難이　難於上靑天하니
側身西望長咨嗟[32]라

검각(劍閣)의 지세(地勢)는 너무나 높고도 험준하나니
한 사람이 요로(要路)를 지키면 만 명이 나서도 뚫을 수가 없다네
그러니 그곳을 지키는 이가 친근한 사람이 아니면
이리나 승냥이로 돌변할 수가 있다네

아침에는 사나운 범을 피하고 저녁에는 큰 뱀을 피해야 하나니
그들은 이빨을 갈아 피를 빨며 삼대 베듯 사람을 무참히 죽인다네
금성에도 비록 즐거움이 있다지만 결코 서둘러 집으로 돌아감만 못하리라
촉도의 험난함이 저 푸른 하늘을 오르는 것보다 더하매
문득 몸 돌려 서쪽을 바라보며 길게 탄식 거듭 탄식하노라

주석

28 劍閣(검각) : 옛 잔도(棧道) 이름. 지금의 사천성 검각현(縣) 북쪽 대(大)·소검산(小劍山) 사이에 있던 것으로, 그 길이가 30리(里)에 달했다고 함. 높은 석벽(石壁)에 구멍을 뚫고 나무를 박아 버팀목으로 삼는 공법(工法)으로 가공(架空)의 각도(閣道)를 놓아 통행할 수 있도록 한 데서 '검각'이라 일컬음. 촉한의 제갈량(諸葛亮)이 만들었으며, 진 땅과 촉 땅 사이의 주요 통로가 됨. 여기서는 그 주위의 산세(山勢)를 아울러 이름. | 崢嶸(쟁영)·崔嵬(최외) : 모두 산세가 높고 험준한 모양을 이름.

29 "一夫(일부)"4구(句) : 진대(晉代) 장재(張載)의 「검각명(劍閣銘)」에 "단 한 사람이 미늘창을 잡고 지키면 / 만 명의 사내도 머뭇거리며 감히 다가가지 못할 정도로 / 지형(地形)이 실로 기막힌 곳이나니 / 친근한 이가 아니면 절대로 이곳에 머물게 하지 마라(一人荷戟, 萬夫趑趄, 形勝之地, 匪親勿居)"라고 한 말을 활용함. '혹(或)'은 만약, 가령. '비(匪)'는 '비'(非)와 통함. 여기서 '비친(匪親)'은 친근하지 않은 사람, 곧 조정(朝廷)을 옹호 지지하지 않는 사람. '낭여시(狼與豺)', 즉 이리와 승냥이는 일정한 지역을 할거(割據)하며 반역을 꾀하는 자를 비유함.

30 "朝避(조피)"4구 : 위진(魏晉)시대 악부시(樂府詩)에서는 흔히 맹호 등(等)으로 길의 험난함과 정치의 암흑상을 형용하였는데, 이 4구 또한 촉도의 험난함을 표현하고, 번진(藩鎭)의 발호(跋扈)에 대해 심각한 우려를 표명

함. 일설에는 '맹호'나 '장사(長蛇)' 이야기는 실제 상황으로, 촉 땅이 편벽되어 사람을 해치는 야수가 많았음을 나타낸다고 함. '연(吮)'은 입으로 빪. '살인여마(殺人如麻)'는 삼대를 베듯 사람을 무수히 죽인다는 말.

31 錦城(금성) : 땅 이름. 곧 금관성(錦官城)의 약칭. 촉한 때 '금관' 즉 비단(緋緞)을 관장한 관리를 주재시켰으므로, 이같이 일컫게 됨. 옛 촉 땅에서 가장 번성한 곳이었음. 그 소재지가 사천성 성도(成都) 남쪽 일대였으므로, 후세에는 성도를 별칭하여 '금성'이라고 함.

32 咨嗟(자차) : 근심하여 탄식함. 또 그 소리. ◇이상은 촉 땅이 너무나 험준한 탓에, 분열과 반란을 꾀하는 자들이 그 지세에 의지해 반란을 일으킬 수 있는 우려가 잠복해 있음을 표현함.

해설

이 시는 대략 이백이 천보(天寶) 초년 처음 장안에 들어갔을 즈음에, 촉 땅으로 가는 벗을 전송하며 지은 것으로 보이나, 작품의 주제에 대해서는 아직까지 정설이 없을 정도로 중설이 분분하다. 아무튼 이 시는 당나라 장안에서 서촉(西蜀)으로 가는 길의 험난함과 촉 땅의 불안전성을 강조하면서, 벗에게 그곳에 오래 머물지 말 것을 당부하고 있는데, 여기에는 또 시국(時局)에 대한 일련의 관심과 우려가 배어 있다. 특히 "한 사람이 요로(要路)를 지키면 / 만 명이 나서도 뚫을 수가 없는" 지리적 조건이 야심가에게 이용된다면, 참으로 심각한 결과를 초래할 것을 우려하고 있다. 역사상 촉 땅에서 할거하며 칭제(稱帝)한 이가 적지 않았으며, 훗날에도 그곳에서 여러 차례 동란이 일어났으니, 시인의 깊은 우려를 기우로 치부할 일만은 아니었던 것 같다.

한편 작품은 전편(全篇)에 걸쳐 드높은 기세(氣勢)와 풍부한 상상(想像), 다양한 구법(句法)에 운(韻)·산문체(散文體)를 겸용하면서, 시인의 비범한 예술적 재능을 유감없이 발휘하고 있다. 나중에 시인이 장안에서 당시의 명사(名士) 하지장(賀知章)에게 이 시를 바쳤는데, 하지장은 시를 다 읽기도 전에 찬탄을 금치 못하며, 시인을 별호(別號)하여 '적선(謫仙, 신선 세계에서 인간 세상에 귀양 온 선인仙人)'이라 하였다고 한다.

이백을 만난 꿈을 꾸고
夢李白

당(唐) 두보(杜甫)

死別已呑聲[1]이요 生別常惻惻[2]이라
江南瘴癘地[3]에 逐客無消息[4]이라
故人入我夢[5]하니 明我長相憶[6]이라
君今在羅網[7]한대 何以有羽翼[8]고
恐非平生魂[9]이나 路遠不可測이라
魂來楓林靑[10]이요 魂返關塞黑[11]이라
落月滿屋梁한대 猶疑見顔色이라
水深波浪闊하니 無使蛟龍得[12]하라

사별의 아픔은 목 메인 흐느낌 속에 잦아들건만
생이별은 마냥 비통하고 애달프기만 하도다
강남은 열대성 풍토병이 많은 곳이거늘
천리만리 유배된 그대 소식조차 없더니
간밤에 이내 꿈에 나타난 것은
이 몸이 애타게 그댈 그리워함을 안 때문이리라
그대는 지금 법(法)의 그물에 걸려 있거니
어떻게 날개가 돋아 날아 왔느뇨?
평소의 넋이 아닐까 두려웠건만

길 멀어 그대의 생사(生死)를 알 수가 없구나
그대 넋이 떠나올 때는 단풍나무 숲이 푸르고
그대 넋이 돌아갈 땐 관문과 요새가 어두웠다
꿈을 깨니 지는 달이 들보를 환히 비추는데
되레 그대 얼굴을 보는가 하였도다
가는 길엔 깊은 물에 물결마저 거셀지니
부디 교룡(蛟龍)에게 잡히지 않도록 하소서

두보(712~770) : 자(字)는 자미(子美), 원적은 양양(襄陽, 지금의 호북성 양번襄樊)이나 태어난 곳은 공현(鞏縣, 지금의 하남성 공현). 측천무후(則天武后) 때의 저명 시인 두심언(杜審言)의 손자. 청소년기에 각지를 유랑한 적이 있으며, 천보 5년(746)에 장안에 가서 과거 진사과에 응시하였으나 낙방하였다. 그 후 장안 부근의 소릉(少陵)에 우거(寓居)하였으며, 때문에 그를 '두소릉'이라고도 부른다. 안녹산 반군이 장안을 함락하였을 때는, 봉상(鳳翔)으로 달아나 숙종(肅宗)을 알현하고, 좌습유(左拾遺)에 제수되었다. 당군(唐軍)이 장안을 수복한 후에는, 숙종을 따라 귀경하였다가 화주(華州) 사공참군(司功參軍)으로 좌천되기도 하였다. 나중에는 또 벼슬을 버리고 진주(秦州) 등지를 떠돌다, 마침내 촉(蜀)으로 이주하여 성도(成都) 완화계(浣花溪) 가에 초당(草堂)을 짓고 살았는데, 바로 세칭 '완화 초당'이다. 또한 검남절도사(劍南節度使) 엄무(嚴武)의 막중에서 검교공부원외랑(檢校工部員外郞)을 지낸 적이 있으며, 때문에 그를 또 '두공부(杜工部)'라고도 일컫는다. 만년에는 가족을 데리고 촉 땅을 떠나 배를 타고 삼협(三峽)을 지나 호북(湖北)을 거쳐 호남(湖南)으로 내려갔는데, 대력(大曆) 5년에 상강(湘江) 부근에서 병사하였다. 사대부 가정에서 태어나 어려서부터 정통 유가사상의 훈육을 받고, 당나라의 성쇠 전환기에 지극히 가난하고 불우한 삶을 살았던 두보의 수많은 시작(詩作)은, 통치계층의 부패상을 신랄히 폭로하는가 하면, 도탄에 빠진

뭇 백성들의 고통을 여실히 반영해 냄으로써, 후세에 '시사(詩史, 시로 쓴 역사)'로 일컬어지게 되었다.

주석

1 已(이) : 여기서는 '지(止)'와 같음. 정지함, 멈춤, 끝이 남. 다음 구의 '상(常)'에 대해 이른 것임. 곧 사별은 절망적이기는 하나, 한 바탕 울음을 삼키며 목메어 흐느낌으로써 그 고통이 끝날 수 있음을 표현하기 위한 말임. | 呑聲(탄성) : 슬픔이 극에 달해 소리 죽여 흐느껴 욺.

2 惻惻(측측) : 몹시 상심(傷心)하고 비통한 모양.

3 江南(강남) : 장강(長江) 이남. 이백이 투옥되었던 심양(潯陽)이나 귀양 가는 야랑(夜郞)은 모두 강남에 해당함. | 瘴癘(장려) : 장기(瘴氣), 즉 축축하고 더운 땅에서 생기는 독한 기운으로 인해 발생하는 유행성 열병이나 학질 따위의 질병을 이름.

4 逐客(축객) : 방축(放逐)된 사람. 곧 이백을 가리킴.

5 故人(고인) : 옛 친구. 역시 이백을 가리킴.

6 明(명) : 앎, 이해함. 또는 설명함, 증명함. | 長(장) : 상(常)과 같음. 늘, 언제나. 전의(轉義)하여 애타게.

7 在羅網(재라망) : 감옥에 갇혀 있다는 말. '라망'은 (새 잡는) 그물. 법망(法網)을 비유함.

8 羽翼(우익) : (새의) 날개. ◇이상 2구는 『진보』에는 "혼반(魂返)"구(句) 뒤에 배열되어 있으나, 『두공부집(杜工部集)』 등에 근거해 고침.

9 平生(평생) : 평소, 생시(生時).

10 楓林(풍림) : 단풍나무 숲. 이백이 있는 강남의 경물을 이름.

11 關塞(관새) : 관문과 요새. 시인이 있는 진주의 경물을 이름. ◇이상 2구는 이백의 넋이 강남에서 진주에 왔다가 되돌아갔다는 말로, 넋이 밤중에 오고 가기 때문에 '푸르고[靑]', '검다(어둡다)[黑]'고 한 것임.

12 "水深(수심)"2구 : 표면적으로는 이백의 넋이 돌아가는 길이 아주 험난

하니 조심해서 잘 가기를 기원하고 있으나, 실제로는 정치 환경이 너무나 험악하니 이백이 한껏 삼가고 경계해야 함을 당부하는 뜻을 비유 표현함. '교룡(蛟龍)'은 용의 일종으로, 특히 홍수와 풍랑을 일으킨다고 함. 전설에 의하면 강남의 많은 호수에는 교룡이 사는데, 사람을 잡아먹기도 한다고 함.

해설

이백과 두보는 천보(天寶) 3년(744) 낙양에서 처음 만나 곧바로 마음이 통하는 친한 사이가 되었고, 이듬해 서로 헤어졌다. 훗날 이백은 영왕(永王) 이린(李璘)의 막부에 참가한 죄로, 지덕(至德) 2년(757) 심양(潯陽, 지금의 강서성 구강九江)의 감옥에 갇혔다. 그리고 건원(乾元) 원년(758)에는 야랑(夜郞, 지금의 귀주성 동재桐梓)으로 유배되었는데, 이듬해 유배지로 가는 도중에 사면을 받고 돌아오게 되었다. 하지만 당시 진주(秦州)에 머물고 있던 두보는 지우(知友) 이백의 투옥 이후 상황은 전혀 모르고, 마냥 노심초사하며 너무도 애절히 그리워한 나머지, 이백을 만나는 꿈을 꾸었다. 그리고 이 시를 지은 것이다. 투옥된 후 생사조차 알 수 없는 친구를 그리다 못해 꿈까지 꾼 시인은 일련의 우려와 두려움에 가슴을 졸이고, 꿈에서 깨어난 후에는 지는 달에서 벗의 얼굴을 보는 듯한 환각에 빠지기도 한다. 그러다 문득 험악한 정치 환경에 내던져진 벗에 대한 노파심에 애를 태운다. 진정한 우정이란 바로 이런 것이리라.

석호촌(石壕村)의 관리
石壕吏[1]

당(唐) 두보

暮投石壕村[2]하니　有吏夜捉人이라
老翁踰牆走[3]하고　老婦出門看이라
吏呼一何怒[4]며　婦啼一何苦오
聽婦前致詞하니　三男鄴城戍[5]라
一男附書至한대　二男新戰死라
存者且偸生[6]이나　死者長已矣[7]라
室中更無人하고　惟有乳下孫이라
孫有母未去나　出入無完裙[8]이라
老嫗力雖衰[9]나　請從吏夜歸라
急應河陽役[10]하면　猶得備晨炊[11]라
夜久語聲絶하고　如聞泣幽咽[12]이라
天明登前途에　獨與老翁別[13]이라

저물녘에 석호촌에 들어 묵었더니
밤중에 사람을 잡아가는 관리가 있더라
할아버지는 담을 넘어 달아나고
할머니가 문 앞으로 나가 보는데
관리의 고함소리는 너무나 흉악하고

할머니의 울음소리는 너무나 애달프더니
할머니가 관리한테 다가가 하는 말이 들리더라
"아들 셋이 다 업성에서 수자리를 살고 있소.
한 아들이 편지를 부쳐왔는데
근간에 두 아들이 전사하였답니다.
산 사람은 잠시 구차하게 목숨을 부지할 뿐이요
죽은 사람은 영영 모든 게 나 끝이라오.
집 안에 다른 사람은 더 없고
있는 사람이라곤 젖먹이 손자뿐인데
손자한텐 아직 집을 떠나지 않은 어미가 있으나
밖에 나갈 때 입을 변변한 치마 하나가 없소.
이 할미가 기력은 비록 쇠하였지만
나리를 따라 밤새 전선(戰線)으로 가게 해주오.
급히 달려가 하양 땅 부역에 응하면
그래도 아침밥은 지을 수 있을게요."
밤이 깊어지니 말소리는 끊어지고
목메어 흐느끼는 소리가 들리는 듯하였다
날이 밝아 다시 길을 떠날 때는
오직 할아버지하고만 작별하였도다

주석

1 石壕(석호) : 땅 이름. 석호진(鎭). 지금의 하남성 섬현(陝縣) 동쪽.

2 投(투) : 투숙함.

3 踰(유) : (담을) 넘음.

4 一何(일하) : 어찌 저리도, 얼마나. 곧 너무나. '일'은 어기(語氣)를 강화하

는 말.

5 鄴城戍(업성수) : 업성에서 수자시를 삶. 곧 당시 업성을 장악한 안경서(安慶緖)의 반군(叛軍)을 포위 공격하는 군역(軍役)에 참여함을 이름. '업성'은 상주(相州). 지금의 하남성 안양(安陽). '수'는 수자리를 삶. 곧 군대에서 경계를 서며 변경을 지킴.

6 且偸生(차투생) : 잠시 구차하게 살아있음. 곧 언제 죽을지 모른다는 말. '차'는 잠시.

7 長(장) : 길이길이, 영원히. | 已(이) : 맒, 그침. 곧 모든 게 다 끝이라는 말.

8 出入(출입) : 여기서는 편의사(偏意詞, 서로 다른 뜻을 가진 두 글자로 이루어진 낱말에서 특정한 어느 한 글자의 뜻으로만 쓰이는 말)로, 나간다는 뜻. | 裙(군) : 치마. 치마는 고대 여인의 정장으로, 치마를 입지 않으면 외인(外人)을 만날 수 없었다고 함.

9 老嫗(노구) : 노파(老婆), 할미.

10 河陽役(하양역) : 당시 곽자의(郭子儀)가 지키고 있는 하양 병영(兵營)에서의 부역을 가리킴.(아래 '해설' 참조) '하양'은 옛 맹진(孟津)으로, 지금의 하남성 맹현(孟縣) 서쪽 황하 북안(北岸)을 이름.

11 晨炊(신취) : 새벽(아침)에 밥을 지음. 또 그 밥.

12 泣(읍) : 소리 없이 눈물만 흘리며 울. | 咽(열) : 목메어 울.

13 이 구는 할머니가 간밤에 이미 잡혀갔음을 암시함.

해설

천보(天寶) 14년(755) 안사의 난이 일어난 후 5년째가 되던 건원(乾元) 2년(759), 안녹산(安祿山)은 이미 아들 안경서에게 피살되고, 조정은 장안과 낙양을 잇달아 수복하였다. 하지만 이어서 곽자의(郭子儀) 등 아홉 절도사(節度使)가 대군을 이끌고 업성에서 안경서의 무리를 공격하였으나, 대패하고 하양(河陽)으로 물러나는 지경에 이르렀다. 전세는 다시 위급한 상황에 처하게 되었고, 조정은 국면 전환을 위해 사방에서 대규모로 장정을 징발해

군력(軍力)을 보강하였다. 당시 두보는 낙양에서 화주(華州) 임소(任所)로 돌아가는 도중에 있었는데, 전란 중에 도탄에 빠진 민생의 현장을 목도하고, 후세에 사회시(社會詩)의 절창(絶唱)으로 인구에 회자되는 '삼리(三吏)'·'삼별(三別)', 즉 「신안리(新安吏)」·「동관리(潼關吏)」·「석호리」, 「신혼별(新婚別)」·「수로별(垂老別)」·「무가별(無家別)」 등 여섯 편을 지어 전화(戰禍)의 참상을 폭로하고, 민중의 고통을 동정하였다. 이 「석호리」는 세 아들이 모두 전쟁터에 끌려가 두 아들은 죽고 남은 아들 하나도 언제 죽을지 모르는데, 관리가 밤중에 쳐들어와 급기야 할아버지, 즉 나이 많은 그 아버지마저 끌고 가려다 여의치 않자 할머니까지 대신 잡아가는 상황을 묘사하면서, 통치자의 잔혹성을 폭로하고, 또 전란의 고통에 허덕이는 민생을 여실히 반영하였다.

곡강(曲江) 가에서 슬픔에 젖어
哀江頭[1]

당(唐) 두보

少陵野老呑聲哭[2]하며　春日潛行曲江曲[3]이라
江頭宮殿鎖千門[4]한대　細柳新蒲爲誰綠[5]고
憶昔霓旌下南苑[6]에　苑中萬物生顔色[7]이라
昭陽殿裏第一人[8]이　同輦隨君侍君側[9]이라
輦前才人帶弓箭[10]하고　白馬嚼齧黃金勒[11]이라
翻身向天仰射雲하니　一箭正墜雙飛翼[12]이라
明眸皓齒今何在[13]오　血汚遊魂歸不得[14]이라
淸渭東流劍閣深[15]커니　去住彼此無消息[16]이라
人生有情淚沾臆[17]한대　江水江花豈終極[18]고
黃昏胡騎塵滿城[19]한대　欲往城南忘南北[20]이라

소릉의 시골 늙은이 소리 죽여 울며
봄날 곡강 구석을 남몰래 거니는데
강가 궁전에는 수많은 문들이 다 닫혀 있건만
가는 버들과 새 부들은 누굴 위해 푸르단 말인가?
회고컨대 지난날 무지개 깃발이 남원으로 내려왔을 땐
동산의 온갖 경물(景物) 광채를 발하며 생기 넘치고
당대(當代) 소양전 제일의 총희(寵姬)도

임금님을 따라 한수레 타고 곁에서 모셨다네
수레 앞 재인(才人)들은 활과 화살을 차고
황금 재갈 문 흰말을 타고 있더니
문득 몸을 젖혀 하늘 향해 구름 높이 활을 쏘아
화살 하나로 나는 새 한 쌍을 정통으로 맞춰 떨어뜨렸지
밝은 눈동자와 흰 이의 가인(佳人)은 지금 어디에 있느뇨?
피로 얼룩져 사방을 떠도는 넋은 돌아갈 수 없고
맑은 위수(渭水)는 동으로 흐르고 검각은 멀고도 깊거니
살아서 떠나고, 죽어서 머무른 이 피차 소식조차 없구나
인생은 유정(有情)하여 눈물이 가슴을 적시건만
무정(無情)한 강물과 강 꽃은 어찌 다할 날 있으랴?
황혼녘 반군(叛軍) 기마병의 흙먼지 온 성(城)에 가득한데
성남으로 가려 하나 남과 북조차 분간하질 못하겠노라

주석

1 江(강) : 곧 곡강(曲江). 당대 장안 돈화방(敦化坊) 남쪽(지금의 섬서성 서안 동남쪽)에 있던 못으로, '곡강지(池)'라고도 함. 원래는 천연(天然) 못이었는데, 한(漢) 무제(武帝) 때 이 일대에 의춘원(宜春苑)을 조성하였으며, 못의 물이 굽이졌다고 하여 '곡강'이라고 함. 당대 개원 연간에는 못을 더욱 준설하는가 하면, 막힌 물을 통하게 하고, 그 언덕에 자운루(紫雲樓) 등의 누각·정자를 세워 도성(都城) 사람들이 즐겨 찾는 유람의 명승지가 됨. | 頭(두) : (강이나 못의) 가, 주변.

2 少陵野老(소릉야로) : 두보의 자칭(自稱). '소릉'은 한(漢) 선제(宣帝) 허황후(許皇后)의 능, 또 그 능이 있는 곳의 지명(地名). 지금의 섬서성 장안현에 속함. 곧 두릉(杜陵, 한 선제의 능이면서 그 능이 있는 곳의 지명)의 동남쪽

10여 리 지역으로, 한때 두보가 우거한 곳임. 때문에 두보는 왕왕 스스로를 '소릉야로', '두릉포의(布衣)' 등으로 일컬음. '야로'는 초야에 묻혀 사는 노인, 곧 시골 노인. 이때 두보의 나이는 46세였음. | 呑聲(탄성) : (울음)소리를 삼킴. 곧 감히 소리 내어 울지 못한다는 말.

3 潛行(잠행) : 남몰래 거닒. 이때 두보는 안녹산 반군에게 잡혀 장안에 연금되어 있던 상태였으니, 아마 몰래 빠져나온 것으로 보임. | 曲(곡) : 구석진 곳, 외진 곳을 가리킴.

4 江頭宮殿(강두궁전) : 강가 궁전. 곡강은 임금이나 왕비가 즐겨 행차해 유람하던 곳으로 주변에 적지 않은 행궁(行宮)이나 누대, 사원(寺院)이 있었는데, 이름난 것으로 자운루, 부용원(芙蓉苑), 행원(杏園), 자은사(慈恩寺) 등이 있음. | 鎖(쇄) : 자물쇠. 또 자물쇠로 잠금.

5 蒲(포) : 부들, 향포(香蒲). 부들과에 딸린 여러해살이물풀로 줄기와 잎으로는 자리, 부채 따위를 만듦. ◇ 이상 2구는 안사의 난(亂)의 전화로 영락(零落)한 곡강 주변의 경관을 묘사하고 있는데, 망국의 한이 서려남.

6 霓旌下(예정하) : 무지개 깃발이 내려옴. 곧 천자의 거둥을 이름. '예정'은 오색의 깃털로 장식한 채색 기(旗)로, 천자의 의장(儀仗)인데, 멀리서 바라보면 마치 무지개와 같다고 하여 이르는 말. | 南苑(남원) : 부용원을 가리킴. 곡강의 동남쪽에 있었으므로 이같이 이른 것임.

7 生顔色(생안색) : 생기가 넘치고, 빛깔이 산뜻하고 곱다는 말. '안색'은 색깔, 빛깔.

8 昭陽殿裏第一人(소양전리제일인) : 원래는 조비연(趙飛燕), 여기서는 양귀비(楊貴妃)를 가리킴. '소양전'은 한나라 때의 궁전으로, 조비연 자매가 성제(成帝)의 황후가 되어 거처한 곳. '제일인'은 임금의 총애를 가장 많이 받는 사람이란 뜻으로, 조비연을 가리키나, 당시(唐詩)에서는 왕왕 조비연으로 당나라 현종(玄宗)의 총희(寵姬)였던 양귀비를 비유함.

9 同輦隨君(동련수군) : 수레를 함께 타고 임금을 따름. 한(漢) 성제와 반첩여(班婕妤)의 고사를 은근히 운용한 말. 『한서(漢書)』 「외척전(外戚傳)」··

"성제가 후궁(後宮, 비빈妃嬪의 궁전)으로 납시어 일찍이 반첩여와 함께 수레를 타고자 하였으나, 반첩여가 사양하며 아뢰었다. '옛날 그림을 보면 현군(賢君)은 모두 그 곁에 이름난 현신(賢臣)이 있는 반면에, 하(夏) 은(殷) 주(周) 삼대 말(末)의 군주 곁에는 총애하는 비빈이 있습니다. 지금 폐하께서 소첩과 함께 수레를 타고자 하시는 것은, 곧 삼대 말의 군주와 비슷한 게 아닙니까?' 그러자 임금은 그 말이 옳다고 생각하고, 함께 수레 타기를 그만두었다.(成帝遊於後庭, 嘗欲與倢伃同輦載, 倢伃辭曰: 觀古圖畫, 聖賢之君皆有名臣在側, 三代末主迺有嬖女. 今欲同輦, 得無近似之乎? 上善其言而止)" 여기서는 이로써 당 현종은 현군이 아니요, 양귀비는 현비(賢妃)가 아님을 풍자함. '연(輦)'은 천자의 (손)수레.

10 才人(재인) : 궁중의 여관(女官, 여자 벼슬아치, 즉 나인). 옛날 천자나 비빈이 행차할 때는 무장(武裝)을 한 '재인'이 말을 타고 수레 앞에서 호위하였음.

11 嚼(작)・齧(설) : (입으로) 씹음, 깨묾. | 勒(륵) : (말의) 굴레, 재갈.

12 雙飛翼(쌍비익) : 쌍으로 나는 두 마리 새.

13 明眸皓齒(명모호치) : 밝은 눈동자와 흰 이. 여인의 미모를 형용한 말로, 여기서는 양귀비를 두고 이름.

14 血汚遊魂(혈오유혼) : 피로 얼룩져 사방을 떠도는 양귀비의 넋을 이름. 천보 15년(756) 현종은 안녹산 반군이 낙양까지 쳐들어오자 몸을 피하기 위해 황급히 장안을 떠나 촉(蜀) 땅으로 향했는데, 마외역(馬嵬驛, 지금의 섬서성 흥평현興平縣 지역)에 이르렀을 때, 호위하던 군사들이 양국충(楊國忠)을 죽이고 나서 양귀비마저 처단할 것을 요구하였으며, 이에 현종도 어쩔 수 없는 상황에서 양귀비는 스스로 목을 매어 죽음. ◇이상 2구는 양귀비가 비명에 죽은 것을 두고 이른 말로, 사람도 죽고, 도성도 함락되었으므로 '돌아갈 수가 없다(歸不得)'고 한 것임.

15 淸渭(청위) : 곧 위수(渭水). 예로부터 '위청경탁(渭淸涇濁)', 즉 위수는 맑고, 경수는 탁하다는 설이 있었으므로 이같이 이름. 다만 현대에 와서 실제로 조사한 결과는 위수는 탁하고 경수가 맑다고 함. 마외역 남쪽으로

위수가 흐르는데, 양귀비의 유해는 바로 그 강가에 안장됨. | 劍閣(검각) : *130쪽 이백 「촉도(蜀道)는 험난하나니」 주석28 참조. ◇이 구는 현종이 마외역에서 검각을 거쳐 촉 땅으로 들어갔음을 표현함.

16 去住(거주) : (당 현종이 촉 땅으로) 멀리 떠남과 (양귀비가 죽어서) 이곳에 머무름. 곧 삶과 죽음을 이름. | 彼此(피차) : 현종[彼]과 양귀비[此]를 가리킴.

17 沾(첨) : 젖음, 적심. | 臆(억) : 가슴. ◇이 구는 시인 자신이 감정이 격해져 눈물을 흘린다는 말로, 앞의 '소리 죽여 울며(呑聲哭)'와 상응함.

18 終極(종극) : 궁진(窮盡)함, 다함. ◇이 구는 강물은 절로 흐르고 강 꽃은 절로 피며, 해가 가고 달이 가도 언제나 그 모습 그대로 영원히 다할 날 없겠지만, 물이나 꽃은 본디 '무정(無情)'하니, 흥망성쇠의 한(恨)을 알지 못할 것이란 말로, 앞의 '인생은 유정하여(人生有情)'와 상대(相對)됨.

19 胡騎(호기) : 안사(安史) 반군의 기병(騎兵)을 가리킴.

20 城南(성남) : 이때 두보는 장안성(長安城) 남쪽에 살고 있었음. | 忘南北(망남북) : 슬프디슬픈 마음에 머리까지 혼미해져 방향 감각을 잃고 남북을 분간하지 못함을 이름.

해설

안사의 난 발발 이듬해인 지덕(至德) 원년(756) 7월, 두보는 부주(鄜州)에 가족을 남겨두고, 촉 땅으로 피신한 현종에 이어 영무(靈武)에서 왕위에 오른 숙종(肅宗)에게 가기 위해 길을 떠났다. 하지만 도중에 반군에게 잡혀 장안으로 끌려와 억류당하고 말았다. 이듬해(757) 3월 두보는 극도의 근심과 고통 속에서, 만물이 소생하는 봄을 맞아 감시의 눈을 피해 틈틈이 성(城)안 이곳저곳을 돌아다니며, 시적(詩的)인 감성으로 내심에 이는 감개를 토로하였다. 이 시를 비롯해 유명한 「춘망(春望)」 등이 바로 그 시기의 작품이다. 이 시는 곡강으로 나들이를 나갔을 때 지은 것으로, 시인은 눈앞의 경물을 보며 가슴이 아파 몹시도 힘들어 한다. 지난날 현종이 부용원 유람에 나섰을 때는 만물이 생동하는 가운데 양귀비가 임금님을 곁에서 모시며 교태를 부렸건만, 도성이 반군의 손에 들어간 지금 현종은 피난을 떠나고, 양귀비는 스스로 목메어 죽었으며, 만백성은 전란의 고통에 허덕이고 있으니, 가슴을 저미는 이 참담한 현실에 절로 감개가 솟구쳤으리라. 요컨대 국파가망(國破家亡), 즉 나라는 부서지고 집안은 풍비박산이 된 난국에 대한 비탄(悲歎)이 작품의 전편에 흐른다. 또한 현종과 양귀비에 대한 시인의 연민과 견책이 교차되면서, 작품은 시대적 의의를 더하고 있다.

가을바람에 띳집이 부서지다
茅屋爲秋風所破歌[1]

당(唐) 두보

八月秋高風怒號[2]하야　卷我屋上三重茅[3]라
茅飛渡江洒江郊[4]하니　高者掛罥長林梢[5]하고
下者飄轉沈塘坳[6]라　南村群童欺我老無力[7]하고
忍能對面爲盜賊[8]하야　公然抱茅入竹去[9]한대
脣燋口燥呼不得[10]하니　歸來倚杖自歎息이라
俄頃風定雲黑色[11]터니　秋天漠漠向昏黑[12]이라
布衾多年冷似鐵[13]이요　嬌兒惡臥踏裏裂[14]이라
牀牀屋漏無乾處[15]한대　雨脚如麻未斷絶[16]이라
自經喪亂少睡眠[17]한대　長夜沾濕何由徹[18]고
安得廣廈千萬間[19]하야　大庇天下寒士俱歡顔[20]고
風雨不動安如山이라　嗚呼라 何時眼前突兀見此屋[21]고
吾廬獨破受凍死亦足이라

팔월 가을 하늘 높은데 바람이 사납게 몰아치더니
우리 집 지붕의 여러 겹 띠를 다 말아 올려 버렸다
띠는 강 건너로 날아가 강가 들녘에 흩뿌려졌나니
높게는 큰 나무 숲 꼭대기에 걸리고
낮게는 이리저리 뒹굴다 물구덩이에 빠져버렸네

남쪽 마을 아이들 나를 늙고 힘없다 업신여기고
잔인하게도 이렇듯 면전에서 도적질을 하나니
보란 듯이 띠를 안고 대숲으로 달아나는데
입술이 타고 입이 마르도록 고함을 쳐도 소용없어
돌아와 지팡이 짚노라니 탄식이 절로 나온다
잠시 후 바람이 멎고 구름이 검은 빛을 띠더니
가을 하늘 어둑어둑 날 저물며 어둠이 지고
삼베 이불 여러 해 덮어 차갑기가 쇠 같은데
개구쟁이들 잠버릇 고약해 발로 차 속을 다 찢고
침상마다 비가 새 마른 곳 하나 없건만
삼대 같은 빗줄기는 멎을 줄을 모르는구나
난리를 겪은 뒤로는 잠까지 적어졌건만
기나긴 밤을 비에 젖어 어이 지새우랴?
어찌하면 천만 칸 넓고 큰 집 얻어
널리 천하 한사(寒士)들을 감싸 모두 기쁜 낯 짓게 할까?
비바람에도 끄떡없어 산처럼 안전하리니
아, 언제나 눈앞에 그런 집이 우뚝 나타나려나?
그러면 이내 오두막만 부서져 얼어 죽어도 좋으련만!

주석

1 茅屋(모옥) : 띳집, 초당(草堂). 곧 두보의 '완화(浣花) 초당'을 가리킴.

2 秋高(추고) : 가을 하늘이 맑디맑아 한없이 높아 보인다는 말로, 고추(高秋)라고도 함. | 怒號(노호) : 사납게 울부짖는다는 뜻. 흔히 광풍(狂風), 즉 미친 듯이 사납게 휘몰아치는 거센 바람을 형용함.

3 卷(권) : '권(捲)'과 같음. 맒, 말아 올림. | 三重(삼중) : 여러 겹이라는 뜻.

옛날에는 흔히 삼(三)이나 구(九)로 많음을 표현함.

4 洒(쇄) : 쇄(灑)와 같음. 여기저기 흩어져 뿌려짐.

5 掛罥(괘견) : 걺, 걸림. '견'은 '견(罥)'과 통하며, 걸다, 걸친다는 뜻임. | 梢(초) : 나뭇가지 끝, 나무 꼭대기.

6 飄轉(표전) : 여기서는 띠가 바람에 날리어 땅 위를 이리저리 뒹굴거나 떠돎을 이름. | 塘坳(당요) : 못이나 물웅덩이 따위.

7 欺(기) : 얕봄, 업신여김.

8 忍能(인능) : 잔인하게도(모질게도) 이같이 ~을(를) 함. '능'은 임(恁)과 같음. 이같이, 이처럼.

9 公然(공연) : 공공연히, 드러내 놓고. | 竹(죽) : 죽림(竹林).

10 이 구는 남촌 아이들이 띠를 도적질해가는 걸 보고, 입술이 타고 입 안이 마르도록 소리를 쳐도 막을 수가 없음을 표현함.

11 俄頃(아경) : 잠시 후, 조금 있다가, 금방.

12 漠漠(막막) : 어슴푸레한 모양, 어둑어둑한 모양. | 向(향) : 거의 ~이다 됨. | 昏黑(혼흑) : 날이 저물어 어두움.

13 이 구는 삼베 이불이 여러 해 동안 덮어서 솜이 뭉치고 탄력이 떨어져 보온성이 아주 많이 떨어졌음을 표현함.

14 嬌兒(교아) : '교아(驕兒)'와 같음. 버릇없는 아이. 여기서는 개구쟁이, 장난꾸러기. 곧 시인의 자녀를 가리킴. | 惡臥(악와) : 잠버릇이 나쁨.

15 牀牀(상상) : 『두공부집』에는 대개 '상두(牀頭)'로 되어 있음.

16 雨脚(우각) : 굵은 빗발, 빗줄기.

17 喪亂(상란) : 사람이 죽는 화란(禍亂). 여기서는 안사의 난을 가리킴.

18 何由(하유) : 어떻게, 어떤 방법으로. | 徹(철) : 철효(徹曉), 철야(徹夜). 밤을 (지)새움.

19 廣廈(광하) : 광택(廣宅), 대하(大廈), 즉 크고 넓은 집.

20 大庇(대비) : 널리 덮어 가림, 감싸 보호함. | 寒士(한사) : 빈한(貧寒)한, 즉 가난하고 미천한 선비.

21 突兀(돌올) : (높이 솟아) 우뚝한 모양. | 見(현) : 현(現)과 같음. 출현함, 나타남.

해설

일찍이 벼슬을 버리고 이곳저곳을 떠돌던 두보는, 마침내 친구의 도움으로 성도(成都) 완화계 가에 초당을 마련해 정착하면서, 생활도 비교적 안정을 찾아갔다. 그러나 불행하게도 대략 상원(上元) 2년(761) 가을 한 바탕 광풍에 초당의 띠 지붕이 날아가고, 설상가상으로 장대비까지 이어지면서, 일가족이 참으로 난감한 지경에 처하게 되었다. 날이 저물면서 한기(寒氣)는 뼈 속을 파고드는데 비까지 새는 방(房)에서, 그날 밤 시인은 상심에 차 잠을 이루지 못하였다. 당시의 감개를 읊은 것이 바로 이 작품이다. 시인은 자신의 곤궁함을 묘사하는 데 그치지 않고, 동병상련의 마음으로 '널리 천하 한사(寒士)들을 감싸고픈' 이상(理想)을 품어 보는데, 그야말로 추기급인(推己及人), 즉 자신의 처지로 미루어 다른 사람의 형편을 헤아리는 심성이 참으로 갸륵하다. 뿐만 아니라 남을 위해 자신의 희생까지도 마다하지 않는 의향(意向)은, 곧 곤고(困苦)한 한사와 민중에 대한 깊은 우려가 낳은 사기위인(捨己爲人, 자신을 돌보지 않고 남을 도움)의 숭고한 정신의 발로이다.

젊은이의 노래
少年行[1]

당(唐) 왕유(王維)

新豐美酒斗十千[2]하고　咸陽遊俠多少年[3]이라
相逢意氣爲君飮하며　繫馬高樓垂柳邊[4]이라

신풍의 미주(美酒)는 한 말에 만 닢이나 하고
함양의 협사(俠士)는 태반이 젊은이들이거니
서로 만나 의기투합하여선 벗 위해 술을 마시며
말은 주루(酒樓)의 수양버들 가에 매어 둔다

왕유(701~761) : 성당(盛唐) 때의 시인으로, 하동(河東, 지금의 산서성) 사람, 자(字)는 마힐(摩詰), 상서우승(尙書右丞) 벼슬을 한 적이 있어 흔히 '왕우승(王右丞)'으로 불린다. 독실한 불교도였던 홀어머니 밑에서 자랐으며, 서른을 갓 넘긴 나이에 상처(喪妻)한 후 평생을 홀로 살았다. 스물한 살에 과거에 급제해 벼슬길에 나갔으나, 같은 해 뜻하지 않은 일로 좌천당하였다. 나중에 현상(賢相) 장구령(張九齡)의 발탁으로 재기하였으나, 얼마 후 장구령이 시기와 모함으로 파면 좌천되고, 간상(奸相) 이임보(李林甫)가 그 자리를 차지하는 난국에 직면하였다. 이에 왕유는 초년의 적극·진취적인 처세 태도는 사라지고, 몸은 비록 벼슬을 하지만 마음은 오히려 세상을 떠나 있는 '역관역은(亦官亦隱)'의 고뇌에 찬 삶을 살았다. 또 천보(天寶) 14년(755) 안사의 난이 일어났을 때는, 반군에게 잡혀 위직(僞職, 반군의 관직)을 떠맡는 일생일대의 고통과 치욕을 감내해야 하였고, 이후 그는 오직 불교를 신봉하며 그 아픈 기억을 떨쳐버리고자 하였다. 상원(上元) 2년(761)에 병사하였다.

주석

1 少年行(소년행) : 악부신제(樂府新題).

2 新豐(신풍) : 옛 현(縣) 이름. 지금의 섬서성 임동현(臨潼縣) 동북쪽. 당대에 미주(美酒)의 산지로 유명하였음. | 斗十千(두십천) : 한 말에 만 닢이라는 뜻으로, 매우 진귀한 술임을 과장해 이른 말.

3 咸陽(함양) : 진(秦)나라 도성으로, 지금의 섬서성 함양 동북쪽. 여기서는 당나라 장안 일대를 가리킴. | 遊俠(유협) : 협객, 협사(俠士). 여기서는 애국심이 넘치는 젊은이들을 가리킴.

4 이상 2구는 젊은 협사들이 의기투합하여 호쾌하게 우정을 나누는 모습을 표현함. '고루(高樓)'는 주루(酒樓). 곧 술집.

해설

왕유는 당대의 가장 대표적인 자연시인으로, 그의 자연 경물과 은일(隱逸) 정취의 묘사는 이백, 두보를 능가한다는 평가가 일반적이다. 하지만 그는 열다섯 살 때부터 이미 동(東)·서(西) 양경(兩京)을 오가며 원대한 꿈을 키웠는데, 이 시는 용세(用世)에 자못 적극적이었던 그의 초기 작품으로 보인다. 작품은 동경과 찬탄의 어조로 당시 젊은 협사들의 호매한 기개와 낭만적 생활을 묘사하였는데, 젊은 날 왕유의 진취적인 기상을 엿보기에 충분하다.

비파의 노래
琵琶行[1]

당(唐) 백거이(白居易)

潯陽江頭夜送客[2]이러니 楓葉荻花秋瑟瑟[3]이라
主人下馬客在船[4]하야 擧酒欲飮無管絃이라
醉不成歡慘將別[5]하니 別時茫茫江浸月[6]이라
忽聞水上琵琶聲하니 主人忘歸客不發이라
尋聲暗問彈者誰[7]오하니 琵琶聲停欲語遲[8]라
移船相近邀相見[9]하며 添酒回燈重開宴[10]이라
千呼萬喚始出來[11]러니 猶抱琵琶半遮面[12]이라
轉軸撥絃三兩聲[13]하니 未成曲調先有情이라
絃絃掩抑聲聲思[14]하니 似訴平生不得志라
低眉信手續續彈[15]하니 說盡心中無限事라
輕攏慢撚撥復挑[16]하니 初爲霓裳後六么[17]라
大絃嘈嘈如急雨[18]하고 小絃切切如私語[19]라
嘈嘈切切錯雜彈[20]하니 大珠小珠落玉盤이라
間關鶯語花底滑[21]하고 幽咽泉流冰下難[22]이라
冰泉冷澁絃凝絶[23]하고 凝絶不通聲蹔歇[24]이라
別有幽愁暗恨生[25]하니 此時無聲勝有聲[26]이라
銀甁乍破水漿迸[27]하고 鐵騎突出刀鎗鳴[28]이라

曲終抽撥當心畫[29]하니　四絃一聲如裂帛이라
東船西舫悄無言[30]하고　唯見江心秋月白[31]이라

어두운 밤 심양강 가에서 나그네를 배웅할 제
단풍잎과 물억새 꽃은 가을바람에 소슬함을 더하는데
주인은 말에서 내려 나그네가 탄 배에 오르나니
술잔 들어 마시려 하건만 관현의 음악이 없구나
술에 취해도 즐겁지 않은 건 이별 슬픈 탓이나니
바야흐로 헤어질 제 아득한 강물에 달이 잠기고
홀연히 강물 위로 비파 소리 들려오매
주인은 돌아갈 걸 잊고 나그네는 떠나지를 않는다
소리 찾아 나직이 비파 타는 이 누구인가 물었더니
비파 소리 멈추고 말을 하려다간 마냥 머뭇거리누나
배를 옮겨 가까이 다가가 만나기를 청하며
술을 더하고 등불 밝혀 다시 주연(酒宴)을 열고
수없이 부르고 또 불렀더니 그제야 나오는데
아직도 가슴엔 비파 안고 얼굴을 반쯤 가렸더라
축 돌리고 줄 튕겨 두세 가지 소리 내어보는데
미처 곡조도 이루기 전에 감정이 먼저 묻어난다
현마다 나직이 흐느끼고 소리마다 애사(哀思)가 넘치며
평생의 불행을 하소연하는 듯하고
눈썹 내려 깔고 쉼 없이 비파를 타는데
심중의 무수한 애달픈 사연 다 말하는 듯하구나
가볍게 누르다 천천히 비비고 좌로 또 우로 튕기며

처음엔 「예상우의곡」을, 나중엔 「육요곡」을 타는데
굵은 현은 주룩주룩 거칠게 소낙비 내리는 듯하고
가는 현은 소곤소곤 애절히 속삭이는 듯하나니
주룩주룩 소곤소곤 두 소리를 엇섞어 타니
큰 구슬 작은 구슬이 옥쟁반에 떨어져 구르는 듯하구나
꾀꼴꾀꼴 구성진 꾀꼬리 소리 꽃 아래에서 매끄럽고
졸졸졸 흐르는 샘물 얼음장 밑에서 힘겹더니
얼음과 샘물 차갑게 엉기며 현이 엉겨 끊어진 듯하고
현이 엉겨 끊어진 듯 통하지 않으며 소리 잠시 멎으니
유달리 그윽한 시름과 남모르는 원한이 서려나는데
그럴 땐 소리를 내지 않는 게 소리 내는 것보다 낫도다
그러다 별안간 은(銀) 항아리 깨지며 음료(飮料)가 쏟아지고
갑자기 철갑 기병 튀어나오며 칼과 창이 울더니만
곡이 끝나고 술대 거두어 비파 한가운데를 힘껏 그으니
네 현이 일제히 내는 소리 흡사 비단을 찢는 듯한데
동서쪽의 배 안에는 모두가 조용히 말 없고
강심의 가을 달 흰빛으로 부서지는 것만 보일 뿐이로다

백거이(772~846) : 자(字)는 낙천(樂天), 원적(原籍)은 태원(太原, 지금의 산서성 태원)이나, 선대(先代)에 하규(下邽, 지금의 섬서성 위남渭南 동북쪽)로 이주했다가, 신정(新鄭, 지금의 하남성 신정)에서 태어났다. 정원(貞元) 16년(800) 진사에 급제한 후 비서성교서랑(秘書省校書郞), 한림학사(翰林學士), 좌습유(左拾遺) 등의 벼슬을 역임하였는데, 원화(元和) 10년(815) 직언(直言) 극간(極諫)하다가 강주사마(江州司馬)로 좌천되었다. 나중에는 또 항주(杭州)와 소주(蘇州) 등지의 자사(刺史)를 지낸 후, 형부상서(刑部尙書)에까지 올랐으며, 만년

에는 낙양 향산(香山)에 우거(寓居)하며 향산거사(居士)라 자호(自號)하였다.

주석

1 琵琶行(비파행) : 이 시의 제목이 일부 『백거이집(白居易集)』에는 「비파인(引)」으로 되어 있음. '행'이나 '인'은 모두 가곡 이름으로, 악부시체(樂府詩體)의 일종. '비파'는 원래 서역(西域)의 악기였는데, 인도, 중국을 거쳐 우리나라에도 전해짐. 4현의 당(唐)비파와 5현의 향(鄕)비파가 있음.

2 潯陽江(심양강) : 심양 지역을 흐르는 장강의 별칭. '심양'은 지금의 강서성 구강(九江) 일대로, 당대의 강주(江州)를 이름. 수(隋)대에는 구강군(九江郡)이라 하였으며, 당대 초기에는 강주, 현종 때는 심양군(郡), 숙종 때는 다시 강주라고 함.

3 荻(적) : 물억새. 강가나 못가 습지에서 자라는 볏과의 여러해살이풀로, 은백색의 꽃이 핌. | 瑟瑟(슬슬) : 소슬(蕭瑟)과 같음. 가을바람이 초목에 스산하게 부는 소리. 혹은 가을 풍경이 으스스하고 쓸쓸한 모양.

4 主人(주인) : 시인의 자칭. | 客(객) : 시인이 전송하는 벗을 가리킴. ◇이 구는 시인이 말에서 내린 후 배에 올라 벗을 전송함을 표현함.

5 慘(참) : 몹시 슬퍼서 마음이 아픔.

6 茫茫(망망) : (강물과 하늘이 하나 되어) 한없이 넓고 아득한 모양.

7 暗問(암문) : 나직이 물음.

8 遲(지) : 머뭇거림, 망설임.

9 邀(요) : 맞음, 초청함.

10 回燈(회등) : 꺼진 등불을 다시 밝힘. 또는 심지를 돋우어 등불을 더욱 밝게 함. 일설에는 등불을 (다른 곳으로) 옮김.

11 千呼萬喚(천호만환) : 수없이 여러 번 부름.

12 遮(차) : 가림, 막음.

13 轉軸撥絃(전축발현) : 축을 돌리고 현을 튕김. 곧 비파를 타기 전에, 현의 당김을 조절해 튕겨봄으로써 음계를 조율함을 이름. '축'은 비파 목 부

분에 현을 감아 놓은 굴대로, 이를 돌려 현의 당김을 조절함.

14 掩抑(엄억) : 현(絃)을 가리고 억누르는 주법(奏法)으로, 번민과 애원(哀怨)에 찬 낮고 느린 곡조를 연주해 냄을 이름. | 思(사) : 애사(哀思). 슬퍼하며 생각함. 또는 그런 생각이나 심정.

15 信手(신수) : 수수(隨手), 곧 '손 가는 대로'란 뜻. 여기서는 비파를 연주하는 솜씨가 대단히 자연스럽고 능숙함을 이름.

16 攏(롱) · 撚(연) · 撥(발) · 挑(도) : 모두 비파 연주법으로, '롱'은 왼손가락으로 현을 눌러서 미는 것이고, '연'은 왼손가락으로 현을 눌러서 좌우로 비비는 것이며, '발'은 오른손가락으로 현을 왼쪽으로 튕기는 것이고, '도'는 오른손가락으로 현을 오른쪽으로 튕기는 것임.

17 霓裳(예상) : 예상우의곡(霓裳羽衣曲)을 가리킴. 당대 궁중 무곡(舞曲)의 이름. | 六幺(육요) : 역시 당대에 유행한 무곡 이름으로, 녹요(綠腰, 錄腰), 악세(樂世)라고도 함.

18 嘈嘈(조조) : 무겁고 거친 소리를 형용함.

19 切切(절절) : 가늘고 애절한 소리를 형용함. | 私語(사어) : 속삭임, 소곤댐.

20 錯雜(착잡) : (두 가지 소리를) 뒤섞음, 혼합함.

21 間關(간관) : 새가 구성지게 지저귀는 소리. | 滑(활) : 매끄러움. 곧 새소리가 경쾌하고 아름답다는 말.

22 幽咽(유열) : 흑흑 나직이 흐느껴 우는 소리. 여기서는 샘물이 작은 장애물에 부딪히면서 졸졸졸 약한 소리를 내며 흐르는 소리를 이름. | 難(난) : 여기서는 얼음장 밑을 흐르는 물이 몹시 힘들고 고통스러움을 이름. 『진보』에는 원래 '탄(灘)'으로 되어 있으나, 문맥상 심히 부자연스러울 뿐만 아니라 앞의 '활(滑)'과도 대우(對偶)를 이루지 못함. 때문에 예로부터 일설로 언급되어 온 '난'이 더욱 타당하다는 청대(淸代) 단옥재(段玉裁)의 견해를 따라 고침.

23 冷澁(냉삽) : 꽉 막혀 통하지 않음. 또는 차갑게 얼어붙어 통하지 않음. | 凝絶(응절) : 응결(凝結) 내지 동결(凍結)하여 막히고 끊어짐.

24 暫(잠) : 잠(暫)과 같음. 잠시. | 歇(헐) : 멎음, 그침.

25 幽愁暗恨(유수암한) : 마음 속 깊이 품고 있는, 남모르는 시름과 원한.

26 勝(승) : 나음, 능가함.

27 乍(사) : 갑자기, 홀연(忽然). | 水漿(수장) : 음료, 액즙(液汁). | 迸(병) : 솟아나옴, 내뿜음. 여기서는 (깨진 항아리에서 음료가) 쏟아진다는 뜻.

28 鐵騎(철기) : 철갑을 두른 정예 기병(騎兵). | 鎗(창) : 창(槍)과 같음.

29 抽撥(추발) : 술대를 거둠. '추'는 수(收)와 같음. '발'은 술대. 곧 손가락에 끼워 비파를 타는 데 쓰는, 대나무나 상아·소뿔 등으로 만든 채. | 當心畫(당심획) : 비파 네 현의 가운데 부분을 술대로 힘껏 가로질러 긋는 동작으로, 한 곡(曲)을 마칠 때 흔히 쓰는 오른손 주법. 곧 '추발'을 이르며, 후세에는 '소(掃)'라고도 함. '당심'은 중앙, 중심. '획'은 획(劃)과 같음.

30 舫(방) : 배. 특히 두 척의 배를 나란히 묶은 배, 즉 방주(方舟). | 悄(초) : 고요함, 조용함.

31 ◇이상은 첫째 단락으로, 비파 여인을 만난 과정을 서술한 후, 그녀의 뛰어난 비파 솜씨와 그 '그윽한 시름과 남모르는 원한이 서려나는' 감동적인 곡조의 아름다움을 묘사함.

沈吟放撥插絃中[32]하고 整頓衣裳起斂容[33]이라
自言本是京城女[34]로 家在蝦蟆陵下住[35]라
十三學得琵琶成하야 名屬教坊第一部[36]라
曲罷常教善才服[37]하고 妝成每被秋娘妬[38]라
五陵年少爭纏頭[39]하니 一曲紅綃不知數[40]라
鈿頭銀篦擊節碎[41]하고 血色羅裙翻酒汚[42]라
今年歡笑復明年하며 秋月春風等閑度[43]라
弟走從軍阿姨死[44]하고 暮去朝來顏色故[45]라

門前冷落鞍馬稀[46]하니 老大嫁作商人婦라
商人重利輕別離하야 前月浮梁買茶去[47]라
去來江口守空船[48]한대 遶船明月江水寒[49]이라
夜深忽夢少年事하야 夢啼粧淚紅闌干[50]이라

말을 못하고 머뭇거리다 술대 빼어 현 가운데 꽂더니
옷매무새를 매만지고 일어나 얼굴빛을 단정히 하고
스스로 말하누나 "저는 본시 경성(京城) 여자로
하마릉(蝦蟆陵) 아래에서 살았습니다.
열세 살에 비파 배워 수준급에 이르면서
이름이 교방에서도 제일가는 부류에 들었는데
곡조가 끝나면 언제나 이름난 악사(樂師)들이 탄복하고
화장을 마치면 번번이 어여쁜 기녀들이 시샘하였지요.
또한 오릉의 젊은이들은 다투어 비단을 선물하였는데
한 곡을 타고 나면 붉은 비단을 다 셀 수도 없었답니다.
젊은이들 금장식 은비녀 장단 맞추다 다 부러뜨리고
선홍색 비단 치마 술잔 엎질러 마구 더럽히면서
금년에도 즐겁게 웃고 내년에도 즐겁게 웃으며
가을 달 봄바람의 좋은 시절 되는대로 보냈답니다.
그러다 동생은 군대에 나가고 이모마저 세상을 떠난 후
유수 같은 세월 속에 홍안은 간데없이 날로 노쇠해졌지요.
점차 문 앞엔 적막히 찾아오는 거마 드물고
나이 들어서는 하릴없이 장사꾼의 아내가 되었습니다.
장사꾼은 이익만 중히 여기고 이별은 가볍게 여기나니

지난달에는 또 부량(浮梁)으로 찻잎 사러 갔답니다.
지아비가 떠난 후 강 어귀에서 홀로 빈 배를 지키는데
배 둘레로 달은 밝고 강물은 차갑기만 하였습니다.
밤이 깊어 문득 젊은 시절 즐겁던 일들 꿈을 꿀 때면
꿈속에서 울어 화장 눈물 붉디붉게 종횡으로 흘렀지요."

주석

32 沈吟(침음) : 말을 선뜻 하지 못하고 사뭇 머뭇거림. 곧 가슴에 시름이 가득하고 심사가 복잡한 모양을 이름. | 放撥(방발) : (손가락에 꼈던) 술대를 뺌. 『진보』에는 '수발(收撥)'로 되어 있으나, 의미상 자연스럽지 못해 『백거이집』에 근거해 고침.

33 斂容(염용) : 얼굴빛을 단정히 함. 곧 엄숙하고 공경하며 예의를 갖추는 태도를 이름.

34 京城(경성) : 장안을 가리킴.

35 蝦蟆陵(하마릉) : 즉 하마릉(下馬陵). 한(漢)나라 동중서(董仲舒)의 묘. 한나라 때 임금이 이곳에 오면 반드시 말에서 내렸으므로, 당시 사람들이 '하마릉(下馬陵)'이라 하였는데, 많은 세월이 지나면서 '하마릉(蝦蟆陵)'으로 와전되었다고 함. 당대 장안(지금의 섬서성 서안) 동남쪽 곡강(曲江) 부근에 있었는데, 당시 이름난 유흥(遊興) 지구로, 가기(歌妓)와 무희(舞姬)들이 많이 모여 삶.

36 敎坊(교방) : 당대의 관립(官立) 가무(歌舞) 교습 기관.

37 敎(교) : 사(使)·령(令)과 같음. ~로 하여금 ~하게 함. | 善才(선재) : 당대 악사(樂師), 특히 비파의 명수(名手)에 대한 통칭.

38 秋娘(추낭) : 당대 미모의 가기(歌妓)에 대한 통칭.

39 五陵年少(오릉연소) : 부귀한 집안의 자제(子弟)들을 이르는 말. '오릉'은 장안성 북쪽에 위치한 한대(漢代) 다섯 임금의 능을 일컫는데, 그 주변에 호문 귀족들이 많이 모여 살았으므로 이같이 이름. | 纏頭(전두) : 옛날 기

녀들은 흔히 비단을 머리에 묶고 가무를 공연하였으며, 그 때문에 공연이 끝나면 관객들도 비단을 기녀에게 상으로 주었는데, 이를 '전두'라고 함. '전(纏)'은 묶는다는 뜻임.

40 綃(초) : 생초(生綃). 여기서는 비단을 통칭함.

41 鈿頭銀篦(전두은비) : 머리 부분에 금장식을 한 은(銀)비녀. '전'은 금꽃을 박아 장식한다는 뜻. '비'는 비녀, 또는 빗치개(가르마를 타는 데 쓰는 도구). | 擊節(격절) : 박자·장단을 맞춤.

42 血色(혈색) : 선홍색(鮮紅色). | 翻酒(번주) : 술(잔)을 엎지름.

43 秋月春風(추월춘풍) : 청춘 세월을 이르는 말. | 等閒(등한) : 제멋대로, 되는대로.

44 阿姨(아이) : 이모. 여기서는 교방에서 기녀를 관리하는 여인을 가리키는 것으로 보임.

45 暮去朝來(모거조래) : 저녁이 가고 아침이 온다는 뜻으로, 세월이 유수같이 흐름을 비유함. | 顔色故(안색고) : 용모가 노쇠함.

46 冷落(냉락) : 쓸쓸함, 적막함.

47 浮梁(부량) : 당대 현(縣) 이름. 지금의 강서성 경덕진(景德鎭) 일대로, 당시 찻잎의 집산지로 유명하였음.

48 去來(거래) : (지아비가) 떠난 후. '래'는 어조사.

49 遶(요) : 두름, 둘러쌈.

50 闌干(난간) : 눈물이 종횡으로 줄줄 흐르는 모양. ◇이상은 둘째 단락으로, 지난날의 영화는 가고 이제 노쇠한 몸으로 장사꾼에게 의지한 비파 여인의 불행한 신세를 서술하면서, 그 '그윽한 시름과 남모르는 원한이 서려나는' 까닭을 설명함.

我聞琵琶已歎息한대　又聞此語重喞喞[51]이라
同是天涯淪落人[52]인대　相逢何必曾相識고

我從去年辭帝京[53]으로　謫居臥病潯陽城이라
潯陽地僻無音樂하야　終歲不聞絲竹聲[54]이라
住近湓江地低濕[55]하고　黃蘆苦竹遶宅生[56]이라
其間旦暮聞何物고　杜鵑啼血猿哀鳴[57]이라
春江花朝秋月夜엔　往往取酒還獨傾[58]이라
豈無山歌與村笛[59]고　嘔啞啁哳難爲聽[60]이라
今夜聞君琵琶語하니　如聽仙樂耳暫明이라
莫辭更坐彈一曲[61]하라　爲君翻作琵琶行[62]이라
感我此言良久立[63]타가　却坐促絃絃轉急[64]이라
淒淒不似向前聲[65]하니　滿坐聞之皆掩泣[66]이라
就中泣下誰最多[67]오　江州司馬靑衫濕[68]이라

내 이미 비파 소리 들으며 그 애절함에 탄식하였거늘
다시 이 기막힌 말을 들으니 거듭 한탄이 터져 나온다
우린 똑같이 영락(零落)해 하늘가를 떠도는 사람이거니
서로 만남에 어찌 꼭 예전부터 아는 사이였어야 하랴?
나는 지난해 경성 장안을 떠나온 이래
심양성에서 귀양살이하며 병까지 앓고 있는데
심양은 구석진 곳이라 음악다운 음악이라곤 없으니
일 년 내내 관현의 음악소리 한번 들을 수가 없다네
분강(湓江) 가까이 사노라니 지대가 낮고 습하며
갈대와 왕대가 집 둘레로 자라거니
그 사이에서 아침저녁으로 무슨 소릴 들을 수 있으랴?

두견새 울며 피를 토하고 원숭이 슬피 우는 소리뿐이라네
봄 강가에 꽃피는 아침이나 가을 달 밝은 밤이면
언제나 술을 가져다 혼자 따라 마시곤 하는데
어찌 산촌(山村)의 목가(牧歌)나 피리 소리 없으랴만
소란하고 번잡하기만 해 참으로 듣기가 거북하다네
하지만 오늘 밤 그대의 비파 소리를 듣노라니
신선의 풍악을 듣는 듯 귀가 잠시 밝아졌나니
그대 떠나지 말고 다시 앉아 한 곡 더 타주오
내 그대 위해 '비파의 노래'를 지으리라
나의 이 말에 감동한 듯 한참을 서 있더니
물러 앉아 팽팽히 현을 조절하니 소리 더욱 촉급(促急)한데
슬프고 처량함이 방금 전 곡조와는 또 다르나니
좌중(座中)이 함께 듣고 모두 얼굴을 가리고 울었도다
그 가운데 누가 가장 눈물을 많이 흘리며 울었던가
강주사마의 푸른 적삼이 특히 눈물에 흠뻑 젖었다네

주석

51 唧唧(즉즉) : 의성어. 탄식하는 소리.

52 天涯(천애) : 하늘가[끝]. 까마득히 멀리 떨어져 있는 곳을 비유한 말로, 여기서는 경성 장안에 대해 이른 것임. | 淪落(윤락) : 영락(零落)하여 타향을 떠돎.

53 帝京(제경) : 황제가 사는 경성. 곧 장안을 가리킴.

54 終歲(종세) : 일 년 내내. | 絲竹(사죽) : 현악기와 관악기. 여기서는 음악에 대한 일반적인 일컬음.

55 湓江(분강) : 즉 분수(湓水). 강서성 서창(瑞昌) 청분산(淸湓山)에서 발원해

동류하여 구강(九江)을 거쳐 장강으로 흘러 들어감.

56 黃蘆(황로) : 갈대. | 苦竹(고죽) : 대나무의 일종으로, 곧 왕대, 참대.

57 杜鵑啼血(두견제혈) : 두견새는 울 때 눈물이 마르면 부리에서 피가 나온다는 전설이 있어, 옛 시인들은 흔히 '제혈'이란 말로 그 슬프디슬픈 울음소리를 형용하였음. '두견'은 *130쪽 이백 「촉도(蜀道)는 험난하나니」 주석22 참조.

58 이 2구는 원래 『진보』에는 빠져 있으나, 『백거이집』에 근거해 보충함. '왕왕(往往)'은 늘, 자주, 언제나. '독경(獨傾)'은 독작(獨酌)과 같음. 곧 (함께 할 상대도 없이) 혼자서 술을 따라 마심.

59 山歌(산가) : 산촌(山村)에서 많이 불린 노래로, 형식이 짧고 가락이 자유로우며 곡조가 명랑하고 질박한 목가(牧歌) 따위의 민가(民歌).

60 嘔啞嘲哳(구아조찰) : 소란하고 번잡한 소리를 이른 말. '구아'는 수레바퀴가 굴러가는 소리를 형용함. '조찰'은 새가 자꾸 지저귀는 소리를 이름.

61 辭(사) : 작별하고 떠남. 또는 사양함. | 更(갱) : 다시.

62 翻作(번작) : 곡조에 맞춰 가사를 짓는다는 뜻. 곧 여인이 타는 비파 곡조에 맞춰 이 「비파행」 시(詩)를 짓는 것을 말함.

63 良久(양구) : 허구(許久)와 같음. 아주 오래, 한참 동안. '양'은 진실로, 아주, 대단히.

64 却坐(각좌) : 원래 자리로 물러남. 또 물러나 앉음. | 促絃(촉현) : 현의 당김을 더 팽팽하게 조절함.

65 淒淒(처처) : 슬프고 처량한 모양. | 向前聲(향전성) : 조금 전에 연주한 비파 소리를 가리킴. '향전'은 이전(以前)과 같은 뜻임.

66 掩泣(엄읍) : (손으로) 얼굴을 가리고 욺.

67 就中(취중) : 기중(其中)과 같음. 그 가운데서도 (특히).

68 江州司馬(강주사마) : 백거이의 자칭. | 靑衫(청삼) : 푸른 적삼. 옛날 관복(官服)의 색깔은 품계(品階)에 따라 정해졌는데, 청색은 당대 문관(文官) 가운데 가장 낮은 8, 9품급(品級)의 복색(服色)이었음. ◇ 이상은 셋째 단락

으로, 비파 여인의 기구한 운명을 시인 자신의 불우한 처지와 연관시켜, 내심에 이는 분개와 원망의 정을 토로함.

해설

이 시는 백거이가 강주사마로 좌천된 이듬해(816) 가을 어느 날 밤, 강가에서 나그네를 배웅하다가 배 위에서 비파 타는 여인을 만나 지은 것이다. 여인은 본시 경성의 기녀로, 비파의 명인(名人)이었으나, 점차 나이 들고 미색 또한 시들면서 결국 장사꾼의 아내가 되었다. 하지만 장사꾼은 이익만을 좇아 사방을 떠도니, 여인은 하릴없이 소슬한 가을 강 위에서 홀로 빈 배를 지키며 고적하고 처량한 나날을 보낼 뿐이다. 이에 시인은 생동하는 필치로 비파 타는 여인의 뛰어난 기예(技藝)와 불행한 신세를 묘사하는 가운데, 여인의 기구한 운명을 깊이 동정하는가 하면, 자신도 벼슬길에서 부침을 거듭하다 급기야 억울하게 좌천된 데 대한 비분의 감정을 토로하였다. 진정 벼슬길에서 실의한 시인이 실총(失寵)한 여인을 마주하고, "우린 똑같이 영락(零落)해 하늘가를 떠도는 사람"임을 노래한 동병상련의 서정(抒情)이 절로 가슴에 와 닿는다.

황학루에 올라서
登黃鶴樓[1]

당(唐) 최호(崔顥)

昔人已乘黃鶴去[2]하고 此地空餘黃鶴樓라
黃鶴一去不復返한대 白雲千載空悠悠[3]라
晴川歷歷漢陽樹[4]요 芳草萋萋鸚鵡洲[5]라
日暮鄕關何處是[6]오 烟波江上使人愁[7]라

옛 사람은 이미 황학을 타고 날아가고
이곳에는 덩그러니 황학루만 남았구나
황학은 한 번 떠나간 뒤엔 돌아올 줄 모르는데
흰 구름만 부질없이 천 년 세월을 두둥실 떠다니누나
맑은 날 강 건너에는 한양 땅 나무들이 뚜렷하고
향기로운 풀은 강중(江中) 앵무주에서 무성하구나
해는 저무는데 이내 고향은 그 어디더냐?
안개 서린 강 물결이 나그네를 시름겹게 하누나

최호(704~754) : 변주(汴州, 지금의 하남성 개봉開封) 사람, 개원(開元) 11년(733) 진사(進士). 성당(盛唐)의 저명 시인으로, 당시 사람들은 왕왕 그를 왕유(王維)와 병칭(竝稱)하였다. 전기의 작품은 주로 규원(閨怨)과 염정(艶情)을 노래하였으나, 변새(邊塞)의 생활을 경험한 이후에는 일변(一變)하여 웅혼하고 호방한 풍격의 변새시(邊塞詩)를 많이 썼다.

주석

1 黃鶴樓(황학루) : 삼국시대 동오(東吳) 황무(黃武) 2년(223)에 처음 세워진 누각. 지금의 호북성 무한(武漢) 장강(長江) 대교(大橋)의 무창(武昌) 교두(橋頭)에 인접한 황학기(黃鶴磯)에 자리하여, 뒤로는 사산(蛇山)을 등지고, 앞으로는 장강을 내려다봄. 일찍이 화재로 소실되었다가 현재는 중건됨. 악양루(岳陽樓), 등왕각(滕王閣)과 더불어 강남의 3대 명루(名樓)로 손꼽힘.

2 昔人(석인) : 옛날에 황학을 타고 간 선인(仙人)을 가리킴. 전하는 바에 의하면 고대의 선인 자안(子安)이 황학을 타고 이곳을 지나갔다고 하고, 일설에는 또 삼국시대에 비문의(秘文禕)가 이곳에서 황학을 타고 하늘로 올라가 신선이 되었다고 함. 또한 그 때문에 이 누각을 '황학루'라고 함.

3 千載(천재) : 천년(千年). 곧 오랜 세월. | 悠悠(유유) : 움직임이 한가하고 여유로우며 느린 모양. 곧 구름이 두둥실 떠가는 모양을 형용함. 일설에는 끝없이 아득한 모양.

4 晴川(청천) : 맑은 날 햇빛이 밝게 비치는 냇물을 이름. | 歷歷(역력) : 뚜렷함. 곧 분명하게 잘 보인다는 말. | 漢陽(한양) : 땅 이름. 지금의 무한시(武漢市) 한양으로, 무창과 장강을 사이에 두고 서로 마주함.

5 芳草(방초) : 『진보』에는 '춘초(春草)'로 되어 있으나, 『당시삼백수(唐詩三百首)』에 근거해 고침. | 萋萋(처처) : 풀이 무성한 모양. | 鸚鵡洲(앵무주) : 당대에 한양 서남쪽의 장강 가운데 있던 모래톱. 나중에는 토사가 쌓여 한양 땅과 연결됨. 후한(後漢) 말에 「앵무부(鸚鵡賦)」를 지은 적이 있는 예형(禰衡)이 죽어서 이곳에 묻혔으므로, 이같이 일컫게 되었다고 함.

6 鄕關(향관) : 고향.

7 煙波江上(연파강상) : '강상연파'의 도치로, 격률을 맞추기 위한 것임.

해설

이 시는 시인이 황학루에 올라 아득히 바라보며, 내심에 이는 적막함과 공허함을 묘사하였다. 시인은 황학루에 얽힌 전설을 떠올리며 덧없는 고금

(古今)의 변화에 서글픔을 이기지 못하더니, 저물녘 타향의 경물을 바라보며 문득 짙은 향수에 젖는다. 전하는 바에 의하면 이백도 일찍이 황학루에 올랐으나, 벽에 적혀 있는 이 시를 보고 탄복한 나머지 눈앞에 절경이 펼쳐져 있음에도 시를 짓지 못하였다고 한다. 또한 남송(南宋) 시론(詩論)의 대가 엄우(嚴羽)는 『창랑시화(滄浪詩話)』에서 당대 칠언율시(七言律詩) 가운데 응당 이 시가 제일이라고 극찬하였으니, 이 시는 천고(千古)의 명작으로, 후세에 널리 애송되는 작품이다.

강설
江雪

당(唐) 유종원(柳宗元)

千山鳥飛絶이요　萬逕人蹤滅[1]이라
孤舟蓑笠翁[2]이　獨釣寒江雪이라

수많은 산에 새 한 마리 날지 않고
모든 길에 사람의 발길조차 끊어졌는데
외로운 배 위엔 도롱이에 삿갓 쓴 노인
찬 강물, 흰 눈 속에 홀로 낚시를 한다

유종원(773~819) : 자(字)는 자후(子厚), 하동(河東, 지금의 산서성 영제永濟 일대) 사람. 정원(貞元) 9년(793) 진사. 당 순종(順宗) 영정(永貞) 원년(805) 왕숙문(王叔文) 등이 주도한 혁신 정치 집단에 참여해 정치 개혁을 꾀하였으나, 보수 연합 세력의 역공으로 실패하였다. 왕숙문은 피살되고, 유종원은 영주사마(永州司馬)로 좌천되었다가 나중에는 또 유주자사(柳州刺史)로 옮겼는데, 47세에 결국 유주의 임소에서 병사하였다. 때문에 그의 시는 대개 좌천 생활과 산수 경물에 대한 정회를 묘사하는 가운데, 현실적 울분의 정서가 짙게 배어난다. 유종원은 특히 당대의 걸출한 산문가로, 한유(韓愈)와 함께 고문운동을 창도한 것으로 유명하여 후세에는 '한(韓)·유(柳)'로 병칭되는가 하면, 당송팔대가(唐宋八大家)의 한 사람으로 꼽힌다.

주석

1 逕(경) : 경(徑)과 같음. 작은 길. | 蹤(종) : 종적 또는 발길.

2 簑(사) : 도롱이, 곧 짚이나 띠 따위로 엮어 허리나 어깨에 걸쳐 두르는 비옷. | 笠(립) : 삿갓.

해설

이 시는 영주 좌천 시기의 작품으로, 새도 날지 않고 사람도 다니지 않는 대설(大雪)에도 아랑곳하지 않고, 외로운 배 한 척에 몸을 실은 어옹(漁翁)이 홀로 차가운 강물에 낚시를 드리우고 있는 정경을 묘사하였다. 이는 곧 정치적 이상이 허망하게 무너진 데다 좌천으로 인한 실의와 울분, 고독과 적막함에 휩싸인 시인이, 세속의 풍설(風雪)에도 굴하지 않고, 의연히 고고(孤高)함을 견지하고 있다는 비유에 다름 아닐 것이다.

나그네의 노래
遊子吟[1]

당(唐) 맹교(孟郊)

慈母手中線이요　遊子身上衣라
臨行密密縫은　意恐遲遲歸라
誰言寸草心[2]으로　報得三春暉[3]런가

자애로우신 어머니의 손엔 바늘과 실
나그네 자식의 몸에는 헤진 옷
길 떠나기에 앞서 촘촘히 꿰매주시는 건
더디 더디 돌아올까 두렵기 때문이라네
그 누가 말했던가? 한 치 풀의 마음으로
따스한 봄 햇살의 은혜를 갚을 수 있다고!

맹교(751~814) : 자(字)는 동야(東野), 호주(湖州) 무강(武康, 지금의 절강성 무강) 사람. 한유(韓愈)와 망형지교(忘形之交), 즉 허물없이 교분을 나누었으며, 누차 과거에 응시하였으나 계속 낙방하다가 46세 때 비로소 진사에 급제하였다. 일찍이 율양(溧陽, 지금의 강소성 율양) 현위(縣尉)에 올랐으나, 오래지 않아 사직하고 귀향해 한거(閑居)하였다. 성정이 강직한 데다 생계를 꾸리는 데에도 서툴러 평생을 빈한하게 살았다.

주석

1 遊子(유자) : 나그네.

2 誰言(수언) : 『진보』에는 '난장(難將)'으로 되어 있으나, 『맹동야집(孟東野集)』에 근거해 고침. | 寸草(촌초) : 한 치밖에 안 되는 작은 풀. 여기서는 곧 미거(未擧)한(철이 없고 사리에 어두운) 자식을 비유함.

3 三春(삼춘) : 봄 석 달. 곧 부모를 비유함. | 暉(휘) : 햇빛. 곧 자식에 대한 부모의 사랑, 은혜를 비유함.

해설

이 시는 먼 길 떠나는 자식의 헤진 옷을 한 땀 한 땀 촘촘히 꿰매주는 어머니의 사랑을 묘사하였다. 갓 싹이 돋은 여린 봄풀이 따사로운 햇살을 받으며 자라나듯이, 어린 자식은 어머니의 따스한 손길을 받으며 성장하는 게 자연의 섭리이다. 이 세상에서 어머니의 사랑보다 더 크고 고귀한 사랑이 또 있을까? 하지만 "그 누가 말했던가? 한 치 풀의 마음으로 / 따스한 봄 햇살의 은혜를 갚을 수 있다고!" 하해와 같은 어머니의 사랑에 감격하면서도, 그 만분의 일도 갚을 수 없는 자식의 애틋한 마음이다. 이 절묘한 비유는 실로 만인의 공감을 불러일으키면서, 이 시를 불후의 명작이 되게 하였다. 또한 후세 사람들은 부모의 은혜는 너무나 크고 깊어서, 자식이 온 정성을 다한다 할지라도 도저히 다 갚을 수도 없을 정도란 뜻으로 '촌초춘휘(寸草春暉)'란 성어(成語)를 만들어 쓰기에 이르렀다.

달 밝은 밤에 손님들과 살구꽃 아래에서 술을 마시며
月夜與客飮酒杏花下[1]

송(宋) 소식(蘇軾)

杏花飛簾散餘春하고 明月入戶尋幽人[2]이라
褰衣步月踏花影[3]하니 炯如流水涵青蘋[4]이라
花間置酒淸香發하니 爭挽長條落香雪[5]이라
山城薄酒不堪飮[6]이면 勸君且吸杯中月하라
洞簫聲斷月明中[7]에 惟憂月落酒杯空이라
明朝卷地春風惡[8]이면 但見綠葉棲殘紅[9]이라

살구꽃 문발에 날리며 늦봄의 향기를 흩뿌릴 제
밝은 달빛 문틈으로 들어와 유독(幽獨)한 사람을 찾으매
옷자락 추켜올리고 달빛 속을 거닐며 꽃 그림자 밟노라니
달빛 밝아 흐르는 물에 푸른 부평초가 잠긴 듯하다
꽃나무 사이에 술자리를 벌이니 맑은 향기 짙게 풍기는데
다투어 긴 가지 당기니 향기어린 눈꽃으로 낙화(落花)하나니
이곳 산성(山城)의 박주(薄酒)가 마시기 힘들거든
그대들에게 권하노니, 술잔 속의 명월(明月)을 마시게나
휘영청 밝은 달빛 속에 퉁소 소리 끊어질 제
장차 달 지고 술잔 빌까 근심스러울 뿐이나니
내일 아침 땅을 말아 올릴 듯 봄바람 거세게 불면

단지 보이는 건 푸른 잎 떨어져 낙화 위에 깃들인 것뿐이리

소식(1037~1101) : 자(字)는 자첨(子瞻), 호는 동파거사(東坡居士), 미주(眉州) 미산(眉山, 지금의 사천성 미산) 사람. 송 인종(仁宗) 가우(嘉祐) 2년(1057) 진사. 아버지 소순(蘇洵)과 동생 소철(蘇轍)도 모두 북송의 저명한 학자이자 문장가로 당송팔대가에 드는데, 세상에서는 이들 부자 세 사람을 '삼소(三蘇)'라고 일컫는다. 신종(神宗) 희녕(熙寧) 초(初) 왕안석(王安石)이 집정하여 내우외환의 혼란한 정국을 수습하기 위한 방편으로 정치 개혁 법안인 신법(新法)을 시행하면서, 신법당(新法黨)과 구법당(舊法黨)의 정치적 갈등이 시작되었고, 이후 소식은 그 소용돌이에 휘말려 불우한 일생을 보냈다. 그는 기본적으로 정치 개혁을 주장하면서도 보수적인 경향을 띠기도 하였다. 처음에는 구법당의 입장에 서서 왕안석의 신법을 반대하였으나, 구법당이 신법을 완전히 폐기하려고 할 때는 또 신법 가운데 효율성이 있는 부분은 존속시킬 것을 주장하였다. 바로 그 같은 태도로 인해, 그는 결국 신·구법당 모두로부터 배척을 당하게 되었다. 신종 원풍(元豐) 2년(1079)에는 신법을 비판한 죄로 투옥되었다가 황주(黃州, 지금의 호북성 황강黃岡)로 좌천되었다. 철종(哲宗) 원우(元祐) 연간에는 사마광(司馬光)을 영수로 한 구법당이 집정하면서 조정으로 돌아오게 되었으나, 구법당이 신법의 완전 폐지를 추진하는 데 불만을 품고 스스로 항주(杭州, 지금의 절강성 항주), 영주(潁州, 지금의 안휘성 부양阜陽) 등지의 지방관(地方官)으로 나갔다. 소성(紹聖) 초년(初年)에는 다시 신법당이 집정하면서, 소식은 또 그들의 배척으로 혜주(惠州, 지금의 광동성 혜주), 담주(儋州, 지금의 해남성 담현儋縣) 등지로 좌천되었다. 하지만 그는 장기간 지방관을 역임하면서 도탄에 빠진 민생에 깊은 관심을 기울여 많은 치적(治績)을 남겼다. 또한 그는 북송 중엽 이후 문단의 영수로서 시(詩), 사(詞), 산문 방면에 모두 대가(大家)의 위상을 정립하여, 당대(當代)나 후세의 문단에 지대한 영향을 끼쳤다.

주석

1 이 시는, 『동파지림(東坡志林)』에 따르면 소식이 원풍 2년 투옥되기 전 서주(徐州) 지사(知事)로 나가 있을 때, 어느 달밤에 왕자립(王子立), 왕자민(王子敏), 장사후(張師厚)와 함께 노닐며 내심에 이는 감흥을 읊은 것임.

2 幽人(유인) : 여기서는 집 안에 깊이 거처하며 좀처럼 외출하지 않고 쓸쓸하고 적막하게 지내는 사람이란 뜻으로, 시인의 자칭임.

3 褰衣(건의) : (손으로) 옷자락을 추켜올림, 걷어 올림.

4 炯(형) : 밝음, 환함, 또는 밝게 빛남. | 涵(함) : (물에) 잠김, 젖음. 여기서는 부평초가 물 위에 떠 있음을 이름. | 青蘋(청빈) : 푸른 부평초, 개구리밥.

5 挽(만) : 잡아당김. | 香雪(향설) : 향기 나는 눈이란 뜻으로, 흰 꽃을 이르는 말. 여기서는 눈처럼 떨어져 날리는 향기어린 살구꽃을 비유함.

6 山城(산성) : 곧 서주성(徐州城)을 가리킴. | 薄酒(박주) : 맛없는 술. 또 남에게 대접하는 술을 겸손하게 이르는 말.

7 洞簫(통소) : 퉁소. 『동파지림』에 따르면 당시 비교적 젊은 왕자립과 왕자민이 퉁소를 불었다고 함.

8 卷地(권지) : 땅을 말아 올린다는 뜻으로, 바람이 아주 거세게 부는 모양을 형용함.

9 棲(서) : 삶, 깃들임. 여기서는 (나뭇잎이 떨어져 낙화 위에) 포개져 있음을 이름. | 殘紅(잔홍) : 낙화(落花), 즉 떨어진 꽃.

해설

꽃향기 문발로 스미며 사람을 유혹하고, 밝은 달빛 문틈으로 들며 사람을 찾는 밤, 시인은 절로 밖으로 나가 살구나무 아래서 손님들과 술자리를 벌이며, 향기어린 꽃과 휘영청 밝은 달에 정신을 잃고 열락(悅樂)의 무아경에 취해 있다. 바야흐로 구성진 퉁소 소리가 운치를 더하는 가운데, 그야말로 달과 꽃과 술과 사람이 하나가 되어 있으니, 물아일체(物我一體)가 어찌 따로 있겠는가? 그런데 아직도 달은 밝은데 홀연히 퉁소 소리가 멎자, 시인은 문득 장차 저 달도 지고 술도 떨어지면서 즐거운 흥취가 사라질까 두렵고, 내일 아침이면 또 거센 바람에 저 꽃들마저 다 떨어질 것이란 생각에 애를 태운다. '열흘 붉은 꽃이 없다(花無十日紅)'고 하였으니, 이 좋은 시절, 아름다운 경치가 어찌 영원할 수 있으랴? 이는 필시 정치적으로 실의하고 여러 해 동안 외직(外職)으로 내몰려 떠도는 현실을 직시한 시인이, 가슴 깊이 이는 감개를 덧붙였음이리라.

운곡산에서 여러 가지를 읊다
雲谷雜詠[1]

송(宋) 주희(朱熹)

野人載酒來[2]하야 農談日西夕이라
此意良已勤[3]하니 感歎情何極고
歸去莫頻來하라 林深山路黑이라

농부가 술을 가지고 와서
농사 얘기하는 사이 해가 저무는데
그 마음 진정 너무도 그윽하여
감격한 이 정을 다할 길 없건만
돌아가거든 자주 오지는 마소서
숲 깊고 산길 또한 어둡나니

주희(1130~1200) : 자는 원회(元晦), 중회(仲晦). 호는 회암(晦庵), 회옹(晦翁), 운곡노인(雲谷老人). 휘주(徽州) 무원(婺源, 지금의 강서성 무원) 사람. 복건성 남평(南平) 우계(尤溪)에서 태어났다. 소흥(紹興) 18년(1148) 진사로, 벼슬은 환장각대제(煥章閣待制)까지 올랐다. 만년에는 복건성 건양(建陽) 고정(考亭)에서 우거하였고, 또 자양서원(紫陽書院)을 열어 강학(講學)하였으므로 '고정', '자양'이라고도 별호(別號)하였다. 남송 성리학(性理學)의 집대성자로 학문이 지극히 깊고 넓어 경사자집(經史子集)에 무소불통(無所不通)하고, 고대전적(典籍)을 두루 주해(註解)하였는데, 『사서집주(四書集註)』는 특히 유명하다. 또한 이학자(理學者) 가운데 문학적 소양이 가장 뛰어나다는 평가를 받는다.

주석

1 雲谷(운곡) : 산 이름. 지금의 복건성 건양(建陽) 서북부에 있었음. 원명(原名)은 노봉산(蘆峰山)이었으나, 남송 건도(乾道) 연간에 주희가 이곳에 초당(草堂)을 짓고 유거(幽居)하며 이같이 고침.

2 野人(야인) : 시골 사람, 농부.

3 良(양) : 진실로, 참으로. | 已(이) : 심히, 너무나. | 勤(근) : 근(懃)과 같음. 은근함. 곧 정의(情意)가 깊고 절실함, 정성스러움.

해설

주희는 일찍이 운곡산에서 은거하며 「운곡잡영」 12수를 지어 대자연에 대한 심미적 정취와 벗에 대한 그윽한 정의(情誼)를 표현하는가 하면, 은거생활의 즐거움에 탐닉하는 정서를 묘사하였다. 이 시는 그 중 제4수 「손님을 사절하며(謝客)」이다. 일부러 술을 가지고 찾아오는 농부의 그윽한 정의(情意)가 한없이 고맙고, "서로 만나 세속 잡사는 말하지 않고 / 단지 뽕과 삼 자라는 얘기만 나누는(相見無雜言, 但道桑麻長)"(도연명 「귀원전거歸園田居」) 것 또한 무척 기껍지만, 깊은 숲 속의 어둡고 험한 산길을 오가는 게 걱정스러워 시골 손님의 내방을 사절하는 시인의 마음씨가 정겹기 그지없다.

산문散文 감상

어부사 漁父辭[1]

전국(戰國) 초(楚) 굴원(屈原)

屈原이 旣放[2]에 游於江潭[3]하고 行吟澤畔할새 顔色이 樵悴하고 形容[4]이 枯槁[5]러니 漁父가 見而問之曰[6]: 子非三閭大夫與[7]아 何故로 至於斯[8]오 屈原이 曰: 擧世皆濁[9]이어늘 我獨淸[10]하고 衆人皆醉[11]어늘 我獨醒[12]이라 是以[13]로 見放[14]이로라

굴원이 조정에서 쫓겨나 강호(江湖)를 유랑하고 못가를 거닐며 시를 읊조리는데, 안색이 초췌하고 몸까지 수척해 보였다. 어부가 그 모습을 보고 물었다. "당신은 삼려대부가 아니시오? 어쩌다 이런 지경에 이르렀소?" 굴원이 말하였다. "온 세상이 다 흐린데 저 혼자 맑고, 뭇사람이 다 취해 있는데 저 혼자 깨어 있다 보니, 이렇게 쫓겨나게 되었습니다."

굴원(기원전 약 340~기원전 278) : 이름은 평(平), 원(原)은 그의 자(字). 전국시대 초나라 사람으로, 초왕(楚王)과 동성(同姓)의 걸출한 정치가이자 위대한 애국시인이다. 그가 살던 시기는 열국의 군사 정치적 대립이 극심했던 전국(戰國) 후기로, 강성했던 초나라도 점차 쇠약해져 가고 있었다. 이에 굴원은 대내적으로는 낡은 정치를 개혁하여 부국강병(富國强兵)으로 가고, 대외적으로는 제(齊)나라와 연합해 진(秦)나라에 대항하면서 천하 통일로 가야 함을 주장하였다. 그리하여 20여 세에 초 회왕(懷王)의 신임을 받아 내정(內政)과 외교를 아울러 관장하는 요직인 좌도(左徒)에 올라 구국(救國)에 매진하였다. 그러나 상관대부(上官大夫) 근상(靳尙)과 영윤(令尹) 자란(子蘭) 등 보

수 세력들은 그의 혁신 정치에 반감을 가졌고, 온갖 참소와 모함으로 회왕을 부추겨 그를 배척하게 하였다. 결국 굴원은 한직(閑職)인 삼려대부(三閭大夫)로 밀려났다가, 다시 한수(漢水) 상류 일대로 방축(放逐)되었다. 회왕은 말년에 군사 외교상 연이은 패착으로 곤경에 처하자, 다시 굴원을 기용하였다. 기원전 299년 진나라가 회왕을 초청하였을 때, 굴원은 간계임을 들어 극구 만류하였다. 하지만 회왕은 듣지 않고 진나라에 갔다가, 그곳에서 객사하였다. 이어 경양왕(頃襄王)이 즉위하였으나, 굴원은 더욱 박해와 배척을 받아 강남의 원수(沅水)·상수(湘水)·동정호(洞庭湖) 일대로 쫓겨났다. 그리고 진나라의 대규모 침략에 초나라 도성(都城)이 무너지는 현실 앞에서, 내심의 울분을 이기지 못하고 스스로 멱라강(汨羅江)에 몸을 던져 세상을 떠났다. 굴원은 일생동안 어떤 경우에도 자신의 정치적 이상과 주장을 굽히거나 충군애국의 충정을 버리지 않았다. 또한 조정에서 방축된 실의와 고통의 시기에도, 그는 우국우민의 심정으로 불후의 시편(詩篇)들을 다수 창작함으로써 중국문학사상 가장 위대한 애국시인으로 칭송되고 있다.

주석

1 이는 초사(楚辭) 작품으로 엄격히 말하면 산문시(散文詩)인 만큼 응당 시가(詩歌)의 범주에 넣어야 하겠으나 편의상, 산문선(散文選)인 「후집(後集)」에 편입시킨 『진보』의 분류에 따르기로 함.

2 旣(기) : 이미. 곧 ~한 후에. | 放(방) : 방축(放逐)됨. (죄를 지어) 멀리 쫓겨남.

3 江潭(강담) : 강호(江湖), 즉 강과 호수. 일설에는 강물 가운데 수심이 깊은 곳을 이른다고 함. 여기서 '강'은 원상(沅湘), 즉 원수(沅水)와 상수(湘水) 유역을 가리킴. 원수와 상수는 원강(沅江)과 상강(湘江)이라고도 하며, 모두 장강 중류의 지류로, 동정호(洞庭湖) 수계(水系)에 속하며, 호남성 4대 하천에 듦. '담'은 심연(深淵), 즉 수심이 깊은 못, 호수.

4 形容(형용) : 형체, 형상, 용태(容態), 모습.

5 枯槁(고고) : 몸이 몹시 야위고 마름.

6 漁父(어부) : 어옹(漁翁), 즉 연로한 어부(漁夫), 고기잡이 노인. 여기서는 진짜 어부가 아니라 은사(隱士)인 것으로 보임.

7 子(자) : 상대방(특히 남자)에 대한 존칭. 그대, 당신. | 三閭大夫(삼려대부) : 초나라 왕족 굴(屈), 경(景), 소(昭) 삼성(三姓) 자제(子弟)의 교육을 담당한 벼슬. | 與(여) : 여(歟)와 같음. 의문의 어기조사.

8 至於斯(지어사) : 이 지경에 이르다는 뜻. '사'는 차(此)와 같음.

9 擧世(거세) : 온 세상. '거'는 전(全)과 은 뜻임. | 濁(탁) : 흐림. 명말(明末) 청초(淸初)의 대학자 왕부지(王夫之)는 이를 은총과 이록(利祿)을 탐하는 것으로 풀이함.

10 淸(청) : 청고(淸高)함. 맑고 고결함.

11 醉(취) : 취함. 왕부지는 이를 안위(安危)에 대해 무지한 것으로 풀이함.

12 醒(성) : 깸. 안위에 대해 깨어 있음. 곧 안위에 밝다는 말.

13 是以(시이) : 그 때문에, 그래서, 그러므로.

14 見(견) : 타동사 앞에서 피동의 뜻을 나타내는 말.

漁父曰: 聖人은 不凝滯於物[15]하고 而能與世推移[16]하나니 世人이 皆濁이어든 何不淈其泥而揚其波[17]하며 衆人이 皆醉어든 何不餔其糟而歠其醨[18]하고 何故로 深思高擧[19]하야 自令放爲[20]오 屈原이 曰: 吾聞之한대 新沐者[21]는 必彈冠이요 新浴者[22]는 必振衣라하니 安能以身之察察[23]로 受物之汶汶者乎[24]아 寧赴湘流[25]하야 葬於江魚之腹中이언정 安能以皓皓之白[26]으로 而蒙世俗之塵埃乎아

어부가 말하였다. "성인(聖人)은 외물(外物)에 얽히거나 막히지 않고, 능히 세상의 흐름을 따라 추이하고 변화합니다. 그러니 세상 사람이 다 흐

리면, 어찌 그 진창을 휘젓고 그 흙탕물을 튀기지 않으며, 뭇사람이 다 취해 있으면, 어찌 그 지게미를 먹고 그 묽은 술을 마시지 않았습니까? 무엇 때문에 깊이 생각하고 높이 행동하여 내침을 자초한 겁니까?" 굴원이 말하였다. "제가 듣기로는 새로 머리를 감은 사람은 반드시 갓을 털어서 쓰고, 새로 몸을 씻은 사람은 반드시 옷을 털어서 입는다고 하였습니다. 그러니 어떻게 깨끗한 몸으로 더러운 물질을 받아들일 수 있겠습니까? 차라리 상강(湘江)에 뛰어들어 물고기 뱃속에 장사 지낼지언정, 어찌 이 결백한 몸에 세속의 티끌과 먼지를 뒤집어쓸 수 있겠습니까?"

주석

15 凝滯於物(응체어물) : 객관적 사물이나 현상에 대해 특정한 관점과 입장, 태도를 고집하여, 여건과 상황의 변화에 신축적으로 순응하거나 적응하지 못함을 이름. '응체'는 엉기고 막힘. 고수(固守)하고 집착함, 곧 얽매임을 이름. '물'은 외물(外物), 즉 객관적 사물, 현상.

16 與世推移(여세추이) : 자신의 주견(主見)을 고집하지 않고, 세속의 조류(潮流)를 따라 추이하고 변화함을 이름.

17 淈(굴) : 탁(濁)함, 곧 흐림. 또 흐리게 함. 여기서는 (진흙, 진창을) 뒤섞음, 휘저음을 이름.

18 餔(포) : 먹음. | 糟(조) : 지게미. 술을 거르고 남은 찌꺼기. | 歠(철) : 마심. | 醨(리) : 박주(薄酒). 곧 묽은 술. 『초사(楚辭)』 통행본에는 '시(釃)'로 되어 있는데, '시'는 본디 술을 거른다는 뜻임. 다만 '시'가 여기서는 '리'와 같은 글자로, 독음이나 뜻이 모두 '리'와 같음.

19 深思(심사) : 깊이 생각함. 우국우민(憂國憂民)을 가리키며, 위 '독성(獨醒)'의 함의(含意)와 상통함. | 高擧(고거) : 고상하게 행동함. 지행(志行)이 고결하여 세속과 다름을 가리키며, 위 '독청(獨淸)'의 함의와 상통함.

20 爲(위) : 문장 끝에서 의문을 나타내는 어기조사.

21 沐(목) : 머리를 감음.

22 浴(욕) : 몸을 씻음.

23 察察(찰찰) : 아주 깨끗한 모양.

24 汶汶(문문) : 아주 더러운 모양, 부끄럽고 욕된 모양.

25 湘流(상류) : 상수(湘水).

26 皓皓(호호) : 교교(皎皎)와 같음. 아주 깨끗하고 빛나는 모양.

漁父莞爾而笑[27]하고 鼓枻而去[28]하야 乃歌曰: 滄浪之水淸兮어든 可以濯吾纓이요 滄浪之水濁兮어든 可以濯吾足[29]이로다 遂去不復與言하다

어부는 빙그레 웃으면서 노 저어 가며 노래를 불렀다. "창랑의 물이 맑으면 내 갓끈을 씻으면 되고 / 창랑의 물이 흐리면 내 발을 씻으면 되리라" 그리고 마침내 어부는 멀리 떠나며 더 이상 굴원에게 말을 건네지 않았다.

주석

27 莞爾(완이) : 빙그레 미소 짓는 모양.

28 鼓枻(고예) : 노를 저음. '고'는 여기서는 진동(振動), 즉 물체가 일정한 간격을 왕복한다는 뜻. 곧 노를 젓는 동작을 이름. '예'는 예(栧)와 같음. (배를 젓는) 노. 대개 이를 노나 뱃전을 두드려 장단을 맞춘다는 뜻으로 풀이하나, 전후 문맥상 자연스럽지 못함.

29 "滄浪(창랑)"4구 : 곧 "세상에 바른 도가 행해지면 나아가 벼슬하고, 바른 도가 행해지지 않으면 물러나 은거한다.(有道則見, 無道則隱)"(『논어』「태백泰伯」)는 처세관을 비유 표현함. 결국 주어진 환경이 어떠하든 신축적으로 적응해야 한다는 말임. 이 창랑가(滄浪歌)는 『맹자(孟子)』「이루(離婁) 상

편(上篇)」에도 보임. '창랑'은 강 이름. 한수(漢水) 하류 초나라 도성 부근의 강. 일설에는 원수(沅水) 하류 한수현(漢壽縣) 지역의 강이라고 함. '영(纓)'은 갓끈.

해설

사실 이 작품은 굴원의 친작(親作)이 아니라, 후세의 초나라 사람이 굴원을 추모하여 지은 것이라는 설이 우세하다. 그러나 지은이가 누구이든, 애국 시인 굴원의 인물 형상을 엿보기에는 조금도 부족함이 없다. 이 작품은 제삼자의 시점(視點)에서, 당시의 은자인 어부와 실의한 귀족 정치인인 굴원의 대화를 서술하였는데, 두 가지 관점이 극명히 대비되고 있다. 어부는 때로는 세상을 피해 몸을 숨기고[避世隱身] 빛을 감추고 미질(美質)을 간직하면서[韜光含章], 때로는 '세상의 흐름을 따라 추이하고 변화할 수 있어야 한다'는 것이고, 굴원은 '온 세상이 다 흐린데 나 혼자 맑고, 뭇 사람이 다 취해 있는데 나 혼자 깨어 있는바', 기필코 '청렴결백함을 지키면서 바른 도(道)를 위해 죽으리라(伏淸白以死直兮)'(「이소離騷」) 목청을 높인다. 하지만 작품의 주지(主旨)는 사실상 어부의 현실 도피와 명철보신(明哲保身, 명철한 판단과 처신으로 자신을 온전히 지킴)의 소극적인 태도를 부정하고 비판하는 반면, 굴원의 현실 직시와 애국우민, 살신성인(殺身成仁)의 적극적인 태도를 긍정하고 찬양함에 있다 할 것이다.

출사표 出師表[1]

삼국(三國) 촉한(蜀漢) 제갈량(諸葛亮)

先帝創業未半而中道崩殂[2]하시고 今天下三分[3]에 益州疲弊[4]하니 此誠危急存亡之秋也[5]니이다 然이나 侍衛之臣[6]이 不懈於內[7]하고 忠志之士가 忘身於外者[8]는 蓋追先帝之殊遇[9]하야 欲報之於陛下也니이다 誠宜開張聖聽[10]하사 以光先帝遺德[11]하며 恢弘志士之氣[12]하시고 不宜妄自菲薄[13]하고 引喩失義[14]하야 以塞忠諫之路也니이다

선제(先帝)께서 대업(大業)을 일으켜 미처 절반도 이룩하지 못하셨는데, 그만 중도에 붕어하시고, 오늘날 천하가 삼분(三分)된 데다 익주는 사람은 지치고 물자는 모자라니, 지금은 분명 위급한 존망의 고비이옵니다. 그러나 좌우의 신하가 조정에서 게으름을 피우지 않고, 충직한 장사(將士)가 변방에서 자신의 안위를 돌보지 않는 것은, 아마도 선제께서 베푸신 특별한 예우를 추념(追念)하여 폐하께 그 은혜를 갚고자 함일 것입니다. 그러니 진실로 성청(聖聽)을 확대하시어 선제께서 남기신 미덕(美德)을 더욱 빛나게 하며, 뜻있는 선비의 지기(志氣)를 크게 진작시키셔야 할 것입니다. 하지만 자칫 경솔히 스스로를 대수롭지 않게 여기고, 인증과 비유에 마땅함을 잃으시어 충성스런 간언(諫言)의 길을 막아서는 아니 되옵니다.

제갈량(181~234) : 자(字)는 공명(孔明), 낭야군(瑯琊郡) 양도현(陽都縣, 지금의 산동성 기수현沂水縣 남쪽) 사람. 후한(後漢) 말 젊은 나이에 난리를 피해 남양(南陽) 융중산(隆中山, 지금의 호북성 양번襄樊 서쪽에 있는 산)에 은거하였으나, 한(漢) 헌제(獻帝) 건안(建安) 12년(207) 유비(劉備)의 삼고초려(三顧草廬)를 받고, 그 군사(軍師)가 되었다. 그 후 유비를 도와 위(魏)·오(吳)와 정립(鼎立)하는 촉한 정권을 세웠으며, 221년 유비가 칭제(稱帝)하면서 승상(丞相)에 올랐다. 223년 유비가 병사하고 아들 유선(劉禪)이 즉위한 후에는, 선주(先主) 유비의 뜻을 받들어 후주(後主) 유선을 도와 나라를 다스렸으며, 전후하여 여섯 차례 출사해 북방의 위나라 정벌에 나갔는데, 234년 군중(軍中)에서 병사하였다.

주석

1 出師(출사) : 곧 출병(出兵). '사'는 군사, 군대. | 表(표) : 고대 문체의 하나로, 대개 신하가 임금에게 주청(奏請)할 때 많이 썼음.

2 先帝(선제) : 이미 세상을 떠난 군왕에 대한 존칭. 여기서는 촉한의 소열제(昭烈帝) 유비를 가리킴. 유비(161~223)의 자(字)는 현덕(玄德), 탁군(涿郡, 지금의 하북성 탁현涿縣) 사람으로, 한 경제(景帝)의 아들 중산정왕(中山靖王) 유승(劉勝)의 후손임. 헌제 연강(延康) 원년(220) 조비가 한(漢) 왕조를 찬탈해 칭제하자, 유비는 이듬해에, 손권은 또 그 이듬해에 각각 제위에 오름으로써 삼국이 정립하는 국면이 형성됨. 유비는 본디 한 왕실을 다시 일으켜 천하를 통일하려는 뜻을 품고 있었으나, 즉위한 지 3년도 못되어 세상을 떠났는데, 당시 삼국은 여전히 대치하고 있었을 뿐만 아니라 촉한의 영토가 가장 작았으므로, 여기서 '창업미반(創業未半)'이라고 한 것임. | 創業(창업) : 왕업(王業)을 창건함. 곧 나라나 왕조를 처음으로 세움. 여기서는 유비가 촉한을 세워 한 왕실을 다시 일으키겠다는 대업(大業)을 시작한 것을 가리킴. | 未半(미반) : 곧 아직 왕업을 완성하지 못하였음을 이름. | 中道(중도) : 중도(中途), 반도(半途). | 崩殂(붕조) : 붕어(崩御)와 같음. 군왕

의 죽음을 이르는 말.

3 天下三分(천하삼분) : 당시 위·촉·오 삼국의 할거(割據) 상황을 이름.

4 益州(익주) : 후한의 주(州) 이름. 지금의 사천성 등지(等地)로, 당시 촉한의 근거지였음. | 疲弊(피폐) : 사람은 지치고 물자는 떨어짐. 곧 잇단 전쟁으로 촉한의 국력이 쇠약해졌음을 이름.

5 秋(추) : 중요한 때, 시기. 여기서는 고비, 갈림길, 전환점 등의 뜻. 가을은 수확의 계절로 농사일이 특히 바쁜 시기이기 때문에 옛날에는 흔히 '가을'로 중요한 때를 비유하였음.

6 侍衛(시위) : (임금을) 곁에서 모시며 호위함.

7 懈(해) : 게으름을 피움.

8 忘身(망신) : 자신의 안위나 득실을 돌보지 않고, 몸과 마음을 바쳐 있는 힘을 다함.

9 殊遇(수우) : 특수한, 특별한 대우·은혜.

10 開張聖聽(개장성청) : 언로(言路)를 열어 널리 군신(群臣)의 의견을 들으라는 말. '개장'은 확대함, 확장함. '성'은 군왕에 대한 존칭. '청'은 청문(聽聞), 견문.

11 光(광) : 광대(光大)함. 곧 더욱 빛나고 성대하게 함.

12 恢弘(회홍) : 발양(發揚)함. 곧 크게 떨쳐 일으킴. 또 확대함.

13 妄自菲薄(망자비박) : 함부로 스스로를 업신여김. 곧 후주 유선이, 촉한은 영토도 작고 국력도 약해 중원(中原)을 수복해 천하를 통일할 역량을 가지고 있지 않다고 판단하는 따위를 이름. '비박'은 경시(輕視)함.

14 引喩失義(인유실의) : 인증(引證)과 비유가 대의(大義)에 부합되지 않음.

宮中府中[15]이 俱爲一體니 陟罰臧否[16]를 不宜異同[17]이니이다 若有作奸犯科[18]와 及爲忠善者어든 宜付有司[19]하야 論其刑賞[20]하야 以昭陛下平明之理[21]요 不宜偏私[22]하야 使內外異法也[23]니이다

황궁의 근신(近臣)과 승상부(丞相府)의 관리는 모두가 하나같이 폐하의 신하이오니, 승진이나 처벌, 칭찬이나 질책을 달리해서는 아니 될 것입니다. 만약 간악한 짓을 하고 법을 어기는 사람과 충성을 다하고 선행을 하는 사람이 있으면, 응당 주무(主務) 관리에게 맡겨 그 상별을 심의 판정케 함으로써 폐하의 공평하고 청명(淸明)한 정치를 만천하에 드러내 보이셔야 하며, 사사로운 마음으로 어느 한 쪽을 비호하여 황궁과 승상부에 대한 법 적용을 달리해서는 아니 되옵니다.

주석

15 宮中(궁중) : 황궁 안. 여기서는 궁중에서 황제를 시봉(侍奉)하는 근신(近臣)을 가리킴. | 府中(부중) : 승상부(丞相府) 안. 여기서는 승상부의 관원을 가리킴.

16 陟(척) : 승진. 곧 벼슬을 올려줌. | 臧(장) : 선(善)과 같음. 여기서는 동사로 칭찬한다는 뜻임. | 否(비) : 악(惡)과 같음. 여기서는 동사로 나무란다는 뜻임.

17 異同(이동) : 여기서는 편의사(偏義詞)로, '이(異)'의 뜻임.

18 犯科(범과) : 범법(犯法)과 같음. '과'는 과조(科條), 즉 법령(法令) 따위의 조목.

19 有司(유사) : 주무(主務) 관원 또는 관서(官署).

20 論(논) : (논의하여) 판정함.

21 昭(소) : 밝힘, 빛나게 함. 뚜렷이 드러내 보임. | 理(리) : 다스림. 곧 정치, 통치.

22 偏私(편사) : 편파(偏頗)함. 곧 사사로운 마음으로 어느 한쪽만을 비호함.

23 內外(내외) : 여기서는 궁중과 부중.

侍中侍郞郭攸之費禕董允等[24]은 此皆良實하고 志慮忠純하

니이다 是以로 先帝簡拔[25]하사 以遺陛下하시니 愚以爲宮中之事[26]는 事無大小히 悉以咨之然後施行[27]이면 必能裨補闕漏[28]하야 有所廣益하리이다 將軍向寵[29]은 性行淑均[30]하고 曉暢軍事[31]하야 試用於昔日에 先帝稱之曰: 能이라하사 是以로 衆議擧寵爲督[32]하니 愚以爲營中之事는 事無大小히 悉以咨之하시면 必能使行陣和睦[33]하고 優劣得所也[34]리이다

시중(侍中) 곽유지(郭攸之)와 비의(費禕) 그리고 시랑(侍郎) 동윤(董允) 등은 모두 선량하고 성실하여, 그 뜻이나 생각이 충성스럽고 순정(純正)합니다. 때문에 선제께서 그들을 발탁해 폐하께 남겨주신 것이니, 제 생각으로는 궁중의 일은 크고 작음을 막론하고 모두 그들과 의논하신 연후에 시행하시면, 분명히 부족한 부분을 보완해 그 효과를 증대시킬 수 있을 것입니다. 또한 장군 상총(向寵)은 성품과 행실이 선량하고 공정하며 군사(軍事)에 아주 밝아, 지난날 선제께서 한번 등용해 보시고는 유능하다고 칭찬하셨습니다. 그래서 중론을 모아 그를 중부독(中部督)에 기용하였사오니, 제 생각으로는 군영(軍營)의 일은 크고 작음을 막론하고 모두 그와 의논하시면, 분명히 군대가 한마음으로 단결하고 협조하여 역량의 우열을 막론하고 각기 제자리를 잡을 수 있을 것입니다.

주석

24 侍中(시중) · 侍郎(시랑) : 벼슬 이름. 모두 황제의 근신(近臣). 전자는 황제의 시종(侍從) 고문(顧問), 후자는 곧 황문(黃門)시랑으로, 궁중에서 황제를 시종하고 어명을 전달하는, '시중'보다 낮은 벼슬아치. | 郭攸之(곽유지) · 費禕(비의) : 사람 이름. 두 사람 모두 이때 시중을 지냄. | 董允(동윤)

: 사람 이름. 이때 시랑을 지냄.

25 簡拔(간발) : 선발함. 곧 여러 사람 가운데 골라 뽑음.

26 愚(우) : 자기 자신을 겸손하게 일컫는 말. | 以爲(이위) : ~라고 생각함, 여김.

27 悉(실) : 다, 모두. | 咨(자) : 자(諮)와 같음. 자문함, 의논함.

28 裨補(비보) : 도와서 모자람을 채움, 모자란 부분을 더하고 보탬. 곧 결함을 보완하고 개선함. | 闕漏(궐루) : 결루(缺漏) 또는 소루(疏漏). 곧 소홀하여 빠뜨림. 전의(轉義)하여 불찰(不察), 곧 조심해서 잘 살피지 아니한 탓으로 생긴 잘못.

29 向寵(상총) : 사람 이름. 선주 유비 때는 아문장(牙門將)으로 있었고, 후주 유선 때는 도정후(都亭侯)에 봉해졌다가 나중에 중부독(中部督)에 오름.

30 性行(성행) : 본성과 행위, 성품과 행실. | 淑均(숙균) : 선량하고 공정(공평)함.

31 曉暢(효창) : 효달(曉達), 통효(通曉). 곧 통달하여 환하게 앎.

32 督(독) : 중부독을 가리킴. 군대를 통솔하는 대장(大將)임.

33 行陣(항진) : 부대(部隊), 군대를 이름. '항'은 항오(行伍), 대열. '진'은 진영(陣營). | 和睦(화목) : 여기서는 군대의 단결과 협조(協調)를 이름.

34 得所(득소) : 각득기소(各得其所), 즉 모든 사람(또는 사물)이 각기 적재적소에 배치를 받음.

親賢臣遠小人은 此先漢所以興隆也[35]요 親小人遠賢臣은 此後漢所以傾頹也[36]니이라 先帝在時에 每與臣論此事에 未嘗不歎息痛恨於桓靈也[37]러시니이다 侍中尚書長史參軍[38]은 此悉貞亮死節之臣[39]이니 願陛下親之信之하시면 則漢室之隆을 可計日而待也[40]리이다

현신을 가까이하고 소인을 멀리한 것은 전한(前漢)이 융성한 까닭이요, 소인을 가까이하고 현신을 멀리한 것은 후한(後漢)이 쇠패(衰敗)한 까닭입니다. 선제께서 살아생전에 매번 신(臣)과 그 일을 논하실 때면, 일찍이 환제(桓帝)와 영제(靈帝)의 과오에 대해 탄식하고 통한(痛恨)하시지 않으신 적이 없습니다. 시중(侍中)과 상서(尙書), 장사(長史), 참군(參軍) 등은 모두가 충직하고 성실하며 죽음으로써 지절(志節)을 지킬 신하들이오니, 원컨대 폐하께서 그들을 가까이하고 믿으신다면, 한(漢)나라 왕실의 부흥을 날짜를 헤아리며 기다리실 수 있을 것입니다.

주석

35 先漢(선한) : 전한(前漢), 즉 서한(西漢).

36 後漢(후한) : 즉 동한(東漢). | 傾頹(경퇴) : 기울어져 무너짐, 쇠패(衰敗)함.

37 桓靈(환령) : 한 환제(桓帝) 유지(劉志)와 영제(靈帝) 유굉(劉宏). 모두 후한 말년의 혼군(昏君)으로, 환관을 총애하여 정치가 극도로 부패하고 혼란해지면서 한 왕조를 쇠패의 길로 들어서게 함.

38 侍中(시중) : 곧 곽유지와 비의를 가리킴. | 尙書(상서) : 한나라 때 황제의 공문(公文)과 정무 처리를 보좌한 벼슬로, 여기서는 진진(陳震)을 가리킴. | 長史(장사) : 한나라 때 승상부에서 승상의 정무 처리를 보좌한 벼슬로, 여기서는 장예(張裔)를 가리킴. | 參軍(참군) : 한나라 때 승상부에서 군무(軍務)를 관장한 벼슬로, 여기서는 장완(蔣琬)을 가리킴. 제갈량이 죽은 후에는 상서령(尙書令)에 올라 나랏일을 통할함.

39 貞亮(정량) : 충정(忠貞)하고 신실(信實)함, 충직(忠直)하고 성실함. | 死節(사절) : 순절(殉節)함. 곧 죽음으로써 지절(志節)을 지킴.

40 可計日而待(가계일이대) : 날수를 헤아리며 기다릴 수 있음. 곧 시일이 멀지 않다는 말.

臣本布衣[41]로 躬耕於南陽[42]하야 苟全性命於亂世[43]하고 不求聞達於諸侯[44]러니 先帝不以臣卑鄙[45]하시고 猥自枉屈[46]하사 三顧臣於草廬之中하시고 咨臣以當世之事[47]하시니 由是感激하야 遂許先帝以驅馳[48]니이다 後値傾覆[49]하야 受任於敗軍之際하고 奉命於危難之間[50]이 爾來二十有一年矣[51]니이다

신은 본시 일개 평민으로, 남양에서 스스로 농사지으며 그럭저럭 난세에 생명을 보전하면서, 제후에게 나아가 큰 이름이나 높은 벼슬을 구하지 아니 하였습니다. 하지만 선제께서는 신을 비천하고 비루하다 여기지 않으시고, 황송하옵게도 스스로 존귀하신 몸을 낮추시어 세 번씩이나 누추한 초가로 신을 찾아 당면한 천하 대사를 물으시니, 신은 실로 감격하여 마침내 선제께 견마지로(犬馬之勞)를 다할 것을 다짐하였습니다. 그리고 훗날 나라가 기울어져 무너지는 위기를 만나 패전(敗戰)의 시점에 막중한 임무를 부여 받고, 위난(危難)의 와중에 어명을 받든 것이 어느덧 이십하고도 일 년이 되었습니다.

주석

41 布衣(포의) : (벼슬이 없는) 평민. 옛날에 평민은 연로한 사람이외에는 모두 삼베 따위로 지은 옷을 입었기 때문에 이르는 말.

42 躬耕(궁경) : 몸소 농사를 지음. 곧 은거함을 이름. | 於(어) : 원래 『진보』에는 빠져 있으나 『삼국지(三國志)』 「촉지(蜀志)」 본전(本傳)에 근거해 보충함. | 南陽(남양) : 한대(漢代)의 군(郡) 이름. 지금의 호북성 양양(襄陽)과 하남성 남양 일대를 포함한 지역. 여기서는 곧 '융중산'을 가리킴.

43 苟(구) : 구차하게, 그럭저럭. | 性命(성명) : 생명.

44 聞達(문달) : 이름을 떨침과 높은 벼슬자리에 오름. '문'은 명예를, '달'은

지위를 두고 이르는 말임. | 諸侯(제후) : 여기서는 당시 각기 일정한 지역을 할거하던 군벌(軍閥)을 가리킴.

45 卑鄙(비비) : 비천(卑賤)하고 비루(鄙陋)함. 곧 신분이 낮고 견식이 얕음.

46 猥(외) : 욕(辱)과 같음. 욕되게 함. 곧 남에게 분수에 넘치는 호의를 받아서 이를 욕되게 하였다는 뜻으로, 한없이 황송하면서도 영광스럽다는 겸사(謙辭). 또한 과분하고 황송하다는 말. | 枉屈(왕굴) : 존귀한 몸을 낮추어 미천한 자리로 나아간다는 뜻. 곧 왕림(枉臨)함. 남의 내방(來訪)을 높여 이르는 말.

47 이상 2구는 서기 207년 유비가, 남양에서 은거하고 있는 제갈량이 훌륭한 인재라는 말을 듣고, 세 번 찾아가서야 겨우 만나 누란의 위기에 처한 한 왕실을 부흥시킬 방책을 물으면서, 제갈량이 은둔 생활을 접고 세상에 나와 자신을 도와 줄 것을 청원한 일, 곧 삼고초려(三顧草廬)의 고사를 이름. '초려'는 초가, 초당(草堂).

48 驅馳(구치) : 말을 몰아 날림. 곧 남을 위해 바삐 뛰어다니며 있는 힘을 다함을 비유함.

49 이 구는 한 헌제 건안(建安) 13년(208) 유비가 당양(當陽) 장판파(長坂坡, 지금의 호북성 당양현)에서 남침해온 조조에게 패한 일을 두고 이름. '경복(傾覆)'은 기울어져 넘어짐. 곧 패퇴(敗退)함.

50 이상 2구는 유비가 장판파에서 패하고 하구(夏口, 지금의 호북성 무한武漢)로 물러나 있을 때, 제갈량이 유비의 명을 받고 동오(東吳)에 가서 손권(孫權)과 연합하여 조조에게 대항하기로 한 일을 두고 이름. 그 후 오(吳)·촉(蜀)의 연합군은 적벽대전(赤壁大戰)에서 조조를 크게 물리침으로써, 손권은 강남의 대부분을, 유비는 파촉(巴蜀) 지방을 얻어 천하를 삼분(三分)함.

51 爾來(이래) : 그때 이래(以來)로. '이'는 차(此)와 같음. | 二十有一年(이십유일년) : 21년. 곧 유비가 삼고초려한 때부터 건흥(建興) 5년(227)에 출사하며 이 표문(表文)을 쓸 때까지를 이름. '유'는 우(又)와 같음.

先帝知臣謹愼이시라 故로 臨崩에 寄臣以大事也[52]시니 受命以來로 夙夜憂嘆[53]하며 恐託付不效[54]하야 以傷先帝之明이니이다 故로 五月渡瀘하야 深入不毛[55]러니 今南方已定하고 兵甲已足하니 當獎率三軍[56]하야 北定中原[57]이니이다 庶竭駑鈍[58]하야 攘除姦凶[59]하고 興復漢室하야 還於舊都[60]니 此臣所以報先帝而忠陛下之職分也요 至於斟酌損益[61]하고 進盡忠言은 則攸之褘允之任也니이다

선제께서는 신이 처사에 매우 신중한 것으로 아시고, 붕어하시면서 신에게 국가 대사(大事)를 부탁하셨는데, 신은 명을 받은 후 밤낮으로 근심하고 탄식하며, 선제께서 부탁하신 일에 성과를 내지 못해 그 명찰(明察)을 훼손하지나 않을까 두려워하였습니다. 그래서 5월에 노수(瀘水)를 건너 불모의 땅으로 깊이 쳐들어갔던바, 이제 남방은 이미 평정되고 병기와 갑옷 또한 충족되었으니, 응당 삼군(三軍)을 격려해 이끌고 나아가 북방의 중원을 평정하여야 하겠습니다. 신은 진실로 노둔한 재능을 다해 간흉(奸凶)을 물리치고 한(漢) 왕실을 다시 일으켜 옛 도성(都城)으로 돌아 갈 수 있기를 바라나니, 이는 곧 신이 선제께 보답하고 폐하께 충성하는 마땅한 직분입니다. 그리고 일의 득실과 가부(可否)를 헤아리고, 나아가 충언을 다하는 것은 곧 곽유지, 비의, 동윤의 책임입니다.

주석

52 이 구는 장무(章武) 3년(223) 유비가 백제성(白帝城)에서 병이 위중해지자, 제갈량에게 당시 열일곱 살이던 태자(太子) 유선과 후사(後事)를 부탁한 일을 두고 이름. 당시 유비는, 제갈량에게는 그 재능이 위나라 조비(曹丕)를

훨씬 능가하니 반드시 나라를 안정시키고 대업을 이룩할 수 있을 것이라고 하고, 유선에게는 만사를 제갈량과 상의해 처리하면서 아버지를 섬기듯 제갈량을 섬기라고 함.

53 夙夜(숙야) : 아침저녁으로, 밤낮으로. '숙'은 이른 아침.

54 效(효) : 동사로, 공효(功效)를 낳는다, 성과를 거둔다는 뜻.

55 이상 2구는 건흥(建興) 3년(225) 5월 제갈량이 노수(瀘水)를 건너 남벌(南伐)에 나선 일을 두고 이르는데, 당시 제갈량은 남만(南蠻)의 맹획(孟獲)을 칠종칠금(七縱七擒) 끝에 같은 해 가을에 완선히 노벌함. '로(瀘)'는 노수. 곧 지금의 사천성 금사강(金沙江). '불모(不毛)'는 초목이나 곡식이 자라지 않는다는 뜻. 여기서는 그처럼 척박하고 황량한 남만 지역을 가리킴.

56 奬率(장솔) : (군대를) 격려하여 이끎. '장'은 권장함, 권면함. | 三軍(삼군) : 고대 제후국의 군대가 상 · 중 · 하 '삼군'으로 나뉘어 있었던 데에 의거해, 후세에는 이를 전군(全軍)을 이르는 말로 씀.

57 中原(중원) : 황하 유역을 이르는 말. 여기서는 당시 위나라의 영토를 가리킴.

58 庶(서) : 바람, 희망함. | 竭(갈) : 다함. | 駑鈍(노둔) : 보잘것없는 재능이란 뜻으로, 자신의 재능을 겸양해 이르는 말. '노'는 걸음이 느린 말. '둔'은 날이 무딘 칼.

59 攘除(양제) : 물리쳐 없앰. | 姦凶(간흉) : 곧 조비(曹丕)의 위나라 정권을 가리킴.

60 舊都(구도) : 한나라의 도읍, 즉 전한의 장안과 후한의 낙양을 가리킴.

61 損益(손익) : 여기서는 어떤 일의 득실과 가부(可否), 취사(取捨) 따위를 가리킴.

願陛下는 託臣以討賊興復之效[62]하사되 不效則治臣之罪하야 以告先帝之靈하시고 若無興德之言[63]이어든 則責攸之禕允

等之咎[64]하야 以彰其慢[65]하시며 陛下亦宜自謀以諮諏善道[66]하고 察納雅言[67]하야 深追先帝遺詔[68]하시면 臣不勝受恩感激이리이다

원컨대 폐하께서는 도적을 토벌하여 왕실을 부흥시키는 임무를 신에게 맡기시되, 성과를 거두지 못하면 곧 신의 죄를 다스려 선제의 영전에 고하시고, 만약 성덕(聖德)을 발양(發揚)하는 충언이 올라오지 않으면, 곧 곽유지・비의・동윤 등의 과오를 꾸짖어 그 직무 태만을 드러내 보이십시오. 또한 폐하께서도 응당 친히 더욱 유의해 널리 좋은 방도를 묻고, 바른 말을 살펴 받아들이시며 선제의 유훈(遺訓)을 깊이 추념(追念)하신다면, 신은 진실로 성은에 감격해 몸 둘 바를 모를 것입니다.

주석

62 效(효) : 명사로, 공효(功效), 임무의 뜻.

63 이 구는 『진보』에는 빠져 있으나, 『문선(文選)』에 근거해 보충함.

64 咎(구) : 허물, 과오, 죄.

65 慢(만) : 태만. 그 직분을 다하지 못함을 이름.

66 諮諏(자추) : 하순(下詢). 곧 임금이 신하에게 물음, 의견을 구함. | 善道(선도) : 좋은 의견, 방도, 길.

67 雅言(아언) : 정언(正言).

68 遺詔(유조) : 임금이 임종 시 내리는 조령(詔令). 곧 유비가 임종 때 유선에게 "악이 작다고 하여 행하지 말 것이며, 선이 작다고 하여 아니 행하지 말지니, 오직 어짊과 덕망으로써만 사람들로부터 신복(信服)을 얻을 수 있을 것이니라.(勿以惡小而爲之, 勿以善小而不爲. 惟賢惟德, 能服於人)"고 한 유교(遺敎)를 이름.

今當遠離에 臨表涕泣[69]하고 不知所云이로소이다

이제 멀리 떠나면서 표문(表文)을 쓰노라니, 절로 눈물이 흐르고 울음이 나, 무슨 말씀을 아뢰었는지도 모르겠사옵니다.

주석

69 臨表(임표) : 표문(表文)을 마주함. 곧 이 표문을 쓴다는 말.

해설

건흥(建興) 5년(227) 촉한은 선주 유비 사후(死後)의 동요와 혼란에서 벗어나 안정을 되찾았고, 국력도 어느 정도 축적되었다. 이에 제갈량은 바야흐로 한 왕실을 다시 일으켜 세우라는 유비의 유명(遺命)을 받들 때가 왔다고 보고, 군대를 이끌고 북진(北進)하여 한중(漢中, 지금의 섬서성 한중)에 주둔시키고, 위나라 정벌에 나설 채비를 갖추었다. 당시 출병을 앞두고 제갈량이 후주 유선에게 올린 상주문(上奏文)이 바로 이 「출사표」이다.

표문에서 제갈량은 먼저 국내외 형세에 대한 예리한 분석하에, 후주 유선이 언로를 활짝 열어 선제의 유덕(遺德)을 계승 발전시키며, 지사(志士)의 기개를 한껏 드높일 것을 주문하였다. 이어 상벌을 내리고 법을 집행함에 있어, 절대로 편사(偏私)함이 없이 엄격하고 공정하여야 함을 강조하였다. 또한 전한 흥성과 후한 쇠패의 근본 원인을 적시하는 가운데, 마땅히 '현신을 가까이하고 소인을 멀리할' 것을 주청하면서, 유선이 크고 작은 일에 믿고 의지할 만한 일단의 문신(文臣) 무장(武將)을 극력 천거하였다. 그리고 제갈량 자신의 출사(出仕) 과정과 경력을 서술하는 가운데, 선・후주에 대한 충정을 드러내는가 하면, 선제의 유지를 받든 이번 출병의 목적과 결심을 피력하였다. 마지막으로 다시 한 번 유선도 '응당 친히 더욱 유의해 널리 좋은 방도를 묻고, 바른 말을 살펴 받아들일' 것을 신신당부하였다.

이렇듯 전편에 흐르는 선제에 대한 감은(感恩)과 나라에 대한 충성, 후주에 대한 간절한 당부는, 그야말로 제갈량이 일말의 사사로운 '야심'도 없이 시종 오로지 '충심'을 다한 진정한 충신이었음을 여실히 보여준다. '「출사표」를 읽고 눈물을 흘리지 않으면, 충신이 아니다.'란 말이 어찌 허설(虛說)이겠는가?

진정표 陳情表[1]

서진(西晉) 이밀(李密)

臣以險釁[2]으로 夙遭愍凶[3]하야 生孩六月[4]에 慈父見背[5]하고 行年四歲[6]에 舅奪母志[7]하니 祖母劉閔臣孤弱[8]하야 躬親撫養[9]이니이다 臣少多疾病하야 九歲不行하고 零丁孤苦[10]하야 至于成立[11]호니 旣無叔伯이오 終鮮兄弟[12]라 門衰祚薄[13]하야 晩有兒息[14]하니 外無朞功强近之親[15]이오 內無應門五尺之童[16]이라 煢煢孑立[17]하야 形影相吊[18]어늘 而劉夙嬰疾病[19]하야 常在牀褥[20]하니 臣侍湯藥하야 未嘗廢離[21]로이다

신(臣)은 불운하게도 유년(幼年)에 환난을 당한바, 태어난 지 여섯 달 만에 자애로운 아비가 세상을 떠나고, 네 살 때에는 외숙이 강제로 수절하겠다는 어미의 뜻을 꺾고 말았습니다. 이에 할미 유씨(劉氏)가, 신이 외롭고 쇠약함을 가련히 여겨, 몸소 보살펴 길러주셨습니다. 신은 어려서 병이 많아 아홉 살이 되어서도 걷지를 못하고, 의지가지없이 외롭고 곤고(困苦)하게 성년에 이르렀습니다. 숙부 · 백부도 없고 형제도 없이 가문도 기울고, 복도 없어 늦게야 자식을 두니, 밖으로는 기복(朞服)이나 공복(功服)을 입을 가까운 친척도 없고, 안으로는 문을 열고 찾아오는 손님에게 응대할 어린 동복(僮僕) 하나 없습니다. 그야말로 홀로 의지할 데 없이 몸과 그림자가 서로 위로할 따름이거늘, 신의 할미가 일찍부터 병에 걸려 늘 침상에 누워있는 탓에, 신은 탕약을 올리며 한 번도 그 곁을 떠난 적이

없습니다.

이밀(224～287) : 일명(一名)은 건(虔), 자(字)는 영백(令伯). 삼국 촉한 건위군(犍爲郡) 무양현(武陽縣, 지금의 사천성 팽산彭山 동쪽) 사람. 아버지는 일찍 죽고 어머니는 재가하여 할머니 유씨(劉氏) 손에서 길러졌는데, 장성해서는 할머니에 대한 효성이 지극하여 칭송이 자자하였다. 촉한 후주 때 상서랑(尙書郞)을 지냈고, 여러 차례 동오(東吳)로 출사(出使)하기도 하였다. 촉이 망한 후 진(晉) 무제(武帝)가 그를 태자선마(太子洗馬)로 등용하려하자, 표문(表文, 즉 「진정표」)을 올려 연로한 조모를 봉양할 사람이 없어 부득이 벼슬에 나갈 수 없는 사정을 아뢰었다. 무제는 그의 효심에 감동하여 부임(赴任) 연기를 허락하고, 노비와 재물을 내려 격려하였다. 조모가 죽은 후, 비로소 출사(出仕)하여 한중태수(漢中太守)에까지 올랐다.

주석

1 陳情(진정) : 실정이나 사정을 진술함.

2 險釁(험흔) : 운수가 나쁨, 불행함. '흔'은 허물, 죄과(罪過). 여기서는 흉조(凶兆) 따위를 이름.

3 夙(숙) : 일찍. 여기서는 유년(幼年)시절을 가리킴. | 愍凶(민흉) : 우환과 화난(禍難).

4 生孩(생해) : 갓 태어남. '해'는 젖먹이, 갓난아이. 일설에는 '생해유월(六月)'은 태어난 지 여섯 달이 되어 이제 막 웃을 줄 알 때라는 뜻으로 풀이하며, '해'는 갓난아이가 방긋방긋 웃음을 이른다고 함.

5 見背(견배) : 등짐, 떠남. 곧 죽음을 완곡하게 이른 말로, 특히 어버이(여기서는 아버지)를 여읨을 이름.

6 行年(행년) : 나이, 특히 당시(當時)의 나이.

7 이 구는 외삼촌이 어머니를 강제로 개가시켰음을 표현함.

8 閔(민) : 민(憫)과 같음. 가엾이 여김, 불쌍히 여김.

9 撫養(무양) : 무육(撫育)과 같음. 어루만지듯이 잘 돌보아 기름.

10 零丁(영정) : 의지가지없이 외롭고 가련한 모양. | 孤苦(고고) : 외롭고 곤고(困苦)함.

11 成立(성립) : 성장하여 자립함. 곧 성년이 되었을 때를 이름.

12 이 구는 『시경(詩經)』「정풍(鄭風)」「양지수(揚之水)」에서 빌려옴. '종(終)'은 기(旣)·이(已)와 같음. 여기서는 또[又]의 뜻. '선(鮮)'은 드묾, 적음. 여기서는 없다는 뜻.

13 祚(조) : 복(福), 복택(福澤).

14 兒息(아식) : 아들.

15 朞(기)·功(공) : 모두 상복(喪服)의 종류. '기'는 1년간 상복을 입는 것으로, 조부모나 백숙부모, 형제의 경우임. '공'은 대공(大功)은 9개월, 소공(小功)은 5개월 상복을 입는 것을 이름. 옛날에 복상(服喪) 기간은 친척 관계의 친소(親疎)에 따라 그 장단(長短)이 정해졌으므로, 여기서 '기'·'공'이라 함은 모두 가까운 친척을 가리킴. | 强近(강근) : (친척과의 촌수가) 비교적 가까움.

16 應門(응문) : 손님이 찾아오면 문을 열어주고 응대함. | 五尺之童(오척지동) : 미성년의 동복(僮僕, 사내아이 종)을 이름. '동'이 『문선(文選)』에는 '동(僮)'으로 되어 있음.

17 煢煢孑立(경경혈립) : 의지가지없이 고단(孤單)한 모양.

18 弔(조) : 위로함.

19 嬰(영) : (병에) 걸림.

20 牀褥(상욕) : 침상의 요. 곧 자리.

21 廢離(폐리) : 여기서는 시봉(侍奉)하기를 그만두고 멀리 떠남.

逮奉聖朝[22]에 沐浴清化[23]하야 前太守臣逵[24]가 察臣孝廉[25]하고 後刺史臣榮[26]이 擧臣秀才[27]나 臣이 以供養無主[28]로 辭不赴

命[29]이러니 會詔書特下[30]하사 拜臣郎中[31]하시고 尋蒙國恩[32]하야 除臣洗馬[33]하시니 猥以微賤[34]으로 當侍東宮[35]이라 非臣隕首[36]의 所能上報일새 臣具以表聞[37]하야 辭不就職이러니 詔書切峻하야 責臣逋慢[38]하시고 郡縣이 逼迫하야 催臣上道하니 州司臨門[39]이 急於星火[40]라 臣欲奉詔奔馳인댄 則以劉病日篤이요 欲苟順私情인댄 則告訴不許[41]하니 臣之進退가 實爲狼狽[42]로소이다

성조(聖朝)를 받듦에 있어서는 청명(淸明)한 교화의 은택을 한껏 입어 먼저 태수 규(逵)가 신을 효렴(孝廉)으로 천거하고, 나중에는 자사 영(榮)이 신을 수재(秀才)로 천거하였습니다. 하지만 신은 할미를 공양할 사람이 없어 사양하고 부임하지 않았습니다만, 때마침 폐하께서는 특별히 조서를 내리시어 신을 낭중(郎中)에 임명하셨습니다. 얼마 후 신은 다시 국은을 입었으니, 폐하께서 이제 신을 세마(洗馬)에 임명하셨습니다. 외람되게도 신이 미천한 몸으로 태자마마를 시봉(侍奉)하게 됨이니, 설령 목숨을 바친다 해도 성은에 보답하지 못할 것입니다. 다만 신이 표문(表文)을 올려 모든 사정을 아뢰고 사양하여 관직에 나아가지 않았는데, 다시 조서를 내리시어 신이 어명을 피하고 가벼이 여김을 절실하고 준엄하게 나무라셨고, 군(郡)과 현(縣)에서도 신을 다그치며 길을 떠날 것을 재촉하고, 주(州)의 관리는 문 앞까지 와서 성화보다 더 다급히 독촉하였습니다. 신이 어명을 받들어 한걸음에 달려가자니 할미 유씨의 병이 날로 심해지고, 잠시 개인 사정을 따르자니 고충을 아뢰어도 윤허를 받지 못하니, 신의 진퇴(進退)가 참으로 난감하옵니다.

주석

22 逮(태) : (어느 때에) 이름, 다다름. | 聖朝(성조) : 당대(當代) 왕조에 대한 존칭. 곧 진조(晉朝)를 일컬음. 황제에 대한 별칭으로도 씀.

23 沐浴(목욕) : 목욕을 할 정도로 은혜 따위를 한껏 입음을 비유한 말. | 淸化(청화) : 맑고 밝은 정치 교화.

24 太守(태수) : 군(郡)의 장관(長官). | 逵(규) : 촉한 건위군수의 이름. 그 성(姓)은 알려지지 않음.

25 察(찰) : 여기서는 인물을 알아보고 발탁 천거한다는 뜻. | 孝廉(효렴) : 한대(漢代) 이후 인재 선발 과목의 일종으로, 매년 지방관이 현지의 인사들을 살펴 부모에게 효성이 지극하거나 품행이 청렴결백한 인재를 조정에 천거하였음.

26 刺史(자사) : 주(州)의 장관. | 榮(영) : 촉한 익주(益州)자사의 이름. 그 성은 알려지지 않음.

27 秀才(수재) : 역시 한대 이후 인재 선발 과목의 일종으로, 이는 우수한 인재를 천거하는 과목임. 효렴은 군에서, 수재는 주에서 각각 천거하였음. 다만 진대(晉代)의 '수재'는 후세에 과거시험을 거친 수재(秀才)와는 다른 개념임.

28 主(주) : 주관, 주재함. 여기서는 주관하는 사람을 가리킴.

29 赴命(부명) : 부임함. '명'은 『진보』에는 원래 없는 글자이나, 『문선』에 근거해 보충함.

30 會(회) : 때마침. 이는 『문선』에는 없는 말임.

31 拜(배) : 벼슬을 내림. 곧 임명함. | 郎中(낭중) : 벼슬 이름.

32 尋(심) : 얼마 안 있어, 오래지 않아.

33 除(제) : 제수(除授)함. 원래는 옛 관직을 없애고 새 관직을 다시 내림(곧 승진 임용)을 이르는 말이었으나, 나중에는 관직을 내림을 일반적으로 이름. '배(拜)'는 처음으로 관직을 내림을 이름. | 洗馬(세마) : 원래는 '선마(先馬)'로 씀. 곧 태자선마로, 태자의 시종관(侍從官)임.

34 猥(외) : 외람됨. 분에 넘침.

35 當(당) : 담당함. | 東宮(동궁) : 태자가 거주하는 궁전. 흔히 태자의 별칭으로 많이 씀.

36 隕首(운수) : 목숨을 바친다는 말. '운'은 떨어짐.

37 具(구) : 구(俱)와 같음. 모두, 다. 곧 이밀이 벼슬에 나아갈 수 없는 모든 사정을 다 이름. | 聞(문) : (윗사람에게) 아룀.

38 逋慢(포만) : (명령을) 회피하고 가볍게 여김. '만'은 경만(輕慢)함, 오만함.

39 州司(주사) : 주(州)의 관리.

40 星火(성화) : 유성(流星)이 떨어질 때 번쩍하고 순식간에 지나가는 불빛. 흔히 급박함을 비유함.

41 告訴(고소) : 여기서는 고충을 호소함.

42 狼狽(낭패) : 진퇴양난, 곧 이렇게 하기도 저렇게 하기도 난감함을 이름. '낭'과 '패'는 모두 이리의 일종. 낭은 앞다리가 길고 뒷다리가 짧으며, 패는 그 반대인 탓에 서로 의지해야만 걸어갈 수가 있는데, 만약 서로가 떨어지게 되면 그야말로 진퇴양난이라고 함.

伏惟聖朝以孝治天下[43]하사 凡在故老[44]라도 猶蒙矜育[45]하니 況臣孤苦特爲尤甚이리잇가 且臣이 少事僞朝[46]하야 歷職郎署[47]호니 本圖宦達[48]하야 不矜名節[49]이니이다 今臣은 亡國之賤俘[50]라 至微至陋어늘 過蒙拔擢하고 寵命優渥[51]하니 豈敢盤桓[52]하야 有所希冀[53]리잇가 但以劉日薄西山[54]하야 氣息이 奄奄[55]하니 人命이 危淺[56]하야 朝不慮夕이니이다 臣無祖母면 無以至今日이요 祖母無臣이면 無以終餘年이니 母孫二人이 更相爲命[57]이니이다 是以로 區區不能廢遠[58]이로소이다 臣密은 今年四十有四[59]요 祖母劉는 今九十有六이니 是臣이 盡節於陛下之日은 長하고 報

劉之日은 短也라 烏鳥私情[60]이 願乞終養하노이다

엎드려 생각하옵건대 성조(聖朝)는 효(孝)로써 천하를 다스려 전대(前代)의 노인들까지 모두 가련하게 여겨 보살핌을 받는데, 하물며 신처럼 외롭고 곤고(困苦)함이 특히 더 심함에 있어서야 두 말할 나위가 있겠습니까? 또한 신은 젊어서 위조(僞朝)에서 벼슬하며 낭서(郎署)에서 관직을 역임하였는데, 본디 벼슬길에서 영달(榮達)하기를 도모하였을 뿐 어떠한 명성이나 절조도 자긍하지 않았습니다. 이제 신은 망국의 비천한 포로로 한없이 미천하고 한없이 비루하거늘, 과분하게도 폐하께 발탁된 데다 어명에 은총이 넘치나니, 어찌 감히 선뜻 나아가지 않고 머뭇거리며 달리 바라고 꾀하는 바가 있겠습니까? 단지 신의 할미가 해가 서산에 기우는 듯 숨이 미약하고 목숨이 위태로워 아침에 저녁 일을 알 수가 없기 때문일 따름입니다. 신은 할미가 없었다면 오늘에 이를 수 없었고, 할미는 신이 없으면 여생을 마칠 수가 없습니다. 진정 조손(祖孫)이 서로 의지해 살아가고 있으며, 그 때문에 신은 할미 봉양을 그만두고 멀리 떠날 수가 없습니다. 신은 올해 마흔네 살이고 할미는 올해 아흔여섯이니, 신이 폐하께 충절을 다할 날은 길지만, 할미의 은혜에 보답하며 봉양할 날은 짧습니다. 까마귀 새끼가 자라서 늙은 어미에게 보답하는 안갚음[反哺]의 마음으로 바라옵건대, 할미가 죽는 날까지 신이 봉양할 수 있도록 하여 주시옵소서.

주석

43 伏惟(복유) : 엎드려 생각함. 옛날 상소(上疏)나 서신에서 아랫사람이 윗사람에게 의견을 개진할 때 상용(常用)한 경어(敬語).

44 故老(고로) : 전대(前代)의 노인. 또는 옛 친구 노인.

45 矜育(긍육) : 연민(憐憫)과 양육(養育). 곧 가련하게 여겨 부양(扶養)함.

46 僞朝(위조) : 정통을 이어받지 않은 왕조. 여기서는 촉한을 가리키는데, 진(晉)에게 망한 촉한을 일컬으며 어쩔 수 없이 이렇게 말한 것임.

47 郎署(낭서) : 낭관(郎官)의 관서(官署), 관아(官衙). 이밀은 촉한에서 낭중(郎中)과 상서랑을 지낸 적이 있음.

48 宦達(환달) : 벼슬하여 영달함.

49 矜(긍) : 자긍함, 중시함, 과시함. | 名節(명절) : 은일고답(隱逸高踏)하거나 불사이성(不仕二姓, 두 왕조의 군주에게 벼슬하지 않음)하는, 맑고 아름다운 명성(名聲)과 고상한 절조. ◇이 구는 진(晉) 무제가, 촉한의 유신(遺臣)인 이밀이 새 왕조에 출사(出仕)하지 않으려는 것을, 촉한에 대한 그의 충성과 절조 때문이라고 의심하지 않을까 두려워하여 한 말임.

50 賤俘(천부) : (비)천한 포로.

51 寵命(총명) : 은명(恩命). 임금이 총애하여 내리는 명령, 즉 임금이 관리를 임명하거나 죄를 용서하는 따위의 은혜로운 명령. | 優渥(우악) : 우후(優厚)함, 풍후(豊厚)함. 곧 풍성하고 융숭함. '우'는 넉넉함. '악'은 후함. ◇이 구는 원래 『진보』에는 빠져 있으나, 『문선』에 근거해 보충함.

52 盤桓(반환) : 머뭇거리며 나아가지 못함. 또는 관망함. 여기서는 고의로 벼슬하러 나가지 않음을 이름.

53 希冀(희기) : 바라고 기도(企圖)함. 여기서는 비분(非分)의 바람을 가리킴. 곧 이밀 자신이 출사하지 않으려는 것이 결코 '명절(名節)'을 표방코자 함이 아님을 재차 강조하는 뜻을 내포함.

54 日薄西山(일박서산) : 해가 서산에 접근함. (할머니 유씨가 노환이 깊어) 남은 삶이 얼마 남지 않았음을 비유함. '박'은 박(迫)과 같음. 가까워짐, 접근함, 임박함.

55 氣息奄奄(기식엄엄) : 목숨이 곧 끊어질 듯이 숨기운이 약하고 위태한 모양.

56 危淺(위천) : 위급함. '천'은 물이 얕으면 쉬 말라버린다는 데서 빌려온 뜻으로, 여기서는 목숨이 오래가지 못함을 이름.

57 更相爲命(경상위명) : 상의위명(相依爲命). 곧 서로 의지해 살아감.

58 是以(시이) : 그러므로, 그래서. 『진보』에는 '고이(顧以)'로 되어 있으나, 『문선』에 근거해 고침. | 區區(구구) : 미소(微小)한 모양, 잔단 모양. 전의(轉義)하여 자신에 대한 겸칭. 여기서는 후자.

59 有(유) : 우(又)와 같음.

60 烏鳥事情(오조사정) : 반포지효(反哺之孝)의 마음을 이름. 효조(孝鳥)로 알려진 까마귀는, 새끼가 자라면 늙은 어미에게 먹이를 물어다 주는 습성이 있다고 하며, 그 때문에 흔히 까마귀의 '반포'로 사람의 효도를 비유함.

臣之辛苦[61]는 非獨蜀之人士[62]와 及二州牧伯[63]의 所見明知이어니와 皇天后土[64]도 實所共鑑[65]이니 願陛下는 矜愍愚誠하사 聽臣微志시면 庶劉僥倖[66]하야 卒保餘年이리니 臣은 生當隕首요 死當結草[67]리이다 臣不勝犬馬怖懼之情[68]하야 謹拜表以聞하노이다

신의 고충은 비단 촉(蜀) 땅의 사람들과 익(益)·양(梁) 이주(二州)의 자사(刺史)까지 직접 보고 익히 아는 바일 뿐만 아니라, 천지신명께서도 진실로 훤히 살펴보시는 바입니다. 원하옵건대 폐하께서는 이 못난 정성을 가련히 여기시어 신의 보잘것없는 뜻을 윤허해주신다면, 아마도 할미 유씨가 요행히 천수(天壽)를 다할 수 있을 것이니, 신은 살아서는 마땅히 목숨을 바칠 것이요 죽어서는 마땅히 결초보은하겠사옵니다. 신은 견마(犬馬)의 미천함으로 황공한 마음을 이기지 못해, 삼가 이 표문을 올려 아뢰옵나이다.

주석

61 辛苦(신고) : 곤란한, 곧 사정이 매우 딱하고 어려운 처지를 이름.

62 非獨(비독) : 비단(非但) ~뿐만 아니라.

63 二州(이주) : 익주(益州)와 양주(梁州). 당시 익주의 치소(治所)는 지금의 사천성 성도(成都)이고, 양주의 치소는 지금의 섬서성 면현(勉縣) 동쪽으로, '이주'는 대체로 촉한의 관할 지역에 해당함. | 牧伯(목백) : 즉 자사(刺史). 상고시대에 주(州)의 장관을 목(牧) 또는 방백(方伯)이라고 한 데서 후세에 자사를 이같이 일컬음.

64 皇天后土(황천후토) : 천신(天神)과 지신(地神). 곧 천지신명.

65 鑑(감) : 밝게 살펴봄.

66 庶(서) : 아마도.

67 結草(결초) : 곧 결초보은(報恩).

68 犬馬(견마) : 개나 말과 같이 천하고 보잘것없다는 뜻으로, 신하가 임금에게 자신을 낮추어 일컫는 말. | 怖懼(포구) : 두려움, 황공함.

해설

이밀은 본시 촉한의 명망 높은 신하였다. 때문에 촉한을 멸망시킨 진(晉) 무제는 그를 등용코자 하였는데, 망국(亡國)의 유신(遺臣)으로 승국(勝國) 군주의 부름에 응하지 않는 것은 '불사이성(不仕二姓)'의 혐의를 받기 십상이다. 이에 이밀은 이 표문을 올려 사정을 아뢴 것이니, 천애의 고아인 자신을 길러준 할머니가 노환이 깊어 아침에 저녁 일을 알 수 없는 지경에 이르렀는데, 자신밖에는 봉양할 사람이 없어 도저히 멀리 떠날 수 없다는 것이다. 이 같은 진퇴양난의 처지에서, 이밀은 동시에 효친(孝親)과 충군(忠君)에 충실할 수 없는 고충을 토로하였다. 또한 지금 자신은 마흔넷이고 할머니는 아흔여섯으로 임금님께 충성할 날은 아직 많지만, 할머니 은혜에 보답할 날은 얼마 남지 않았다는 분석으로, 이 난제를 풀 유력한 실마리를 찾고 있다. 시간적으로 먼저 효친을 다한 다음, 충군에 헌신해도 늦지 않으니, 돌아가시는 날까지 할머니를 봉양할 수 있기를 바라는 자신의 간절한 뜻을 가납(嘉納)해 달라는 것이니, 이 진정어린 호소에 어느 누가 감동하지 않을 수 있으랴? 예로부터 '「진정표」를 읽고 눈물을 흘리지 않으면, 효자가 아니'라고 하지 않았던가?

난정기 蘭亭記[1]

동진(東晋) 왕희지(王羲之)

永和九年歲在癸丑暮春之初[2]에 會於會稽山陰之蘭亭하야 修禊事也[3]러니 群賢이 畢至[4]하고 少長이 咸集이라 此地有崇山峻嶺과 茂林修竹하고 又有淸流激湍[5]이 映帶左右라 引以爲流觴曲水[6]하야 列坐其次[7]하니 雖無絲竹管絃之盛[8]이나 一觴一詠이 亦足以暢敍幽情이라

영화(永和) 9년 계축년 삼월 초에, 우리는 회계 산음의 난정에 모여 '수계(修禊)'의 행사를 가졌는데, 뭇 현자(賢者)가 다 이르고, 나이 많은 이 적은 이가 모두 모였다. 이곳엔 높은 산과 험한 재, 무성한 나무숲과 큰 대나무들이 있고, 또 맑은 시냇물과 세찬 여울이 있어, 맑디맑은 빛을 비추며 좌우로 휘돌아 흐른다. 그 물을 끌어다가 유상(流觴)의 곡수(曲水)를 만들어 다 같이 언저리에 둘러앉으니, 비록 관현악의 흥겨움은 없어도 술 한 잔에 시 한 수를 읊노라니, 그윽한 정회(情懷)를 토로하기에 또한 족하도다.

왕희지(321~379) : 자(字)는 일소(逸少), 낭야(瑯琊) 임기(臨沂, 지금의 산동성 임기) 사람으로, 회계(會稽) 산음(山陰, 지금의 절강성 소흥紹興)에서 살았다. 명문 세가(世家) 출신으로, 우군장군(右軍將軍), 회계내사(內史) 등의 벼슬을 한 적이 있어 세칭 '왕우군(王右軍)'으로 불린다. 천성이 활달하고 산수 자

연을 좋아한 반면, 세속의 번화한 삶을 싫어하였는데, 만년에는 병을 핑계로 벼슬을 그만두고, 자연 정취에 묻혀들었다. 중국 역사상 가장 걸출한 서예가로, '서성(書聖)'의 일컬음이 있으며, 시문(詩文)에도 뛰어났다. 특히 그가 지어서 서수필(鼠鬚筆, 쥐 수염으로 만든 붓)로 우리나라 비단 종이인 잠견지(蠶繭紙)에 쓴, 「난정집서(蘭亭集序)」는 서원(書苑)의 진품(珍品)이요, 문단의 걸작으로, 후세에 수많은 사람들의 찬사와 애호를 받고 있다.

주석

1 蘭亭記(난정기) : 진(晉) 목제(穆帝) 영화(永和) 9년(353) 3월 3일 왕희지를 비롯한 사안(謝安), 손작(孫綽) 등 당시의 명사(名士) 41명이 '난정'에 모여 주연을 베풀며, 각기 시(詩)로써 내심의 정회(情懷)를 읊었는데, 나중에 그 시작품을 모두 한데 모아 「난정집(蘭亭集)」을 엮음. 이 글은 왕희지가 바로 그 서문으로 써서 덧붙인 것임. 때문에 이 글의 제목은 흔히 「난정집서(序)」로 전해짐. '난정'은 회계군(郡) 산음현(縣) 서남쪽 27리 지역인 난저(蘭渚)에 있던 정자.

2 暮春之初(모춘지초) : 음력 3월 3일을 가리킴.

3 修禊事(수계사) : 옛날 음력 3월 상사일(上巳日, 상순上旬 사일巳日, 나중에는 3월 3일로 고정됨)에 물가에 나가 몸을 깨끗이 씻고, 상서롭지 못한 기운을 물리치는 액막이 제사를 지내던 풍속을 이름. 이는 사실상 옛날 사람들의 상춘(賞春) 활동의 하나로, 선비들은 이날 물가에 모여 함께 술을 마시며 시를 지어 읊조리는 풍류(風流)의 모임을 가졌음. '수'는 다스림[治]. 여기서는 거행한다는 뜻. '계'는 불계(祓禊), 즉 액막이 제사. '계사'는 불계의 행사.

4 畢(필) : 다, 모두. 뒤의 '함(咸)'도 이와 같음.

5 激湍(격단) : 급한 여울.

6 流觴(유상) : 술잔을 곡수(曲水)에 띄워 놓고, 물 흐름을 따라 돌다가 멈추면, 바로 그 앞에 앉은 사람이 술잔을 들어 마시는 방식으로 진행되는 주

연(酒宴). '상'은 술잔. | 曲水(곡수) : '유상'의 주연을 위해 물을 끌어다가 굽이굽이 한 바퀴 빙 돌아 흐르게 만든 작은 도랑으로, 우리나라 신라 시대 경주의 포석정 같은 곳을 이름.

7 次(차) : 곳, 장소. 여기서는 물(곡수)가를 가리킴.

8 絲竹管絃(사죽관현) : '사'·'현'은 거문고나 비파 같은 현악기, '죽'·'관'은 퉁소나 피리 같은 관악기를 가리킴.

是日也에 **天朗氣淸**하고 **惠風和暢**이라 **仰觀宇宙之大**[9]하며 **俯察品類之盛**[10]하야 **所以遊目騁懷**[11]가 **足以極視聽之娛**하니 **信可樂也**로다

이날은 하늘도 개고 공기도 맑고 따스한 바람까지 상쾌하게 불어왔는데, 천지(天地) 고금(古今)의 광대함을 우러러보고, 만물의 번성함을 굽어 살피며 눈길 닿는 데까지 한없이 바라보고 또 흉중(胸中)의 정회를 끝없이 내달려 보노라니, 족히 보고 듣는 즐거움을 다할 수 있어 참으로 즐거웠다.

주석

9 宇宙(우주) : 천지(天地)와 고금(古今)을 이름.

10 品類(품류) : 물류(物類). 곧 만물.

11 遊目(유목) : 시야를 멀리하여 마음껏 풍경을 유람 감상함. | 騁懷(빙회) : 흉회(胸懷)를 활달히 하여 상쾌함을 만끽함.

夫人之相與俯仰一世[12]에 **或取諸懷抱**[13]하야 **悟言一室之內**[14]하고 **或因寄所託**[15]하야 **放浪形骸之外**[16]하나니 **雖趣舍萬殊**[17]하

고 靜躁不同[18]이나 當其欣於所遇[19]하며 暫得於己[20]하야 快然自得[21]이면 曾不知老之將至[22]라가 及其所之旣倦[23]에 情隨事遷하야 感慨係之矣라 向之所欣[24]이 俛仰之間[25]에 以爲陳迹[26]하니 尤不能不以之興懷[27]로다 況修短隨化[28]하야 終期於盡[29]에랴 古人云: 死生이 亦大矣[30]라 豈不痛哉아

무릇 사람이 서로 더불어 시내며 순식간에 한 평생을 살아가면서, 어떤 이는 내심의 회포를 털어 내어 한 방(房)에서 벗과 환담을 나누고, 또 어떤 이는 온[全] 정회를 산수 자연과 같이 흥취가 이는 데에 맡겨서 아무 것에도 얽매이지 않고 유유자적하도다. 이처럼 비록 그 취향이 너무나 다르고, 정적(靜的)이고 동적(動的)임이 서로 같지 않지만, 일상에서 만나는 즐거움에 기쁨을 느끼며 잠시 스스로 득의하여 한껏 유쾌하고 흡족하다면, 장차 노쇠할 날이 다가오는 것조차 알지 못할 것이다. 하지만 그렇게 흥취가 일던 것도 어느새 싫증이 나고, 내심의 감정이 사물의 변화에 따라 바뀌게 되면, 온갖 감개가 잇따라 일도다. 지난날 기쁘고 즐겁던 일이 순식간에 이미 낡은 자취가 되고 말매, 더욱 감회를 일으키지 않을 수가 없나니, 하물며 우리네 수명의 길고 짧음도 자연 조화에 따라 결국은 그 기한(期限)이 다하고 마는 데에 있어서야, 어찌 두말 할 나위가 있겠는가! 옛사람이 이르기를 "죽고 사는 것도 인생의 큰일이다."라고 하였으니, 어찌 비통해 하지 않을 수 있으랴?

주석

12 俯仰(부앙) : 고개를 숙임과 듦. 곧 지극히 짧은 시간을 형용함.

13 諸(저) : '지어(之於)'의 합성어.

14 悟言(오언) : 오언(晤言)과 같음. 서로 만나 터놓고 이야기함. '오(悟)'는 오(晤)와 통함.

15 因(인) : ~로 인함, ~에 의지함, ~에 근거함. | 所託(소탁) : 정회(情懷)를 맡기는 대상(對象). 곧 산수 자연 등 특별히 동경하고 애호하며 홍취를 갖는 사물을 가리킴.

16 放浪形骸之外(방랑형해지외) : '방랑형해'와 같음. 일신(一身)을 제멋대로 하여 세속 예법에 얽매이지 않고 유유자적한다는 뜻으로, 곧 각기 자신의 홍취에 따라 마음껏 감각적인 향유(享有)를 추구함을 이름. 반대말은 '수심양성(修心養性)', 즉 심성을 갈고 닦아 높은 경지로 끌어올림. '방랑'은 방종(放縱)함. '형해지외'는 사람의 외재적인 형해, 즉 육체, 형체를 이름.

17 趣舍(취사) : 취사(取捨)와 같음. 여기서는 사람의 지향(志向), 취향(趣向)을 가리킴.

18 靜躁(정조) : 정동(靜動).

19 所遇(소우) : 만나는 바. 곧 사람이 살아가면서 만나게 되는 경우나 처지, 상황, 일 등. 여기서는 특히 자적한 생활 속에서 얻는 즐거움을 두고 이름.

20 得於己(득어기) : 심리적, 정신적으로 스스로 득의함을 느낀다는 말.

21 快然(쾌연) : 유쾌한 모양, 즐겁고 기쁜 모양. | 自得(자득) : 여기서는 자족(自足)과 같은 뜻으로 보는 것이 전후 문맥상 보다 자연스러움. 『진서(晉書)』「왕희지전(王羲之傳)」에는 '자족'으로 되어 있음.

22 曾(증) : 여기서는 뜻밖에, 의외로, ~조차도의 뜻. 일반적으로 상(嘗)과 같은 '일찍이'의 뜻으로 풀이하는 경향이 있으나, 이 단락의 내용이 특정한 인물의 개인적인 경험론이라기보다는, 사람이 한 평생을 살아가면서 경험하게 되는 심리적 정서적 변화에 대한 일반론으로 보아야 하므로, 전자가 더욱 적절한 풀이로 판단됨.

23 所之(소지) : 마음이 가는 바. 곧 홍취가 있고, 동경하고 애호하는 바를 가리킴. '지(之)'는 감.

24 向(향) : 접때, 지난날.

25 俛仰之間(면앙지간) : 순식간. '면앙'은 부앙(俯仰).

26 以(이) : 여기서는 이(已)와 통함.

27 尤(우) : 더욱. 『진서(晉書)』「왕희지전(王羲之傳)」에는 '유(猶, 오히려)'로 되어 있음. | 以(이) : ~로 인해, ~때문에.

28 修短(수단) : 사람 수명의 길고 짧음. '수'는 긺. | 化(화) : 자연의 조화, 변화.

29 期(기) : 인생의 기한(期限).

30 死生亦大矣(사생역대의) : 『장자』「덕충부(德充符)」에서 인용한, 공자의 말.

每攬昔人興感之由[31]에 若合一契[32]하야 未嘗不臨文嗟悼[33]호대 不能喩之於懷[34]나 固知一死生爲虛誕[35]하고 齊彭殤爲妄作[36]이라 後之視今이 亦猶今之視昔이리니 悲夫라 故로 列敍時人[37]하고 錄其所述[38]하니 雖世殊事異나 所以興懷는 其致一也[39]라 後之覽者亦將有感於斯文[40]이리라

매번 옛날 사람들이 감개를 일으킨 연유를 살펴볼 때면, 하나의 신표(信標)를 합친 듯 우리와 흡사하매, 일찍이 그들의 글을 대하며 탄식하고 슬퍼하지 않은 적이 없었으나, 그 까닭은 마음 깊이 깨닫지 못하였다. 하지만 이제 진실로 삶과 죽음이 한가지란 말이 헛된 것이요, 장수하고 단명함을 동일시하는 게 터무니없다는 것을 알겠나니, 장차 후세 사람들이 지금 사람들을 보는 것도 지금 우리가 옛날 사람들을 보는 것과 같을지니, 슬프도다! 그러므로 이번 모임에 참석한 이들의 이름을 일일이 적고, 그 시편(詩篇)을 모두 수록하였다. 비록 시대는 바뀌고 사정은 달라지겠지만, 감회를 일으키는 그 정서는 한가지일 것이러니, 후세의 독자들도

장차 이 글을 읽으며 감개(感慨)가 일 것이다.

주석

31 攬(람) : 람(覽)과 통함. 살펴봄.

32 若合一契(약합일계) : 하나의 신표를 합치는 것과 같이 완전히 일치한다는 뜻. '계(契)'는 나무나 대나무 등에 글씨를 새긴 후 둘로 쪼개어 한 조각씩 나누어 가지고 있다가, 나중에 서로 합쳐보고 신임의 증거로 삼는 신표나 부절(符節).

33 嗟悼(차도) : 탄식하고 슬퍼함.

34 喩(유) : 깨달음, 앎, 이해함.

35 一死生(일사생) : 『장자』「제물론(齊物論)」에서 삶과 죽음을 한가지로 본 견해를 이름.

36 齊彭殤(제팽상) : 역시 『장자』「제물론」에서 장수와 단명을 동일시한 견해를 이름. '제'는 같음. '팽'은 팽조(彭祖)로, 800살까지 살았다는 전설상의 인물. '상'은 요절(夭折) 단명(短命)하는 사람을 가리킴.

37 時人(시인) : 당시 난정의 수계 모임에 참석한 사람들을 가리킴.

38 所述(소술) : 모임 참석자들이 지은 시(詩)를 가리킴.

39 致(치) : 정치(情致), 정취(情趣), 정서(情緖).

40 斯(사) : 차(此)와 같음.

해설

이 글은 당시 난정 연회의 성황(盛況)을 설명하면서, 또한 작가의 개인적 정취와 감개를 토로하였다. 전편은 모두 네 단락으로 나뉜다. 먼저 첫 단락은 난정 주변의 산수 수려함을 묘사하였고, 둘째 단락은 청명한 날씨와 상쾌한 공기가 연회에 모인 사람들로 하여금 한껏 즐거움을 느끼게 함을 서술하였다. 하지만 작가는 셋째 단락에서는 눈앞 경물의 정취에 취하다 문득 내심에 이는 감개를 이기지 못하고, 일찍이 한(漢) 무제가 「추풍사」에서

"즐거움이 극에 달하니 슬픈 정이 솟구친다(歡樂極兮哀情多)"고 하였듯이, 득의한 일상의 즐거움 속에서 오히려 그 즐거움이 사라진 이후의 비애를 떠올리는가 싶더니, 급기야 세상사의 다변(多變)과 인생의 무상을 한탄한다. 그리고 마지막 단락에서는 이번 연회에 참석한 이들의 시작(詩作)을 한데 모아 시집을 엮는 까닭은, 후세 사람들도 이에 감동을 받고 인생에 대한 감개를 느낄 수 있기를 바라기 때문임을 설명하였다. 다만 삶과 죽음이 한가지라거나 장수하고 요절함을 동일시하는 노장(老莊)의 견해가 실로 허망하고 터무니없다는 비판에서는, 또 유한한 세월을 헛되이 보내지 않아야 한다는 보다 적극적이고 진취적인 인생관을 엿볼 수 있다.

귀거래사 歸去來辭[1]

동진(東晋) 도연명(陶淵明)

歸去來兮여 田園이 將蕪[2]한대 胡不歸[3]리오 旣自以心爲形役[4]이어늘 奚惆悵而獨悲[5]오 悟已往之不諫이요 知來者之可追[6]라 實迷途其未遠[7]하며 覺今是而昨非[8]로다 舟搖搖以輕颺[9]하고 風飄飄而吹衣[10]로라 問征夫以前路[11]한대 恨晨光之熹微[12]로다

돌아가자꾸나! 바야흐로 전원이 거칠어지려는데, 어찌 돌아가지 않으리오? 내 이미 스스로 이 한 몸의 온포(溫飽, 따뜻하게 입고 배부르게 먹음)를 위해 마음을 혹사하였거늘, 어찌 상심하여 홀로 슬퍼하기만 하랴? 지난 일은 돌이킬 수 없음을 깨닫고, 앞일은 이제부터 제대로 좇아가면 된다는 걸 알아야 하리. 기실(其實) 길을 잘못 들어섰으나 아직 멀리 가지 않았고, 오늘이 옳고 어제가 글렀음을 알겠노라. 배는 흔들흔들 경쾌하게 나아가고, 바람은 산들산들 옷자락에 부나니, 행인에게 앞길을 묻는데 새벽빛이 희미함을 한(恨)할 따름이로다.

주석

1 이 글의 제목이 일부 『도연명집(陶淵明集)』에는 「귀거래혜사(歸去來兮辭)」로 되어 있음. '귀거'는 벼슬을 버리고 전원으로 돌아감을 이름. '래'와 '혜'는 모두 감탄사로, 흥분과 희열의 정을 나타냄. '사'는 초사류(楚辭類)의 문체(文體) 이름. 대개 일정한 격식의 문구에 어느 정도 압운까지 해야 함.

2 蕪(무) : 황무(荒蕪)함, 황폐함. 곧 논밭 따위를 거두지 않고 내버려 두어

잡초가 우거져 매우 거칢.

3 胡(호) : 하(何)와 같음. 왜, 어찌(하여).

4 以心爲形役(이심위형역) : 마음으로 하여금 몸에게 부림을 당하게 함. 곧 마음은 출사(出仕)하고 싶지 않지만, 춥고 배고픈 일신(一身)의 생계 문제 때문에 부득불 '질성자연(質性自然, 자연스럽고 진솔한 본성)'을 어기고 세상에 나가 벼슬하며 봉록(俸祿)을 구하였음을 이름. '형'은 형체, 육체. '역'은 부림, 사역(使役)함.

5 奚(해) : 하(何)와 같음. | 惆悵(추창) : 실의하여 슬퍼함.

6 이 2구는 『논어(論語)』「미자편(微子篇)」에서 초광(楚狂) 접여(接輿)가 공자에게 피세 은일(隱逸)을 권고하며, "지나간 것은 돌이킬 수 없지만, 다가오는 것은 이제부터라도 제대로 하면 되나니.(往者不可諫, 來者猶可追)"라고 한 데에 근거함. '간(諫)'은 웃어른이나 임금에게 옳지 못하거나 잘못된 일을 고치도록 권함. 여기서는 바로잡음, 만회함. '추(追)'는 쫓아가 미침, 아직 늦지 아니함. 여기서는 보완한다는 뜻으로, 벼슬을 그만두고 전원으로 돌아가 은거하는 것은 지금부터라도 하면 된다는 말임.

7 迷途(미도) : 길을 잃음, 잘못된 길로 들어서 헤맴. 곧 세상에 나가 벼슬한 것을 가리킴. | 其(기) : 구중(句中) 어조사.

8 今(금) : 지금. 곧 벼슬을 버리고 전원으로 돌아가 은거함을 가리킴.

9 搖搖(요요) : 좌우로 가볍게 흔들거리는 모양. 『도연명집』에는 '요요(遙遙)'로 되어 있는데, 뜻은 같음. | 颺(양) : 양(揚)과 통함. 바람에 가볍게 날리는 모양. 또 경쾌한 모양. 곧 배가 경쾌하게 나아감을 형용함.

10 飄飄(표표) : 바람이 산들산들 부는 모양.

11 征夫(정부) : 행인(行人).

12 熹微(희미) : 햇빛이 희미함. 곧 미명(未明)을 형용함.

乃瞻衡宇[13]하니 載欣載奔[14]이라 僮僕은 歡迎하고 稚子는 候

門이라 三徑[15]은 就荒[16]이나 松菊은 猶存이라 携幼入室하니 有酒盈樽[17]일새 引壺觴以自酌하고 眄庭柯以怡顔[18]이라 倚南窓以寄傲[19]하니 審容膝之易安[20]이라 園日涉以成趣[21]하고 門雖設而常關이라 策扶老以流憩[22]라가 時矯首而遐觀[23]하니 雲無心以出岫[24]하고 鳥倦飛而知還이라 景翳翳以將入[25]하니 撫孤松而盤桓[26]이로다

이윽고 이내 오두막이 저 멀리 바라다보이매 한껏 기뻐 달려가니, 사내아이 종은 쫓아 나와 반갑게 맞고, 어린 자식은 문에서 기다리는구나. 정원의 세 갈레 좁은 길은 황폐해져 가건만 소나무와 국화는 아직도 그대로이고, 어린 놈 손을 잡고 방으로 들어가니 술독에 술이 가득하다. 술병과 술잔을 끌어당겨 자작(自酌)하고, 한가로이 정원의 나뭇가지를 바라보며 흐뭇한 표정을 짓는다. 또한 남쪽 창에 기대어 고오(高傲)한 정회(情懷)를 부치니, 진정 무릎을 겨우 용납할 좁디좁은 거처의 편안함을 알겠도다. 정원은 날마다 거닐며 흥취를 느끼는데, 문은 달아만 놓았지 항상 닫혀 있도다. 지팡이 짚고 이리저리 거닐다 편하게 쉬며, 이따금 고개 들어 저 멀리 바라보니, 구름은 무심히 산골짝에서 피어오르고, 새는 날다 지쳐 돌아올 줄을 아는구나. 햇빛은 어스레히 저물어 가는데, 외솔을 어루만지며 서성이노라.

주석

13 瞻(첨) : 멀리 바라다보임. | 衡宇(형우) : 가로나무문을 한 누추한 집. 흔히 은자의 거처를 가리킴. '형'은 형문(衡門, 가로나무문). 두 개의 기둥에 가로 막대를 하나 걸쳐 만든 허술한 문. '우'는 처마. 곧 집을 가리킴.

14 載(재)～載(재)～ : 동시에 두 가지 동작을 함을 나타낼 때 쓰는 말. ～하면서 ～함.

15 三徑(삼경) : 정원의 세 갈래 소로(小路). 흔히 은자의 거처를 이름. 전한말(前漢末)에 왕망(王莽)이 정권을 찬탈하자, 연주자사(兗州刺史) 장후(蔣詡)는 병(病)을 핑계로 벼슬을 그만두고 낙향해 은거하면서, 집안 대숲에 세 갈래 좁은 길을 내어놓고 오직 은사 구중(求仲)과 양중(羊仲) 두 사람과만 교유하였다고 한 데서 유래한 말.

16 就(취) : 거의 ～에 가까움, ～한 지경에 이름.

17 樽(준) : 술통, 술독.

18 眄(면) : 곁눈질하여 봄. 여기서는 한가로이 바라봄. | 柯(가) : 나뭇가지. | 怡顔(이안) : 얼굴빛을 기쁘게 함, 기쁜 표정을 지음. '이'는 기쁨.

19 寄傲(기오) : 고오(高傲, 세속을 떠나 초연함)하고 활달한 정회를 맡김.

20 審(심) : 깊이 앎, 잘 앎. | 容膝(용슬) : 무릎을 겨우 용납할, 즉 다리를 쭉 펴서는 아니 되고, 반드시 무릎을 구부리고 앉아야만 될 정도로 작은 집을 이름. 곧 거처가 협소함을 극단적으로 표현한 말임.

21 涉(섭) : 거닒.

22 策(책) : (지팡이를) 짚음. | 扶老(부로) : 지팡이의 별칭. '부'는 대나무의 일종인 부죽(扶竹), 곧 공죽(筇竹). 지팡이를 만들기에 아주 적합하므로 부로죽(扶老竹)이라고도 하며, 지팡이는 또 '부로'라고 별칭하게 됨. | 流憩(유게) : 이리저리 거닐며 쉼. '유'는 주유(周遊), 즉 여기저기 돌아다님.

23 矯首(교수) : 머리를 듦. '교'는 거(擧)와 같음. | 遐觀(하관) : 멀리 바라봄. '하'는 멂.

24 岫(수) : 산굴, 곧 산중의 암혈(巖穴). 또 산골짜기. 일설에는 산봉우리.

25 景(경) : 햇빛. | 翳翳(예예) : 해질 무렵의 어스레한 모양.

26 盤桓(반환) : 머뭇거리며 멀리 떠나지 못하고 서성임, 배회함.

歸去來兮[27]여 請息交以絶游[28]라 世與我而相違어늘 復駕言

兮焉求[29]리오 悅親戚之情話[30]하고 樂琴書以消憂라 農人이 告余以春及하니 將有事于西疇[31]로다 或命巾車[32]하고 或棹孤舟하야 旣窈窕以尋壑[33]이요 亦崎嶇而經丘[34]하니 木欣欣以向榮[35]하고 泉涓涓而始流[36]라 羨萬物之得時[37]한대 感吾生之行休[38]로다

돌아가자꾸나! 이제 세속적인 교유(交遊)는 모두 끊으리라. 세상이 나와는 서로 맞지 않거늘, 다시 수레를 몰고 나가 무엇을 얻겠는가? 친척의 정담(情談)에 기뻐하고, 거문고 타고 책 읽기를 즐기며 시름을 잊는다. 농부가 내게 봄이 왔다고 하니, 장차 서쪽 밭에 할 일이 있으렷다. 때로는 베 덮개 수레를 타고, 때로는 일엽편주(一葉片舟)를 저어, 깊고 그윽한 물길로 산골짝을 찾기도 하고, 울퉁불퉁 험한 산길로 언덕을 지나기도 하는데, 나무는 싱싱히 무성해져 가고, 샘물은 졸졸졸 흐르기 시작하도다. 이렇듯 만물이 천시(天時)에 맞춰 번성함이 부럽건만, 이내 인생은 어느새 끝나 감이 안타깝구나.

주석

27 歸去來兮(귀거래혜) : 여기서는 도연명이 전원으로 돌아온 지 아직 얼마 되지 않은 상황에서, 그 귀전(歸田) 은거의 의지를 보다 확고히 하기 위한 것으로 보임.

28 請(청) : 겸손・공경의 뜻을 표현하는 말로, 여기서는 작가가 자신의 염원을 나타내는 말을 이끌어 내기 위해 쓴 것임. | 息交(식교)・絶游(절유) : 모든 세속적인 교유를 끊고, 세상사에 관심을 기울이지 않음을 이름. 특히 벼슬세계와의 단절을 가리킴. '식교'는 다른 사람이 나를 찾지 않게 함. '절유'는 내가 다른 사람을 찾지 않음.

29 駕言(가언) : 수레를 몰고 나감. 곧 (세속적인) 교유를 위해 밖으로 나간

다는 말. '언'은 어조사. 특별한 뜻은 없음. 일설에는 이(以)와 같은 뜻이라고 함. | 焉求(언구) : 하구(何求)와 같음. 무엇을 구하는가?

30 悅(열) : 기쁨, 기뻐함, 좋아함.

31 疇(주) : 전지(田地), 농지(農地).

32 命(명) : 여기서는 (수레를) 탐. | 巾車(건거) : 베[布] 덮개가 있는 수레.

33 窈窕(요조) : (산길이나 골짜기가) 깊고 그윽하며 굽이진 모양. | 壑(학) : 산골짜기. 또 산골짜기에 흐르는 시냇물.

34 崎嶇(기구) : 산길이 울퉁불퉁 험한 모양.

35 欣欣(흔흔) : 생기 왕성한 모양. | 向榮(향영) : 초목이 무성해져 감, 또는 무성함.

36 涓涓(연연) : 수량이 적은 물이 졸졸 흐르는 모양.

37 羨(선) : 부러워함. 『도연명집』에는 '선(善)'으로 되어 있는데, 좋아한다거나 좋다고 여긴다는 뜻으로, 그 또한 부러워함을 이름. | 得時(득시) : 천시(天時)에 순응함, 시령(時令)에 부합함.

38 行休(행휴) : (인생이) 장차 끝남. '행'은 장차 또는 곧 ~함. 일설에는 '행'은 지난날의 출사를 가리키고, '휴'는 지금의 은거를 이른다고 하나, 그다지 자연스럽지 못함.

已矣乎[39]라 寓形宇內復幾時[40]리오 曷不委心任去留[41]오 胡爲乎遑遑欲何之[42]오 富貴는 非吾願이요 帝鄕[43]은 不可期라 懷良辰以孤往[44]하고 或植杖而耘耔[45]라 登東皐以舒嘯[46]하고 臨淸流而賦詩[47]라 聊乘化以歸盡[48]하리니 樂夫天命復奚疑[49]아

아서라! 이 한 몸 천지지간에 붙이어 살날이 다시 더 얼마나 되랴? 어찌하여 마음이 내키는 대로 나아가고 머무름을 맡기지 않으며, 무엇 때문에 허겁지겁 어디를 가려고 하는가? 부귀는 내 바라는 바가 아니요,

선경(仙境)은 기약할 수 없도다. 하여 날씨가 좋은 날이면 홀로 나가 거닐며, 때로는 지팡일랑 밭에 꽂아 두고 김도 매고 흙도 북돋아 주리라. 또한 봄날 물가 들녘에 올라 한가로이 길게 휘파람을 불고, 맑은 시냇가에 이르러선 시(詩)를 읊조리리라. 이렇듯 잠시 대자연의 변화에 순응하여 이 삶을 다할지니, 즐거이 천명(天命)을 따르며 자적(自適)하면 그만이지, 또 무얼 의심하겠는가?

주석

39 已(이) : 맒, 그만둠.

40 寓形宇內(우형우내) : 육신을 우주 안에 붙이어 삶. 곧 이 세상에서 삶.

41 曷(갈) : 어찌, 어떻게. | 委心(위심) : 자신의 마음에 따라, 마음이 내키는 대로. | 去留(거류) : 행지(行止), 즉 나아감과 머무름. 곧 출사와 은거를 가리킴.

42 胡爲(호위) : 하위(何爲)와 같음. 무엇 때문에, 왜. | 遑遑(황황) : 허겁지겁 조급하고 불안한 모양. | 何之(하지) : 하왕(何往)과 같음. 어디로 가는가? 이에는 궁극적으로 앞에서 말한 '언구(焉求)'의 뜻을 내포하기도 함.

43 帝鄕(제향) : 천제지향(天帝之鄕), 곧 하느님이 사는 곳. 여기서는 선경(仙境) 또는 성선(成仙)을 뜻함.

44 懷(회) : 기대함, 기다림. 곧 그러한 때가 되면. | 良辰(양신) : 가절(佳節), 또 날씨가 화창한 날.

45 植杖(식장) : 지팡이를 땅에 꽂아둠. | 耘(운) : 논밭의 잡초를 뽑음. 곧 김을 맴. | 耔(자) : 농작물의 포기 밑에 흙을 모아 북돋아 줌. 곧 배토(培土)함.

46 東皐(동고) : 봄날의 물가 들녘. '동'은 봄의 방향이므로 그 뜻을 취함. '고'는 물가의 높은 땅, 곧 논밭, 들녘을 이름. | 舒嘯(서소) : 천천히 또는 한가로이 길게 휘파람을 붊.

47 賦詩(부시) : 시를 지음, 읊조림.

48 聊(료) : 잠시. | 化(화) : 대자연의 변화. | 盡(진) : 생명의 끝, 곧 죽음.

49 樂夫天命(낙부천명) : 낙천지명(樂天知命)·낙천안명(樂天安命)과 같음. 곧 천리(天理)를 즐거이 따르고 명운(命運)에 편안히 순응하며 유유자적함. '부'는 구중(句中)조사. 특별한 뜻은 없음.

해설

이 글은 진(晉) 안제(安帝) 의희(義熙) 원년(405), 도연명이 팽택령(彭澤令)을 그만두고 귀향한 후 얼마 되지 않았을 때 쓴 것이다. 원작(原作)에는 본디 서문(序文)을 덧붙여 출사의 배경과 귀전의 연유를 설명하였는데, 생계가 절박해 어쩔 수 없이 벼슬길에 나갔으나, 자연스럽고 진솔한 본성을 어기는 게 너무 고통스러워, 한 일 년 있다가 귀전하려고 하던 차에 누이의 부음을 듣고, 서둘러 벼슬을 그만두고 돌아오게 되었다는 것이다. 또한 이 본문에서는 귀선의 확고한 결심과 귀전 시(時)의 유쾌한 심정, 귀전 후의 즐거운 정서를 서술하였는데, 전원 정취에 대한 찬미와 경작 생활에 대한 가송(歌頌)을 통해, 당시의 정치 현실에 대한 불만을 표출함과 동시에, 낙천안명(樂天安命, *주석49 참조)의 처세 태도를 표현하였다.

원도 原道[1]

당(唐) 한유(韓愈)

博愛之謂仁이요 行而宜之之謂義[2]요 由是而之焉之謂道[3]요 足乎己無待於外之謂德이니 仁與義는 爲定名[4]이요 道與德은 爲虛位[5]라 故로 道는 有君子有小人하고 而德은 有凶有吉이니라 老子之小仁義[6]는 非毁之也[7]라 其見者가 小也일새 坐井而觀天曰天小者는 非天小也라 彼以煦煦爲仁[8]하며 孑孑爲義[9]하니 其小之也則宜로다 其所謂道[10]는 道其所道니 非吾所謂道也요 其所謂德[11]은 德其所德이니 非吾所謂德也라 凡吾所謂道德云者는 合仁與義言之也니 天下之公言也요 老子之所謂道德云者는 去仁與義言之也니 一人之私言也니라

널리 사랑함을 인(仁)이라 하고, 행하여 인에 부합함을 의(義)라 하며, 인의에 입각해 나아감을 도(道)라 하고, 내심에 인의의 본성이 가득하여 외계(外界)에 의지할 것이 없음을 덕(德)이라 한다. 인과 의는 확정된 이름이요, 도와 덕은 공허한 자리이다. 그러므로 도에는 군자의 도와 소인의 도가 있고, 덕에는 길한 덕과 흉한 덕이 있다. 노자가 인의를 하찮게 여긴 것은 결코 인의를 비방한 게 아니요, 단지 그의 견식이 협소함을 보여줄 따름이니, 우물 안에 앉아 하늘을 보며 하늘이 작다고 하는 것은 결코 하늘이 작기 때문이 아니다. 그는 작디작은 은혜를 인이라고 생각하고, 작디작은 선행을 의라고 생각하니, 인의를 하찮게 여기는 것은 당

연한 것이다. 그가 말하는 도는 그가 도라고 여기는 바를 도라고 한 것이지 내가 말하는 도가 아니며, 그가 말하는 덕은 그가 덕으로 여기는 바를 덕이라고 한 것이지 내가 말하는 덕이 아니다. 무릇 내가 이른바 도덕이라고 하는 것은 인과 의를 포괄하여 말한 것으로, 천하의 공론(公論)이요, 노자가 이른바 도덕이라는 것은 인과 의를 떠나서 말한 것으로, 일인(一人)의 사론(私論)이다.

한유(768~824) : 자(字)는 퇴지(退之), 등주(鄧州) 남양(南陽, 지금의 하남성 맹현孟縣) 사람. 선대(先代)에는 창려(昌黎, 지금의 하북성 창려)에서 거주하였으므로 스스로 '창려 한유'라 하고, 세상에서는 '한(韓)창려'라고 부른다. 또 사후의 시호(諡號)가 '문(文)'이어서 '한문공(韓文公)'으로도 불린다. 세 살 때 고아가 되어 형수 정씨(鄭氏)의 손에서 자랐는데, 어려서부터 정통 유학(儒學) 사상과 문학의 훈도를 받으며 글공부에 각고(刻苦)하여 심후한 학문적 기초를 다졌다. 덕종(德宗) 정원(貞元) 8년(792) 스물다섯 살 때 진사에 급제하였고, 정원 19년 감찰어사(監察御使)에 올랐을 때 심한 가뭄과 함께 기근이 들자, 상소하여 백성들의 요역(徭役)과 조세(租稅)를 감면해 줄 것을 간(諫)하였다가, 양산(陽山, 지금의 광동성 양산) 현령(縣令)으로 좌천되었다. 그 후 몇 차례 승진하였으나, 헌종(憲宗) 원화(元和) 14년(819) 형부시랑(刑部侍郎)으로 있을 때, 임금이 불교를 숭상하여 불골(佛骨), 즉 부처의 사리를 궁중에 영접 안치하려는 데 대해 「논불골표(論佛骨表)」를 올려 신랄히 비판 반대하였다. 하지만 그 일로 헌종의 격노를 사 거의 처형될 뻔했는데, 주위 사람들의 구원을 받아 조주(潮州, 지금의 광동성 조안潮安) 자사(刺史)로 좌천되었다. 목종(穆宗) 장경(長慶) 원년(821)에는 조정의 부름을 받고 장안으로 돌아와 국자좨주(國子祭酒)에 올랐고, 이후 경조윤(京兆尹), 병부(兵部) 및 이부시랑(吏部侍郎)을 역임하였다. 당대(唐代)의 저명 문학가였던 그는 유가사상의 충실한 계승자로 자처하며 불로(佛老)사상을 극력 배척하였으며, 육조(六朝)

이래 성행해온 변체(騈體) 문풍을 개혁하기 위해, 문장이란 유가의 도를 실어내는 것이라는 '문이재도(文以載道)'의 기치 아래, 고문(古文)운동을 주도하였다. 중국문학사상 사마천(司馬遷) 이후 최고의 산문 대가로, 후세 사람들은 그를 당송팔대가(唐宋八大家)의 으뜸으로 꼽는다.

주석

1 原道(원도) : 도의 근원을 밝힘. '원'은 근원, 본원. 여기서는 동사로 근원을 탐구 규명한다는 뜻. '도'는 원리, 법칙 등의 뜻. 여기서는 유가의 인의지도(仁義之道)를 가리킴.

2 宜(의) : 마땅함, 부합함, 적합함. | 之(지) : 앞에서 말한 인(仁)을 가리킴.

3 是(시) : 차(此)와 같음. 이것, 그것. 곧 앞에서 말한 인(仁)과 의(義)를 가리킴. | 之(지) : 왕(往)과 같음. 나아감.

4 定名(정명) : 확정된 명칭.

5 虛位(허위) : 공허한 품위(品位). ◇이상의 "인여(仁與)"2구는 인의의 내용은 확정된 것으로 반드시 좋은 것이며 절대로 나쁜 것일 수 없고, 반면 도덕의 내용은 확정되지 않은 것으로 좋은 것일 수도 있고 나쁜 것일 수도 있다는 뜻을 표현함.

6 老子(노자) : 성(姓)은 이(李), 이름은 이(耳), 자(字)는 담(聃). 춘추시대 초(楚)나라 고현(苦縣) 사람. 도가(道家)의 창시자. 절성기지(絶聖棄智, 총명함과 지혜를 버리고 천진하고 순박함으로 돌아감) · 청정무위(淸靜無爲, 욕망을 떨쳐버린 맑고 고요한 마음으로 인위人爲를 배격하며 일체를 자연에 순응함)를 주장함. | 小仁義(소인의) : 인의를 하찮게 여김, 경시함. 『노자』 · "무위(無爲)의 대도가 폐기된 후에 비로소 인의가 출현하였다.(大道廢, 有仁義)"(제18장) "인을 끊고 의를 버리면 백성들이 효도와 자애의 천성(天性)을 회복할 것이다.(絶仁棄義, 民復孝慈)"(제19장) "도를 행할 수 없게 된 뒤에는 덕이 드러나고, 덕을 행할 수 없게 된 뒤에는 인이 드러나며, 인을 행할 수 없게 된 뒤에는 의가 드러난다.(失道而後德, 失德而後仁, 失仁而後義)"(제38장)

7 毁(훼) : 훼방(毁謗), 즉 남을 헐뜯어 비방함.
8 煦煦(후후) : 온화한 모양. 여기서는 작은 은혜를 베풂을 이름.
9 孑孑(혈혈) : 자질구레한 모양. 여기서는 작은 선행(善行)을 이름.
10 其所謂道(기소위도) : 노자가 말하는 도. 곧 우주 만물의 본체(本體).
11 其所謂德(기소위덕) : 노자가 말하는 덕. 그 도(道)에 부합하는 언행으로, 무위(無爲)·부쟁(不爭)·청정(淸淨)·무지(無知) 등이 모두 이에 해당됨.

周道衰하고 孔子沒[12]하시니 火于秦[13]하며 黃老于漢[14]하며 佛于晉宋齊梁魏隋之間[15]하야 其言道德仁義者는 不入于楊[16]이면 則入于墨[17]하고 不入于老면 則入于佛이라 入于彼면 則出于此하야 入者를 主之[18]하고 出者를 奴之[19]하며 入者를 附之하고 出者를 汙之[20]하니 噫라 後之人이 其欲聞仁義道德之說인들 孰從而聽之리오 老者曰: 孔子는 吾師之弟子也[21]라하고 佛者曰: 孔子는 吾師之弟子也[22]라하니 爲孔子者習聞其說하고 樂其誕而自小也[23]하야 亦曰: 吾師도 亦嘗師之云爾[24]라하야 不惟擧之於其口[25]하고 而又筆之於其書[26]하니 噫라 後之人이 雖欲聞仁義道德之說인들 其孰從而求之리오 甚矣라 人之好怪也여 不求其端하며 不訊其末이요 惟怪之欲聞이온여

주(周)나라의 도(道)가 쇠미하고 공자께서 돌아가신 후, 진(秦)나라 때는 전적(典籍)이 불살라지고, 한(漢)나라 때는 황로(黃老)의 학설이 성행하였으며, 진(晉)·송(宋)·제(齊)·양(梁)·북위(北魏)·수대(隋代) 사이에는 불교가 성행하여, 도덕과 인의를 말하는 자는 양주학파에 들지 않으면 묵적학파에 들고, 노자학파에 들지 않으면 불교학파에 들었다.

저쪽에 들어가면 이쪽에서 빠져나가 들어간 것은 존숭하고 빠져나간 것은 천시하며, 들어간 것은 부화(附和)하고 빠져나간 것은 모독하였다. 아, 슬프도다! 후대(後代) 사람들이 인의와 도덕의 학설을 듣고자 한들 어느 누구에게 들으랴? 노자학파 사람들이 말하기를 "공자는 우리 스승님의 제자이다."라 하고, 불가학파 사람들도 말하기를 "공자는 우리 스승님의 제자이다."라고 하니, 공자를 받드는 사람들은 그들의 말을 익히 들어, 그 황당무계한 주장을 기꺼이 받아들이며 스스로 자기 자신을 경시하고, 또한 이르기를 "우리 스승님도 일찍이 노자와 부처를 스승으로 삼아 배우셨구나."라고 하였으며, 더욱이 그것을 입으로 거론할 뿐만 아니라 그 책에 기록하기도 하였다. 아, 슬프도다! 후대 사람들이 인의와 도덕의 학설을 배우고자 한들 어느 누구에게 배우랴? 심하도다, 사람들이 괴이함을 좋아함이여! 애초에 어떻게 된 것인지 탐구하지도 않고, 나중에는 또 어떻게 된 것인지 알아보지도 않고, 그저 괴이하기만 하면 들으려고 하는구나!

주석

12 孔子沒(공자몰) : 공자가 세상을 떠난 것은 노(魯) 애공(哀公) 16년(기원전 479)임. '몰'은 몰(歿)과 통함. 죽음.

13 火于秦(화우진) : 진나라 때의 '분서(焚書)'를 이름. 진시황 34년(기원전 213) 시정(時政)에 대한 유생(儒生)의 비판을 막기 위해 이사(李斯)의 건의를 받아들여, 진나라 사서(史書)와 의약(醫藥), 점술, 식목에 관한 책을 제외한 열국(列國)의 사서와 『시(詩)』, 『서(書)』, 제자백가서(諸子百家書)를 모조리 불살라 버린 일. 한편 이듬해 조정을 비방하는 방사(方士)와 유생 460여 명을 구덩이에 묻어서 죽인 것은 곧 '갱유(坑儒)'임.

14 黃老(황로) : 황제(黃帝)와 노자. 공히 도가의 시조로 존숭됨. 여기서는

동사로, (한나라 초엽에는) 황로의 학설이 성행하였다는 뜻임. 한대(漢代)에는 도가의 학술을 황로지학(黃老之學)이라고 함. 곧 도가에서는 노자의 도가 황제로부터 비롯되었다고 본 것이니, 유가에서 공자의 도가 요순(堯舜)으로부터 비롯되었다고 보는 것과 대비됨. 한 무제(武帝)가 동중서(董仲舒)의 건의를 받아들여 '백가의 학설을 배척하고, 오직 유가의 학술만을 존숭(罷黜百家, 獨尊儒術)'하기 전에는, 황로학파가 당시의 통치적 사회사상으로, 사회 전반의 안정과 국민 경제의 회복을 추진하였음.

15 佛(불) : 불교. 여기서는 역시 동사로 쓰임. 불교는 후한 명제(明帝) 때 중국에 들어와 위진남북조와 수대(隋代)에 성행함.

16 楊(양) : 양주(楊朱). 전국시대의 사상가로, 위아(爲我, 자기의 이익만을 생각하여 행동함)를 주장함. 맹자는 양주를 임금도 모르는 극단적인 이기주의자라고 비판함.

17 墨(묵) : 묵적(墨翟). 곧 묵자(墨子). 묵가의 창시자로, 겸애(兼愛, 가리지 않고 모든 사람을 똑같이 두루 사랑함)를 주장함. 맹자는 묵적을 부모도 모르는 극단적인 이타주의자라고 비판함.

18 主(주) : 주인처럼 존숭함.

19 奴(노) : 하인처럼 천시함.

20 汙(오) : 오(汚)와 같음. 모독함, 비방함, 헐뜯음.

21 "老者曰(노자왈)"구(句) : 『장자(莊子)』「천지(天地)」, 「천도(天道)」, 「천운(天運)」, 「전자방(田子方)」, 「지북유(知北遊)」 등편(篇)에 모두 공자가 노자에게 배웠다는 기록이 있는 데 대한 말.

22 "佛者曰(불자왈)"구 : 『청정법행경(淸淨法行經)』에서 부처가 세 제자를 중국에 보내 교화할 때, 공자를 '유동(儒童)보살'이라 하였다고 한 데 대한 말.

23 誕(탄) : 황당함, 터무니없음. 또 그런 말. | 自小(자소) : 스스로 자기 자신을 하찮게 여김, 경시함.

24 師之(사지) : 그들, 즉 노자와 부처를 사사(師事)함. 이는 원래 『진보』에는 없는 말이나, 『한창려집(韓昌黎集)』에 근거해 보충함. | 云爾(운이) : 어

조사. 문장 끝에 쓰여 특별한 뜻이 없거나 앞 말과 같다는 뜻을 나타냄.

25 不惟(불유) : ~일 뿐만 아니라. 의미상 뒤의 '이우(而又)'와 연결됨.

26 이 구는 『예기(禮記)』「증자문(曾子問)」을 비롯해 『공자가어(孔子家語)』「관주(觀周)」, 『사기(史記)』「공자세가(孔子世家)」 등에서 거듭 공자가 노자에게 예(禮)에 관해 묻고 들었다고 기록한 데 대한 말임.

古之爲民者는 四[27]러니 今之爲民者는 六[28]이요 古之敎者는 處其一[29]이러니 今之敎者는 處其三[30]이로다 農之家一而食粟之家六[31]이요 工之家一而用器之家六이요 賈之家一而資焉之家六[32]이니 奈之何民不窮且盜也[33]리오

옛날의 백성은 사(士)·농(農)·공(工)·상(商) 네 부류였으나, 지금의 백성은 사·농·공·상에 승(僧)·도(道)가 더해져 여섯 부류인바, 옛날에 백성을 가르치는 것은 유가(儒家) 하나였으나, 지금 백성을 가르치는 것은 유·불(佛)·도(道) 삼가(三家)이고, 또 농부의 집은 하나인데 곡식을 먹는 집은 여섯이요, 공장(工匠)의 집은 하나인데 기물(器物)을 쓰는 집은 여섯이요, 상인의 집은 하나인데 그 장사에 의지해 사는 집은 여섯이니, 어떻게 백성이 곤궁해지지 않고, 도둑질하지 않을 수 있겠는가?

주석

27 이 구는 옛날 백성의 부류는 사·농·공·상이 있었음을 표현함.

28 이 구는 지금 백성의 부류는 옛날의 사농공상 이외에 승·도, 즉 불승(佛僧)과 도사(道士)가 더 있음을 표현함.

29 이 구는 옛날에 백성을 가르치는 것은 사(士), 즉 유교(儒敎) 한 부류뿐이

었음을 표현함.

30 이 구는 지금 백성을 가르치는 것은 사·승·도, 즉 유교·불교·도교 세 부류임을 표현함.

31 粟(속) : 조, 벼. 또 곡식의 총칭.

32 賈(고) : 상인, 장수. 또 장사함. | 資(자) : 의지함. | 焉(언) : 대명사로, 여기서는 상인의 장사를 가리킴.

33 奈之何(내지하) : 여지하(如之何)와 같음. 어찌, 어떻게.

古之時에 人之害多矣러니 有聖人者立[34]하사 然後에 教之以相生養之道하고 爲之君하며 爲之師하야 驅其蟲蛇禽獸하고 而處其中土[35]라 寒然後에 爲之衣하며 飢然後에 爲之食하며 木處而顚하고 土處而病也[36]일새 然後에 爲之宮室[37]이라 爲之工하야 以贍其器用[38]하며 爲之賈하야 以通其有無하며 爲之醫藥하야 以濟其夭死하며 爲之葬埋祭祀하야 以長其恩愛[39]하며 爲之禮하야 以次其先後하며 爲之樂하야 以宣其湮鬱[40]하며 爲之政하야 以率其怠倦하며 爲之刑하야 以鋤其强梗[41]이라 相欺也일새 爲之符璽斗斛權衡以信之[42]하며 相奪也일새 爲之城郭甲兵以守之[43]하며 害至而爲之備하고 患生而爲之防이어늘 今其言에 曰: 聖人不死면 大盜不止니 剖斗折衡이라사 而民不爭[44]이라하니 嗚呼라 其亦不思而已矣로다 如古之無聖人이면 人之類滅이 久矣니 何也오 無羽毛鱗介以居寒熱也[45]며 無爪牙以爭食也라 是故로 君者는 出令者也요 臣者는 行君之令하야 而致之民者也요 民者는 出粟米麻絲하며 作器皿通貨財하야 以事其上

者也니 君不出令이면 則失其所以爲君이요 臣不行君之令而致之民이면 則失其所以爲臣이요 民不出粟米麻絲作器皿通貨財하야 以事其上이면 則誅라 今其法에 曰: 必棄而君臣[46]하며 去而父子하야 禁而相生相養之道하고 以求其所謂淸淨寂滅者[47]라하니 嗚呼라 其亦幸而出於三代之後[48]하야 而不見黜於禹湯文武周公孔子也[49]요 其亦不幸而不出於三代之前하야 不見正於禹湯文武周公孔子也로다

옛날에는 사람들이 온갖 재해를 많이 입었는데, 성인(聖人)이 출현하고 나서야 비로소 서로 돕고 살아가는 방도를 가르쳐주고 그들의 임금이 되고 스승이 되었으며, 벌레와 뱀과 짐승을 몰아내어 그들이 중원(中原) 땅에 터를 잡고 살게 하였다. 그리고 날씨가 추워진 후에는 옷을 만들어 입게 하고, 배가 굶주린 후에는 먹을거리를 마련해 먹게 하였다. 사람들이 짐승을 피해 나무 위에서 살다 떨어지기도 하고, 동굴 속에서 살다 병들기도 한 후에는, 땅 위에 집을 지어 살게 하였다. 또 공예(工藝)를 개발해 각종 생활 용구를 공급하고, 장사를 창시(創始)해 있고 없는 물자를 유통하게 하며, 의약을 발명해 일찍 죽는 데서 구제하고, 매장과 제사를 창안해 은애(恩愛)의 정을 증진하게 하며, 예법을 만들어 상하 선후의 차례를 정하고, 음악을 만들어 내심의 울분을 풀게 하며, 정령(政令)을 제정해 일에 태만함을 다스리고, 형벌을 제정해 강포(强暴)함을 없앴다. 뿐만 아니라 사람들이 서로 속이자 부절과 인장, 말[斗]과 휘, 저울추와 저울대를 만들어 서로 믿을 수 있게 하고, 사람들이 서로 남의 것을 빼앗자 내성(內城)과 외성, 갑옷과 병기를 만들어 자기 것을 지킬 수 있게 하였다. 이렇듯 재해가 일어날 것 같으면 그것을 대비케 하고, 우환이 발생

할 것 같으면 그것을 예방케 하였다. 그런데 지금 도가(道家)의 말에 이르기를 "성인이 죽지 않으면 큰 도둑이 사라지지 않으며, 말을 쪼개고 저울을 부러뜨려야 백성들이 서로 다투지 않는다."고 하니, 아! 이 또한 깊이 생각하지 않은 탓일 뿐이로다. 만약 옛날에 성인이 없었다면, 인류가 멸망한 지 이미 오래되었을 것이다. 왜 그런가? 인류는 다른 동물들과 달리 깃털이나 털, 비늘이나 겉껍질도 없이 추위와 더위 속에서 살고, 강한 손발톱이나 날카로운 이빨도 없이 먹이를 다투어야 하기 때문이다. 그러므로 임금은 정령(政令)을 내는 사람이고, 신하는 임금의 정령을 시행해 백성에게 미치게 하는 사람이며, 백성은 곡식과 옷감을 생산하고 기물을 만들며 재화(財貨)를 유통시킴으로써 상위(上位)의 위정자를 섬기는 사람이어야 한다. 만약 임금이 정령을 내지 않으면 그가 임금인 근거를 상실하고, 신하가 임금의 정령을 시행해 백성에게 미치게 하지 않으면 그가 신하인 근거를 상실하며, 백성이 곡식과 옷감을 생산하고 기물을 만들며 재화를 유통시킴으로써 상위의 위정자를 섬기지 않으면 징벌을 받게 된다. 또 지금 불가(佛家)의 법(法)에 이르기를 '반드시 너희의 군신 관계를 버리고, 부자 관계를 떠나며, 서로 돕고 사는 도리를 금함으로써' 이른바 '청정 적멸(淸淨寂滅)'을 추구해야 한다고 하니, 오호라! 그들은 한편 다행스럽게도 삼대(三代) 이후에 나와서 우왕(禹王)·탕왕(湯王)·문왕(文王)·무왕(武王)·주공(周公)·공자에게 배척되지 않았고, 한편 불행하게도 삼대 이전에 나오지 않아 우왕·탕왕·문왕·무왕·주공·공자에게 교정되지 못하였도다.

주석

34 聖人(성인) : 전설적인 상고시대의 제왕들, 곧 삼황오제(三皇五帝)를 이

름. 그 지칭하는 바는 여러 가지 설이 있으나, 복희(伏羲), 신농(神農), 황제(黃帝), 요(堯), 순(舜) 등이 포함됨.

35 中土(중토) : 중원(中原).

36 이 2구는 성인이 인류가 태초에 소거(巢居, 짐승의 해를 피하기 위해 나무 위에 집을 짓고 삶)하다 쉬 떨어지고, 혈거(穴居, 동굴 속에서 삶)하다 쉬 병드는 것을 안타깝게 여겼음을 표현함. '전(顚)'은 떨어짐.

37 宮室(궁실) : 옛날에 집을 통칭하던 말. 나중에는 제왕의 궁전만을 지칭하게 됨.

38 贍(섬) : 공급함. 또는 넉넉하게 함.

39 長(장) : 증장(增長)함, 증진함. 일설에는 (은애의 정을) 길게 간직케 함.

40 宣(선) : (울분을) 풂. | 湮鬱(인울) : 울분, 고민, 울적한 마음.

41 鋤(서) : 김맴(논밭의 잡초를 뽑아냄). 여기서는 없앰, 제거함. | 強梗(강경) : 강포(强暴)함. 또 그러한 사람. '경'은 강맹(强猛)함. 아주 우악스럽고 사나움.

42 符(부) : 부절(符節). | 璽(새) : 인장, 도장. 옛날에는 존비(尊卑)의 인장을 모두 가리켰으나, 진시황 때부터는 오직 천자의 인장만을 이같이 일컫게 됨. | 斗斛(두곡) : 양기(量器), 즉 물건의 양을 헤아리는 데 쓰는 그릇. '두'는 말로, 열 되들이. '곡'은 휘로, 원래는 열 말들이였으나 나중에는 다섯 말들이로 바뀜. | 權衡(권형) : 저울추와 저울대. 곧 저울을 이름.

43 城郭(성곽) : 성벽(城壁). '성'은 내성(內城)의 담장, '곽'은 외성의 담장.

44 이상의 "聖人(성인)"4구는 『장자(莊子)』「거협(胠篋)」에 보임.

45 介(개) : 개각(介殼). 조개나 새우, 게 등의 겉껍데기.

46 而(이) : 이(爾)와 같음. 이인칭 대명사. 너, 너희. 아래 두 구(句)의 '이'도 이와 같음.

47 淸淨(청정) : 불가의 교법(敎法)으로, 일체의 악행(惡行), 번뇌, 더러움에서 벗어나 맑고 깨끗함을 이름. 도가에서도 '청정'을 말하는데, 욕망을 떨쳐버린 맑디맑은 마음으로 인위(人爲)를 배격하고 일체를 자연에 순응할 것을 주장함. | 寂滅(적멸) : 역시 불가의 교법. 범어(梵語) '열반'의 의역(意

譯)으로, 불법(佛法)의 수행(修行)으로 천성(天性)을 기르고 공덕을 쌓으며, 진리를 깨닫고 모든 세속적 번뇌에서 벗어나 불생불사(不生不死)의 법(法)을 체득한 경지를 이름.

48 三代(삼대) : 하(夏)·상(商)/은(殷)·주(周) 세 왕조를 일컬음.

49 而(이) : 『한창려집』에는 이 글자가 없음. | 黜(출) : 물리침, 배척함.

帝之與王[50]이 其號名殊나 其所以爲聖은 一也요 夏葛而冬裘하며 渴飮而飢食이 其事雖殊나 其所以爲智는 一也어늘 今其言에 曰: 曷不爲太古之無事[51]오하니 是亦責冬之裘者曰: 曷不爲葛之之易也며 責飢之食者曰: 曷不爲飮之之易也로다 傳[52]에 曰: 古之欲明明德於天下者[53]는 先治其國하고 欲治其國者는 先齊其家하고 欲齊其家者는 先脩其身하고 欲脩其身者는 先正其心하고 欲正其心者는 先誠其意라하니 然則古之所謂正心而誠意者는 將以有爲也러니 今也엔 欲治其心而外天下國家者하고 滅其天常[54]하야 子焉而不父其父하며 臣焉而不君其君하며 民焉而不事其事[55]온여 孔子之作春秋也[56]에 諸侯用夷禮則夷之[57]하고 夷狄이 進於中國則中國之[58]하시며 經[59]에 曰: 夷狄之有君이 不如諸夏之亡[60]라하고 詩[61]에 曰: 戎狄是膺[62]하고 荊舒是懲[63]이라하야늘 今也엔 擧夷狄之法[64]하야 而加之先王之敎之上[65]하니 幾何其不胥而爲夷也[66]리오

이제(二帝)와 삼왕(三王)은 비록 그 칭호는 다르지만, 모두가 성인(聖人)인 까닭은 한가지요, 여름에는 칡베 옷을 입고 겨울에는 갖옷을 입으

며 목마르면 물마시고 배고프면 밥 먹는 것은 비록 그 일은 다르지만, 모두가 지혜로운 까닭은 한가지이다. 지금 도가의 말에 이르기를 '어찌 태고의 무위이치(無爲而治)를 시행하지 않는가?'라고 하니, 이는 곧 겨울에 갖옷을 입는 사람을 나무라며 왜 간편하게 칡 베옷을 입지 않느냐고 하고, 배가 고파 밥을 먹는 사람을 나무라며 왜 간단하게 물을 마시지 않느냐고 하는 것이나 다름없다. 『예기(禮記)』「대학(大學)」에 이르기를 "옛날에 영명(靈明)한 덕을 천하에 밝히고자 한 사람은 먼저 그 나라를 잘 다스렸고, 그 나라를 잘 다스리고자 한 사람은 먼저 그 집안을 잘 이끌었고, 그 집안을 잘 이끌고자 한 사람은 먼저 그 자신을 갈고닦았고, 그 자신을 갈고닦고자 한 사람은 먼저 그 마음을 바르게 하였고, 그 마음을 바르게 하고자 한 사람은 먼저 그 뜻을 성실히 하였다."라고 하였다. 그렇다면 옛날에 이른바 마음을 바르게 하고 뜻을 성실히 한 것은 장차 이룩하고자 한 바가 있었기 때문이다. 그런데 지금은 (도가나 불가의 학설을 신봉하며) 그 마음을 다스리고자 하면서도 오히려 천하 국가의 대사(大事)를 도외시하고 인륜(人倫) 오상(五常)을 훼멸하여, (불승이나 도사들은) 사람의 아들이면서도 그 부모를 부모로 받들지 않고, 신하이면서도 그 임금을 임금으로 섬기지 않으며, 백성이면서도 그 일을 일삼지 않는다. 공자께서 『춘추』를 지으실 때, 제후가 오랑캐의 예속(禮俗)을 받아들여 쓰면 오랑캐로 취급하고, 오랑캐이지만 중국의 예속을 따르면 중국과 같이 대우하셨다. 또 『논어(論語)』에 이르기를 "오랑캐 나라에 군왕이 있어도 중원(中原)의 여러 나라에 군왕이 없는 것만 못하다."고 하고, 『시경(詩經)』에 이르기를 "서북방 오랑캐도 토벌해야 하고 / 동남방 오랑캐도 징벌해야 한다"고 하였거늘, 지금은 오히려 오랑캐의 교법(敎法)을 들어 선왕(先王)의 가르침 위에 올려놓으니, 오래지 않아 서로 이

끌려 오랑캐가 되지 않겠는가?

주석

50 帝(제) : 이제(二帝). 곧 제요(帝堯, 요임금), 제순(帝舜, 순임금). | 王(왕) : 삼왕(三王). 곧 삼대의 개국 군주 우왕, 탕왕, 문왕・무왕.

51 曷(갈) : 하(何)와 같음. 어찌, 왜. | 無事(무사) : 무위(無爲). 곧 무위자연・무위이치(無爲而治).

52 傳(전) : 성인(聖人)의 말씀인 '경(經)'의 뜻을 해석한 책. 여기서는 「대학(大學)」을 이르는데, 「대학」은 본디 『예기(禮記)』의 한 편(篇)이었으나, 주자에 의해 사서(四書)의 하나로 편입됨.

53 明德(명덕) : 인간의 천부적인 영명(靈明)하고 선량한 덕성.

54 天常(천상) : 유가에서 강조하는, 인간이 마땅히 지켜야 할 영원불변의 상도(常道)로, 윤상(倫常)이라고도 함. 곧 인륜(人倫) 오상(五常).

55 이상 3구는 불승(佛僧)이나 도사(道士)도 모두 부모의 자식이자 임금의 신하요 나라의 백성이면서도, 각기 그 본분과 도리를 다하지 않음을 비판함.

56 春秋(춘추) : 공자가 노(魯)나라 사기(史記)에 근거해 지은 편년체 사서(史書). 포폄(褒貶)이 엄정한 것으로 유명함.

57 夷(이) : 오랑캐. 곧 옛날 중국 민족이 외족(外族)을 낮잡아 일컫던 말. 아래의 '적(狄)'도 이와 같음.

58 進於中國(진어중국) : 중국에 들어감. 여기서는 중국의 예속(禮俗)을 따른다는 말.

59 經(경) : 유가의 경전. 여기서는 특히 『논어』를 가리킴. 아래의 2구는 『논어』 「팔일편(八佾篇)」에 보임.

60 諸夏(제하) : 옛날 중국에 대한 통칭. | 亡(무) : 무(無)와 같음.

61 詩(시) : 『시경』을 이름. 아래 2구는 『시경』 「노송(魯頌)」 「비궁(閟宮)」에 보임.

62 戎狄(융적) : 고대 중국 서북방 외족에 대한 멸칭(蔑稱). | 是(시) : 어중(語中)조사. 목적어를 동사 앞으로 이끌어내는 역할을 함. | 膺(응) : 토벌함, 정벌함.

63 荊舒(형서) : 고대 중국 동남방 외족에 대한 일컬음. '형'은 초(楚)나라의 옛 일컬음. '서'는 초나라의 우방(友邦)으로, 지금의 안휘성 합비(合肥) 일대에 있었음. | 懲(징) : 징계함, 징벌함.

64 夷狄之法(이적지법) : 도가와 불가의 교법(敎法)을 가리킴.

65 先王之敎(선왕지교) : 유가의 학설을 가리킴. '선왕'은 상고(上古)의 성왕(聖王). 곧 요·순·우·탕·문·무를 이름.

66 幾何(기하) : 얼마. 여기서는 얼마간, 오래지 않아. | 胥(서) : 서로 이끌림. 또는 타락함. 일설에는 다, 모두.

夫所謂先王之敎者는 何也오 博愛之謂仁이요 行而宜之之謂義요 由是而之焉之謂道요 足乎己無待於外之謂德이라 其文은 詩書易春秋요 其法은 禮樂刑政[67]이요 其民은 士農工賈[68]요 其位는 君臣父子師友賓主昆弟夫婦[69]요 其服은 麻絲요 其居는 宮室이요 其食은 粟米蔬果魚肉이라 其爲道易明이요 而其爲敎易行也니 是故로 以之爲己則順而祥[70]하고 以之爲人則愛而公하고 以之爲心則和而平하고 以之爲天下國家에 無所處而不當이라 是故로 生則得其情[71]하고 死則盡其常[72]하야 郊焉而天神假[73]하고 廟焉而人鬼饗[74]이니라 曰: 斯道也는 何道也오 曰: 斯吾所謂道也요 非向所謂老與佛之道也[75]라 堯以是傳之舜하시고 舜以是傳之禹하시고 禹以是傳之湯하시고 湯以是傳之文武周公하시고 文武周公이 傳之孔子하시고 孔子傳之孟

軻[76]하사 軻之死에 不得其傳焉이라 荀與揚也[77]는 擇焉而不精[78]하고 語焉而不詳[79]이니라 由周公而上[80]은 上而爲君이라 故로 其事行하고 由周公而下[81]는 下而爲臣이라 故로 其說長이니라

무릇 선왕의 가르침이란 무엇인가? 그것은 바로 널리 사랑함을 인이라 하고, 행하여 인에 부합함을 의라 하며, 인의에 입각해 나아감을 도라 하고, 내심에 인의의 본성이 가득하여 외계에 의시할 것이 없음을 덕이라고 하는 것이다. 그리고 그것을 논술한 글은 『시경』·『서경』·『역경』·『춘추』요, 그에 따른 치국의 법도는 예절과 음악·형법과 정령(政令)이요, 백성의 구성은 선비·농부·공인(工人)·상인이요, 윤리의 위계(位階)는 임금과 신하·부모와 자식·스승과 벗·손님과 주인·형과 아우·남편과 아내요, 사람들의 의복은 삼베와 명주요, 사람들의 거처는 가옥이요, 사람들의 식품은 조와 쌀·채소와 과일·어물과 육류이다. 우리가 이러한 것을 기본 도리(道理)로 삼으면 알기가 쉽고, 기본 교화(敎化)로 삼으면 행하기가 쉽다. 그러므로 그것으로 자신을 다스리면 순리(順理)하고 상서로우며, 남을 대하면 인애(仁愛)하고 공정하며, 마음을 닦으면 화순(和順)하고 평온하며, 천하 국가를 다스리면 처사에 마땅하지 않은 바가 없을 것이다. 또한 그러므로 삶에 있어서는 일마다 본성에 부합할 것이요, 죽음에 있어서는 천명을 다할 것이며, 남쪽에서 교사(郊祀)를 지내면 하늘의 신이 이르고, 종묘에 제사를 지내면 사람의 혼(魂)이 흠향할 것이다. 묻건대 "지금 말하는 이 도(道)는 무슨 도인가?" 답하나니 "이것은 바로 내가 말하는 도이며, 앞에서 말한 도가나 불가의 도가 아니다." 요임금은 이를 순임금에게 전하고, 순임금은 이를 우임금에게 전하고, 우임금은 이를 탕왕(湯王)에게 전하고, 탕왕은 이를 문왕·무

왕·주공에게 전하고, 문왕·무왕·주공은 이를 공자에게 전하고, 공자는 이를 맹가(孟軻)에게 전하였는데, 맹가가 죽은 후에는 전수되지 못하였다. 물론 순경(荀卿)과 양웅(揚雄)이 있으나, 그들은 성인의 도에 대한 인식이 정확(精確)하지 않거나 논술이 지나치게 소략(疏略)하였다. 주공 이전에 이 도를 전승(傳承)한 성인은 위에서 군왕으로 있었기 때문에, 그 일로써 도를 실행하였고, 주공 이후에 이 도를 전승한 성인은 아래에서 신하로 있었기 때문에, 그 말로써 도를 밝혀 길이 전하였도다.

주석

67 禮樂(예악) : 예절과 음악. 예절은 행위 도덕의 규범으로 기능하고, 음악은 성정(性情)을 조화롭게 하고 풍속을 개량할 수 있으며, 때문에 고대 제왕들은 흔히 '예악'을 일으켜 존비(尊卑)의 질서를 잡고 원근(遠近)의 화합을 도모하는 등 교화와 통치의 목적을 달성코자 함.

68 賈(고) : 상(商)과 같음.

69 昆(곤) : 형(兄)과 같음.

70 祥(상) : 상서로움. 『진보』에는 원래 '종(從)'으로 되어 있으나, 『한창려집』에 근거해 고침.

71 得其情(득기정) : 정성(情性), 즉 본성(本性)에 부합함.

72 盡其常(진기상) : 상도(常道) 즉 영원불변의 법칙을 다함. 곧 천명(天命)을 다한다는 말.

73 郊(교) : 교사(郊祀). 옛날에 제왕이 경사(京師) 교외에서 천지에 제사지내던 전례(典禮). 남쪽 교외에서는 하늘에, 북쪽 교외에서는 땅에 제사를 지냄. | 假(격) : 격(格)과 같음. 이름[至].

74 廟(묘) : 종묘. 여기서는 동사로, 종묘에 들어가 선조에게 제사를 지낸다는 뜻임. | 饗(향) : 흠향함. 곧 신명(神明)이 제물을 받아서 먹음.

75 向(향) : 향(嚮)과 같음. 접때, 이전에.

76 孟軻(맹가) : 맹자. 공자의 재전(再傳) 제자로, 후세 유가에 의해 '선성(先聖)'인 공자에 대해 '아성(亞聖)'으로 존숭됨.

77 荀(순) : 순자. 이름은 황(況). 순경(荀卿), 손경(孫卿)으로도 불림. 전국시대 말년의 대유(大儒). 맹자가 성선설을 주창한 것과는 달리, 성악설을 제창해 정통에서 벗어난 유가로 봄. 법가(法家)를 대표하는 한비자(韓非子)는 바로 그의 제자임. | 揚(양) : 양웅(揚雄). 자(字)는 자운(子雲). 전한(前漢) 말의 유자(儒者), 문학가. 『역경(易經)』을 모방해 『태현(太玄)』을 짓고, 『논어』를 모방해 『법언(法言)』을 지음.

78 이 구는 순자를 두고 한 말로, 유가학설에 대한 선택과 인식이 정확(精確, 정밀하고 확실함)하지 않고 정화(精華)에서 벗어나 있음을 비판함.

79 이 구는 양웅을 두고 한 말로, 유가학설에 대한 논술이 지나치게 소략(疏略)함을 비판함.

80 由周公而上(유주공이상) : 주공 이전에 유가의 도를 전승(傳承)한 성인. 곧 요·순·우·탕·문·무왕을 가리킴. 주공도 어린 조카인 성왕(成王)을 대신해 섭정한 적이 있으므로 군왕의 반열에 올림.

81 由周公而下(유주공이하) : 곧 공자와 맹자를 가리킴.

然則如之何而可也오 曰: 不塞면 不流요 不止면 不行이니 人其人[82]하고 火其書[83]하고 廬其居[84]하야 明先王之道하야 以道之[85]면 鰥寡孤獨廢疾者有養也[86]니 其亦庶乎其可也[87]니라

그렇다면 어떻게 해야 되는가? 한 마디로 말해 '노불(老佛)의 도를 막지 않으면 성인의 도가 유전(流傳)되지 않고, 노불의 도를 금지시키지 않으면 성인의 도가 유행하지 않을 것이다.' 그러니 그 사람들을 환속(還俗)시켜 일반 백성으로 만들고, 그들의 책을 불태워 없애며, 그들의 거처를 일반 주택으로 바꾸고, 선왕의 도를 밝혀 그들을 교도(敎導)하면, 홀

아비, 홀어미, 고아, 그리고 늙고 자식 없는 사람, 심신에 장애나 질병이 있는 사람들이 모두 부양될 것이니, 그러면 거의 바람직하게 되었다고 할 수 있다.

주석

82 人其人(인기인) : 이는 본디 '민기인(民其人)'으로 써야 할 것을, 당 태종 이세민(李世民)의 휘(諱)를 피하느라 이같이 쓴 것임. '민'은 동사로, (그 사람들을) 일반 백성으로 만든다는 뜻. '기인'은 도사와 불승을 가리킴.

83 其書(기서) : 도서(道書)와 불서(佛書)를 가리킴.

84 廬(려) : 동사로, (그들의 거처를) 일반 주택으로 만든다는 뜻. | 其居(기거) : 도관(道觀)과 불사(佛寺)를 가리킴.

85 道(도) : 도(導)와 통함. 인도함, 교도(敎導)함.

86 鰥(환) : 홀아비. | 寡(과) : 홀어미. | 孤(고) : 고아. | 獨(독) : 늙고 자식이 없는 사람. | 廢疾者(폐질자) : 불구자와 질환자.

87 庶乎(서호) : 대개, 근사(近似)함, 거의 ~에 가까움.

해설

당대는 역사상 유례없는 사상의 해방 시대를 맞이하면서, 유가의 지위는 도·불가에 비해 오히려 열세에 놓였다. 반면 도불 이교(二敎)의 성행은 불승과 도사를 특권 세력으로 부상시켜 '밭을 갈지 않고도 밥을 먹고, 베를 짜지 않고도 옷을 입는(不耕而食, 不織而衣)'(『당회요唐會要』) 것은 물론, 조세와 요역(徭役)을 면제 받는가 하면 많은 토지를 겸병(兼倂)하게 하였다. 때문에 적지 않은 사람들이 생활상의 고난을 피하기 위해 출가(出家)하는 등, 도불사상의 폐해는 결국 사회 질서와 제도를 파괴하고, 백성의 부담을 가중시키면서 사회 전반의 빈곤을 야기하였다. 이러한 시대적 상황하에서 유가 도통(道統)의 계승자임을 자처한 한유는 유가 복고운동을 선도하였고, 유학을 극력 존숭하면서 노불을 철저히 배격함으로써, 중국 전통 사회에서 유가가 향유한 정통(正統) 지위를 회복해 정치 사회적 개혁을 도모하고자 하였다. 이 글은 바로 이 같은 종지(宗旨)를 천명한 당대 고문의 걸작이다.

진학해 進學解[1]

당(唐) 한유(韓愈)

國子先生[2]이 晨入太學[3]하야 招諸生立館下[4]하고 誨之曰[5]: 業은 精于勤하고 荒于嬉[6]하며 行은 成于思[7]하고 毁于隨[8]라 方今聖賢[9]이 相逢하야 治具畢張[10]하야 拔去兇邪[11]하고 登崇俊良[12]이라 占小善者率以錄[13]하고 名一藝者無不庸[14]하야 爬羅剔抉[15]하고 刮垢磨光[16]이라 蓋有幸而獲選이언정 孰云多而不揚[17]고 諸生은 業患不能精이요 無患有司之不明[18]하며 行患不能成이요 無患有司之不公하라

국자선생이 이른 아침에 태학에 나가 학생들을 불러 모아 학사(學舍) 아래에 세워놓고 교훈(敎訓)하였다. "학업은 부지런히 힘씀으로써 정밀해지고, 장난치고 놂으로써 황폐해지며, 덕행은 깊이 생각함으로써 이루어지고, 그럭저럭 행동함으로써 허물어진다. 바야흐로 성군(聖君)과 현상(賢相)이 서로 만나 법령과 제도를 완비해 시행하며 사악한 무리를 제거하고, 현능(賢能)한 인재를 중용(重用)하도다. 뿐만 아니라 작은 미덕(美德)이라도 가진 자는 모두 채용하고, 한 가지 기예(技藝)라도 이름이 난 자는 등용되지 않는 이가 없도록, 손톱으로 긁고 그물질을 하며 뼈를 바르고 살을 긁어내듯 널리 인재를 찾는다. 또한 때를 벗기고 갈고 닦아 빛을 내듯 애써 인재를 기른다. 아마 재능이 모자라지만 요행히 발탁되는 경우는 있을지언정, 어느 누가 재학(才學)이 뛰어난데도 등용되지 못

했다 하겠는가? 그러니 여러 학생들은 학업이 정밀해지지 못함을 근심할 뿐, 인재 선발의 주무(主務)가 명찰(明察)하지 않을까 걱정하지 말며, 덕행이 완성되지 못함을 근심할 뿐, 인재 선발의 주무가 공정하지 않을까 걱정하지 말라."

주석

1 進學(진학) : 학업 및 덕행의 진보, 증진. 일설에는 태학(太學)에 들어감, 곧 (한유가) 태학에 출근함을 이른다고 함. | 解(해) : 해석(解析, 사물을 자세히 풀어서 논리적으로 밝힘). 또 변해(辯解, 남의 지적을 받은 견해나 행위에 대해 논박하여 밝힘)와 해조(解嘲, 남의 조롱에 대해 변명함).

2 國子先生(국자선생) : 즉 국자박사(博士). 여기서는 한유의 자칭. '박사'는 관명(官名), '선생'은 호칭. '국자'는 국자감(國子監). 당대 최고 교육 행정 기관이자 경성(京城)에 설립된 최고 학부(學府). 국자학, 태학 등 7학(學)이 설치되어 있었고, 각(各) 학에는 모두 박사를 두어 교수(敎授)를 맡게 함. 그 중 한유가 소속된 국자학은 공경대부(公卿大夫)의 자제를 교육하기 위해 설립된 전문 학교였음.

3 太學(태학) : 여기서는 국자감을 가리킴. 당대의 국자감은 한대(漢代)의 '태학'에 해당함. 옛날에 관서(官署)를 일컬을 때는 흔히 전대(前代)의 옛 명칭을 그대로 썼음.

4 館(관) : 학사(學舍), 교실.

5 誨(회) : 가르침, 타이름, 교훈(敎訓)함.

6 嬉(희) : (즐겁게 장난치며) 놂.

7 思(사) : 깊이 생각함. 곧 반성하고 성찰하는 따위를 이름.

8 隨(수) : 따름. 여기서는 인순수편(因循隨便), 즉 구습(舊習)에 따라 그럭저럭 행동함을 이름.

9 聖賢(성현) : 성군(聖君)과 현상(賢相). 당대(當代)의 최고 통치자를 치켜세워 일컫는 말.

10 治具(치구) : 치국(治國)의 도구. 곧 법령, 제도 따위를 이름. | 畢(필) : 다, 모두. | 張(장) : 베풂. 곧 (법령, 제도를) 제정해 시행함.

11 拔去(발거) : 제거함.

12 登崇(등숭) : 발탁 중용(重用)함, 등용해 예우(禮遇)함. | 俊良(준량) : 재능이 뛰어나고 품행이 양호한 인재. 곧 현능(賢能)한 인재.

13 占(점) : 점유함, 가지고 있음. | 率(솔) : (대체로) 모두. | 錄(록) : 녹용(錄用)함, 채용함.

14 名(명) : 이름남. 일설에는 가지고 있음. | 庸(용) : 용(用)과 같음. 임용됨.

15 爬羅(파라) : 수집함, 찾아서 모음. '파'는 손톱으로 긁어냄. '라'는 그물질함. | 剔抉(척결) : 골라 뽑음, 가려 뽑음. '척'은 (살을 가르고) 뼈를 발라냄. '결'은 (살을) 긁어냄. 여기서 '파라척결'은 인재를 널리 찾아 등용함을 이름.

16 刮垢(괄구) : 때를 벗김. | 磨光(마광) : (옥, 돌 따위를) 갈고 닦아서 빛을 냄. 여기서 '괄구마광'은 인재를 양성함을 비유함.

17 多(다) : 재학(才學)이 뛰어남을 이름. 일설에는 인재가 많음을 이른다고 함. | 揚(양) : 발탁, 등용됨. ◇이 2구는 대개 재학이 부족하지만 요행히 등용되는 경우는 있어도, 재학이 뛰어난데도 등용되지 못하는 경우는 절대 없다는 뜻을 표현함.

18 無(무) : 물(勿)과 같음. | 有司(유사) : 주무(主務) 관원 또는 관서(官署). 여기서는 인재 선발의 책임을 맡은 관리를 가리킴. | 明(명) : 명찰(明察)함.

言未旣[19]에 有笑于列者하야 曰: 先生이 欺予哉인저 弟子事先生于茲有時矣[20]라 先生은 口不絶吟於六藝之文[21]하며 手不停披於百家之編[22]하야 記事者[23]는 必提其要하고 纂言者[24]는 必鉤其玄[25]하며 貪多務得하야 細大不捐이라 焚膏油以繼晷[26]하야 恆兀兀以窮年[27]하니 先生之業이 可謂勤矣오

말이 아직 끝나지 않았는데, 한 학생이 열 가운데서 웃으며 말하였다. "선생님께서는 저희를 속이시는군요! 저희 제자들이 지금까지 선생님을 모시고 공부한 지도 여러 해가 되었습니다. 평소 선생님께서는 입으로는 끊임없이 육경(六經)의 글을 소리 내어 읽으시고, 손으로는 쉼 없이 제자백가의 책을 펼쳐 보시며, 기사류(記事類)의 저작은 반드시 그 으뜸 줄기를 잡아내시고, 입언류(立言類)의 저작은 반드시 그 심오한 이치를 탐구하셨습니다. 보다 많은 것을 공부하고자 욕심을 내시고, 한껏 깨달음을 얻고자 힘쓰시며, 크고 작은 것을 막론하고 하나도 버리지 아니 하셨습니다. 또한 등잔불을 밝혀 밤을 꼬박 새시며 일 년 내내 늘 근학(勤學)하셨으니, 선생님의 학업이야말로 진정 부지런히 힘쓰셨다고 할 수 있습니다."

주석

19 旣(기) : (끝)마침, 다함.

20 事(사) : 섬김, 모심. 여기서는 배움 또는 가르침을 받음. | 于玆(우자) : 지금까지. | 有時(유시) : 오랜 세월이 지남, 여러 해가 됨. 『한창려집』에는 '유년(有年)'으로 되어 있음.

21 六藝(육예) : 육경(六經). 곧 『시(詩)』·『서(書)』·『역(易)』·『예(禮)』·『악(樂)』·『춘추(春秋)』 등 유가의 여섯 가지 경전.

22 披(피) : (책을) 펼쳐서 봄. | 百家之編(백가지편) : 춘추 전국시대 제자백가의 책.

23 記事者(기사자) : 기사류(類) 저작. 곧 사서(史書).

24 纂言者(찬언자) : 입론류(立論類) 저작. 곧 학술서.

25 鉤(구) : 탐색함, 탐구함. | 玄(현) : 현묘(玄妙)한, 심오한 이치.

26 膏油(고유) : 등잔 기름. | 繼晷(계귀) : (밤새 불을 밝혀) 해가 뜰 때까지. 곧 밤낮없이 열심히 공부하거나 일함을 이름. '귀'는 햇빛, 해 그림자.

27 兀兀(올올) : 부지런히 일하며 힘쓰는 모양. | 窮年(궁년) : 종년(終年). 곧 일 년 내내.

觝排異端[28]하고 攘斥佛老[29]하며 補苴罅漏[30]하고 張皇幽眇[31]라 尋墮緒之茫茫[32]하야 獨旁搜而遠紹[33]하며 障百川而東之[34]하고 迴狂瀾於旣倒[35]하니 先生之於儒에 可謂勞矣[36]오

"또한 이단을 막고 불노(佛老)를 물리치는가 하면, 유학의 미비점을 보완하고 그 심오하고 은미(隱微)한 사상을 발양 광대하셨습니다. 이미 쇠락한 유가의 아득한 전통을 거듭 탐구하여 홀로 널리 성인의 유업(遺業)을 찾고, 멀리 공맹(孔孟)의 도통(道統)을 이으셨습니다. 또한 수많은 하천을 가로막아 동류(東流)하여 대해(大海)로 들게 하고, 유학의 기풍이 이미 무너진 상황에서 그 거대한 물결을 다시 일으켜 세우셨으니, 선생님은 유가의 도에 대해 진정 노고를 아끼지 않으셨다고 할 수 있습니다."

주석

28 觝排(저배) : 막고 물리침, 배척함. '저'는 저(抵)와 같음. | 異端(이단) : 유가사상에 부합하지 않는, 즉 유가 이외의 학설, 학파를 가리킴.

29 攘斥(양척) : 물리침.

30 補苴(보저) : (비거나 모자란 것을) 메움, 채움, 수보(修補)함. '저'는 옛날 신(발) 안에 깔던 짚이나 풀. 또 신에 그런 깔개를 깖. 여기서는 보충한다는 뜻임. | 罅漏(하루) : 갈라짐과 샘. 또 그런 곳. 곧 결루(缺漏), 잔결(殘缺). 여기서는 유가학설의 미비한 점을 가리킴.

31 張皇(장황) : 크게 펼침, 확장·확대함. 곧 발양 광대(發揚光大)함. '황'은

대(大)와 같음. 크게 함. | 幽眇(유묘) : 그윽하고 아득함. 여기서는 유가사상의 심오하고 은미(隱微)한 부분을 이름. '묘'는 묘(渺)와 같음. ◇이상 2구는 유가학설의 빈틈이나 미비점은 충실히 보완하고, 난해하고 불분명한 점은 쉽게 풀이하고 설명하였다는 뜻을 표현함.

32 尋(심) : 심역(尋繹), 즉 되풀이하여 음미하고 탐구함. | 墜緖(추서) : 여기서는 절학(絶學)과 유사한 말로, 이미 쇠미한 유학(儒學)의 사업과 도통(道統)을 가리킴. '추'는 실추(失墜)됨, 쇠락함, 실전(失傳)함. '서'는 일, 사업. 한유는 유가의 도는 요・순・우・탕・문왕・무왕・주공・공자를 거쳐 맹자까지 전해진 이후에는 실전되었다고 생각하므로(*앞의 「원도原道」 참조), 여기서 '추서'라고 한 것임. | 茫茫(망망) : 넓고 먼 모양. 막연하고 불명확한 모양.

33 旁搜(방수) : 이곳저곳에서 널리 성인의 유서(遺緖)를 찾음. '방'은 두루, 널리. | 遠紹(원소) : 멀리 공맹(孔孟)의 사업을 이음. '소'는 이음, 계승함.

34 障(장) : (가로)막음, 저지함. | 百川(백천) : 수많은 강물. 곧 당시 사회사상의 갖가지 흐름을 비유함. 일설에는 제자백가의 학설을 이른다고 함. | 東之(동지) : '백천'이 모두 동류하여 '바다'(이는 은근히 유가 성인을 비유함)로 흘러 들어가게 함. ◇이 구는 당시의 사회사상 전반이 유가의 정궤(正軌)로 들어서고, 성인의 정도(正道)를 지향하도록 이끌었다는 뜻을 표현함.

35 迴(회) : 돌이킴, 만회함. | 狂瀾(광란) : 거대한 물결. 곧 당시 유학(儒學)의 전파 및 유행 상황을 비유함. ◇이 구는 유학의 기풍이 이미 무너진 상황에서 그 거대한 물결을 다시 일으켜 세웠다는 뜻을 표현함. 일설에는 '광란'은 미친 듯이 날뛰는 사나운 물결로, 이단 사설(邪說)을 비유한다고 함. 결국 이 구를, 유학이 쇠락한 위기 상황에서 노불의 광란을 돌려세웠다는(즉 잠재웠다는) 뜻을 표현한 것으로 본 것임.

36 勞(로) : 곧 유가의 도를 보위하는 데 공로가 있다는 말.

沈浸醲郁[37]하며 含英咀華[38]하야 作爲文章하니 其書滿家라 上規姚姒 渾渾無涯[39]와 周誥殷盤佶屈聱牙[40]와 春秋謹嚴[41]과 左氏浮誇[42]와 易奇而法[43]과 詩正而葩[44]하고 下逮莊騷[45]와 太史所錄[46]과 子雲相如[47]의 同工異曲[48]하니 先生之於文에 可謂閎其中而肆於外矣[49]라

"훌륭한 옛 전적(典籍)의 향기에 푹 빠져 그 정화를 곱씹고 음미해 글을 지으시어 저서가 집안에 가득한바, 위로는 『서경(書經)』의 「우서(虞書)」·「하서(夏書)」의 끝없이 심원(深遠)한 뜻과 「주서(周書)」「대고(大誥)」·「강고(康誥)」 등편(等篇) 및 「상서(商書)」「반경(盤庚)」편(篇)의 난삽하여 읽기 어려운 문체, 『춘추』의 근엄한 포폄(褒貶), 『좌전(左傳)』의 상세한 서술과 과장된 수식, 『역경(易經)』의 기묘한 변역(變易)과 불역(不易)의 법칙, 『시경(詩經)』의 순정(純正)한 사상과 아름다운 문채(文彩)를 본받고, 아래로는 『장자(莊子)』와 『초사(楚辭)』, 『사기(史記)』, 그리고 양웅(揚雄)과 사마상여(司馬相如)의 작품 등 그 내용과 풍격은 다르지만 표현 성취가 하나같이 공교한 글들까지 두루 준거(準據)하셨으니, 선생님은 문장 창작에 있어서 진정 깊고 풍부한 내용을 분방한 필치로 표현하셨다고 할 수 있습니다."

주석

37 沈浸(침침) : 깊이 잠김, 푹 빠짐. 곧 심취함. | 醲郁(농욱) : 짙은 술 향기. 여기서는 고대의 훌륭한 전적(典籍)을 비유함. '농'은 짙은 술. '욱'은 향기가 진함.

38 含英咀華(함영저화) : 향기로운 꽃잎을 입안에 머금고 곱씹는다는 뜻으로, 문장 가운데 정묘(精妙)한 부분을 찬찬히 음미하며 가슴 속에 깊이 새

김을 이름. '영'과 '화'는 같은 뜻으로, 모두 꽃을 이르며, 문장의 정화를 비유함.

39 規(규) : 본뜸, 본받음. | 姚姒(요사) : '요'는 우순(虞舜), 즉 순임금의 성(姓), '사'는 하우(夏禹), 즉 우임금의 성. 여기서는 『서경(書經)』 중의 「우서(虞書)」와 「하서(夏書)」를 가리킴. | 渾渾无涯(혼혼무애) : 문사(文辭)의 뜻이 끝없이 심원하고 광대한 모양. '혼혼'은 심대(深大)·심박(深博)한 모양.

40 周誥(주고) : 『서경』 「주서(周書)」 중의 「대고(大誥)」·「강고(康誥)」·「주고(酒誥)」·「소고(召誥)」·「낙고(洛誥)」 등편(等篇)을 가리킴. | 殷盤(은반) : 『서경』 「상서(商書)」 중의 「반경(盤庚)」 상·중·하 3편(篇)을 가리킴. | 佶屈聱牙(길굴오아) : 글이 난삽하여 읽기 힘듦. '길굴'은 힐굴(詰屈)과 같음.

41 春秋謹嚴(춘추근엄) : 『춘추』의 문사는 비록 간략하지만, 그 함의(含意)는 아주 깊어 글자마다 엄정한 포폄(褒貶)의 뜻을 담고 있으므로 '근엄'하다고 한 것임.

42 左氏浮誇(좌씨부과) : '좌씨'는 『춘추좌씨전』, 약칭 『좌전(左傳)』. 『춘추』의 해석서로, 노(魯)나라 사관(史官) 좌구명(左丘明)이 지은 것으로 알려짐. 문사가 문학적인 색채를 띤 것으로 유명한데, 서술이 상세하고 자못 과장되어 많은 부분이 '경(經)'의 범주를 넘어서고 있으므로, '부과'(글의 수식이 자세하고 아름다우면서 실제적이지 못하고 과장됨)하다고 한 것임.

43 易奇而法(역기이법) : '역'은 『역경(易經)』으로, 고대의 점서(占書). 64괘(卦)로 자연과 인생의 온갖 현상과 이치를 설명함. '기'는 괘상(卦象)의 변역(變易)·변화가 대단히 기묘함을 나타내며, '법'은 그 같은 기묘한 변화 가운데에도 불역(不易)·불변의 법칙이 있음을 표현함.

44 詩正而葩(시정이파) : '시'는 『시경(詩經)』으로, 중국 최고(最古)의 시가(詩歌) 총집. 그 사상이 순정하다고 하여 '정'이라 하고, 문채(文彩)가 아름답다고 하여 '파'라고 한 것임. '파'는 화(花)의 옛 글자로, 화미(華美)하다는 뜻임.

45 逮(체) : 이름[至], 미침[及]. 여기서는 ~에 이르기까지 두루 준거하였다

는 말. | 莊(장) : 『장자(莊子)』. 전국시대 도가의 대표적 사상가 장주(莊周)와 그 문도(門徒)의 저작. | 騷(소) : 「이소(離騷)」. 전국시대 초나라의 대시인 굴원(屈原)의 시편(詩篇). 여기서는 『초사(楚辭)』를 통칭함.

46 太史所錄(태사소록) : 사마천(司馬遷)의 『사기(史記)』를 이름. 『태사공서(太史公書)』라고도 함. 중국 최초의 기전체(紀傳體) 정사(正史). '태사'는 고대의 사관(史官). 여기서는 한대(漢代) 태사령(太史令, '태사공'이라고도 함)을 지낸 사마천을 가리킴.

47 子雲(자운) : 한대 사부가(辭賦家) 양웅(揚雄). '자운'은 그의 자(字). | 相如(상여) : 한대의 걸출한 사부가 사마(司馬)상여. 자는 장경(長卿). 여기서는 '자운'과 '상여'로 모두 그들의 문학작품을 가리킴.

48 同工異曲(동공이곡) : 곧 '이곡동공'. 음악의 곡조는 다르지만 그 연주는 하나같이 뛰어나다는 뜻으로, 서로 다른 사람의 시문(詩文)이 그 내용이나 풍격은 다르지만 표현 성취는 하나같이 공교하고 훌륭함을 비유함. '공'은 기교 내지 기량이 공교함.

49 閎其中(굉기중) : 문장의 내용을 심박(深博)하고 풍부하게 하였음을 이름. '굉'은 크게 함, 넓게 함. '중'은 글의 내용, 함의. | 肆於外(사어외) : (풍부한 내용을) 분방하고 호방하게 표현하였다는 말. '사'는 방사(放肆)함. 여기서는 곧 필치가 자유분방하고 변화무쌍함을 이름. '어'가 『한창려집』에는 '기(其)'로 되어 있음. '외'는 글의 표현, 형식을 두고 이르는 것임.

少始知學하야 **勇於敢爲**하고 **長通於方**[50]하야 **左右具宜**[51]하니 **先生之於爲人**에 **可謂成矣**라

어려서는 향학(向學)할 줄을 알면서부터 갓 배운 걸 감히 실행하는 데 용감하셨고, 자라서는 도리(道理)에 통달하여 이리저리 처사가 모두 적절하셨으니, 선생님은 사람됨에 있어 성숙하셨다고 할 수 있습니다.

주석

50 方(방) : 도리(道理), 사리(事理).

51 具(구) : 모두, 전부. | 宜(의) : 적의(適宜)함, 합당함.

然而公不見信於人[52]하고 私不見助於友하며 跋前疐後[53]하야 動輒得咎[54]라 暫爲御史라가 遂竄南夷[55]하고 三年博士[56]에 冗不見治[57]하니 命與仇謀[58]하야 取敗幾時오 冬暖而兒號寒하고 年登而妻啼飢[59]한대 頭童齒豁[60]하니 竟死何裨[61]오 不知慮此코 而反敎人爲[62]아

"그러나 공적으로는 다른 사람의 신임을 받지 못하고, 사적으로는 벗의 도움을 받지 못하며 신퇴양난의 처시에 놓여, 움직였다 하면 어김없이 죄를 얻었습니다. 뿐만 아니라 잠시 감찰어사가 되었다가 급기야 남쪽 오랑캐 땅으로 유배되셨고, 3년간 국자박사로 있었으나 한직(閑職)이라 치적(治績)을 나타내지 못하셨거니, 운명이 원수와 모의한 까닭에 실패하고 좌절한 게 몇 번입니까? 겨울이 따뜻해도 아이들은 추워서 울부짖고, 풍년이 들어도 지어미는 배고파 흐느끼건만, 머리는 벗어지고 이까지 빠졌으니, 죽을 때까지 무슨 도움이 되겠습니까? 선생님께서는 이런 점은 생각하지 못하시고 오히려 다른 사람을 가르치시는 겁니까?"

주석

52 見(견) : 타동사 앞에서 피동의 뜻을 나타내는 부사어.

53 跋前疐後(발전치후) : 즉 발호치미(跋胡疐尾). 늙은 이리가 앞으로 가려면 늘어진 턱살이 밟히고, 뒤로 가려면 꼬리에 걸려 넘어진다는 뜻으로,

곧 진퇴양난을 비유함. '발'은 발로 밟음. '치'는 걸려 넘어짐.

54 輒(첩) : 곧, 문득. 또는 번번이, 늘. | 咎(구) : 허물, 죄.

55 이 2구는 한유가 덕종(德宗) 정원(貞元) 19년(803)에 감찰어사(監察御史)에 올랐으나, 얼마 후 상소하여 정사를 논하다 임금의 노여움을 사 양산령(陽山令)으로 좌천된 일을 표현함. '어사'는 어사대부(大夫)로 감찰어사라고도 하며 백관(百官)의 과실을 감찰한 벼슬. '찬(竄)'은 폄적(貶謫)됨, 귀양 감. '남이(南夷)'는 지금의 광동성 지역이었던 양산이 당시 몹시 편벽되고 황량한 곳이었으므로 이른 말임.

56 三年博士(삼년박사) : 한유가 헌종(憲宗) 원화(元和) 원년(806)부터 4년까지 3년간 국자박사를 지낸 것을 이름. 『한창려집』 일본(一本)에는 '삼년'이 '삼위(三爲)'로 되어 있는데, 한유가 모두 네 차례 박사를 지냈고, 이 글은 세 번째 박사를 지낼 때(원화 7년 2월~8년 3월) 쓴 것임을 감안하면 매우 설득력이 있음.

57 冗不見治(용불현치) : 국자박사가 한직(閑職)이라 정적(政績)을 나타낼 수 없었다는 말. '용'은 한산함. '현'은 현(現)과 같음. '치'는 치적, 정적(政績). 또는 정치적 재능.

58 謀(모) : 모의함. 여기서는 결탁한다는 뜻을 내포함.

59 年登(연등) : 연풍(年豐). 곧 풍년이 듦.

60 頭童(두동) : 머리가 벗어짐. '동'은 산에 초목이 없음을 이름. | 齒豁(치활) : 이가 빠짐. '활'은 넓고 내뚫린 골짜기. 또 텅 빔.

61 竟死(경사) : 죽을 때까지. '경'은 마침[終]. | 裨(비) : 보탬, 도움.

62 爲(위) : 의문 또는 반문의 어기조사.

先生이 曰: 吁[63]라 子來前하라 夫大木은 爲宲[64]이요 細木은 爲桷[65]이며 欂櫨侏儒[66]와 椳闑扂楔[67]이 各得其宜하야 以成室屋者[68]는 匠氏之功也[69]요 玉札丹砂[70]와 赤箭青芝[71]와 牛溲馬

渤[72]과 敗鼓之皮[73]를 俱收幷蓄하야 待用無遺[74]는 醫師之良也요 登明選公[75]하고 雜進巧拙하며 紆餘爲姸[76]이며 卓犖爲傑[77]이나 較短量長하야 惟器是適者[78]는 宰相之方也[79]라

선생이 말하였다. "어! 그대는 앞으로 나오라. 무릇 큰 나무는 들보로 쓰고, 작은 나무는 서까래로 쓰며, 두공(枓栱)과 동자기둥, 문지도리·문지방·문빗장·문설주 등도 각기 가장 적합한 재목을 써서 집을 짓는 것은 목수의 솜씨이다. 옥찰(玉札)과 단사(丹砂), 적전(赤箭)과 청지(青芝) 같은 진귀한 약재나 거전초(車前草)와 마비균(馬屁菌), 낡은 북 가죽 같은 흔하고 값싼 약재를 모두 모아 간수하여 처방에 따라 조제할 때 없는 게 없도록 하는 것은 의사의 고명(高明)함이다. 인재의 선발 등용에 명찰(明察)과 공정을 기하여 능숙한 이나 서툰 이를 아울러 이끌어 주며, 중후하고 노성(老成)한 이도 훌륭한 인재요, 활달하면서 재능이 뛰어난 이도 걸출한 인재라, 그 장단점을 비교하고 헤아려서 오직 기량과 능력에 맞게 가장 적합한 자리에 쓰이게 하는 것은 재상의 방략(方略)이다."

주석

63 吁(우) : 감탄사. 놀라 의아해 함을 나타냄.

64 宊(망) : (대)들보.

65 桷(각) : 서까래.

66 欂櫨(박로) : 두공(枓栱). 큰 규모의 목조 건물에서 기둥 위에 지붕을 받치며 차례로 짜 올린 방목(方木) 구조. | 侏儒(주유) : 동자기둥, 쪼구미. 곧 들보 위에 세우는 짧은 기둥.

67 椳(외) : 문지도리. | 闑(얼) : 문지방. | 扂(점) : 문빗장. | 楔(설) : 문설주.

68 이 구(句)가 『한창려집』에는 '시이성실자(施以成室者)'로 되어 있음. '시

(施)'는 용(用)과 같음.

69 匠氏(장씨) : 목수(木手).

70 玉札(옥찰) : 약용식물로, 지유(地楡)를 이름. 곧 오이풀. 그 뿌리를 지혈제 등으로 씀. | 丹砂(단사) : 주사(朱砂). 수은과 유황의 천연 화합물로, 진한 붉은 색을 띠며, 한의학에서는 진정제 등으로 씀.

71 赤箭(적전) : 곧 천마(天麻). 난초과의 여러해살이풀로, 강장제 등으로 쓰임. | 青芝(청지) : 곧 용지(龍芝). 푸른빛을 띤 영지(靈芝)의 일종. 예로부터 서초(瑞草)로 여겨지며 귀중한 약재로 쓰였는데, 이를 복용하면 장수할 수 있다고 함. ◇이상의 네 가지는 모두 진귀한 약재임.

72 牛溲(우수) : 거전초(車前草)의 다른 이름. 거전과의 여러해살이풀로, 이뇨제, 지사제 등으로 쓰임. 일설에는 소의 오줌. | 馬渤(마발) : 마비균(馬屁菌)이라고도 하는 버섯류 식물로, 지혈제 등으로 쓰임. 일설에는 말의 똥. '발'은 발(勃)로도 씀. ◇이상의 두 가지와 아래의 낡은 북의 가죽은 모두 아주 흔한 약재임.

73 敗鼓之皮(패고지피) : 낡고 헤진 북의 가죽. 벌레의 독을 치료하는 데 쓰인다고 함.

74 用(용) : 여기서는 처방에 따라 약을 조제함을 두고 이름. | 無遺(무유) : 누락된 게 없이 모든 약재가 완비되어 있다는 말. '유'는 유루(遺漏), 누락. 일설에는 유기(遺棄)의 뜻으로 보기도 함.

75 登明選公(등명선공) : 인재의 선발 등용을 명찰(明察)하면서도 공정하게 함. '등'과 '선'은 같은 뜻으로, 선발함을 이름.

76 紆餘(우여) : 굽이진 모양. 여기서는 사람이 중후하고 노성(老成)함을 가리킴. 일설에는 재주가 뛰어나 여유로운 모양. | 姸(연) : 아름다움, 훌륭함.

77 卓犖(탁락) : 탁월한 모양. 여기서는 사람이 활달하면서도 재능이 특출함을 가리킴.

78 惟器是適(유기시적) : '유적기(惟適器)'의 도치. 다양한 능력을 가진 인재들이 각기 모두 가장 적합한 자리에 등용되도록 한다는 뜻. '기'는 기량,

재능. '시'는 강조하기 위한 말.
79 方(방) : 위정(爲政)의 방략(方略) 내지 원칙을 이름.

昔者에 孟軻好辯[80]하야 孔道以明[81]호대 轍環天下[82]라가 卒老于行하고 荀卿[83]이 守正[84]하야 大論是弘[85]호대 逃讒于楚하야 廢死蘭陵[86]이라 是二儒者는 吐詞爲經[87]하고 擧足爲法[88]하야 絶類離倫[89]하야 優入聖域[90]이로대 其遇於世何如也[91]오

"옛날에 맹자는 변론을 좋아하여 공자의 도를 밝혔으나, 수레로 천하를 주유(周遊)하다 결국 (아무에게도 중용되지 못하고) 행로(行路)에서 늙고 말았고, 순자는 바른 도를 지키며 유가의 위대한 학설을 융성시켰으나, 참소를 당해 초나라로 도피했다가 난릉(蘭陵)에서 면직된 후 그곳에서 죽고 말았다. 이 두 유학자는 입론(立論)하면 경전이 되고, 행동하면 법도가 되면서 동류(同類) 가운데 특히 두드러져 넉넉히 성인(聖人)의 경지에 들었건만, 세상에서 그들의 처지가 어떠하였느냐?"

주석

80 孟軻好辯(맹가호변) : '맹가'는 맹자. 『맹자(孟子)』「등문공(滕文公) 하편」에 따르면 당시 사람들은 맹자가 '변론을 좋아하는' 것으로 알고 있었으나, 맹자 자신은 오히려 변론을 좋아한다기보다 성도(聖道)를 지키기 위해 부득이 변론을 하게 된다는 뜻을 피력함.
81 孔道(공도) : 공자의 도, 유가의 도.
82 轍(철) : 수레바퀴 자국.
83 荀卿(순경) : 순황(荀況), 즉 순자(荀子).
84 守正(수정) : 정도(正道, 즉 공자의 도)를 준수함. 『순자(荀子)』「비십이자

편(非十二子篇)」에 따르면, 순자는 자사(子思)나 맹자는 비판했지만 공자는 시종(始終) 존숭하였음.

85 大論(대론) : 유가의 학설을 이름. | 弘(홍) : 발양 광대함.

86 "逃讒(도참)"2구 : 순자는 조(趙)나라 사람으로, 제(齊)나라에서 벼슬하다가 참소를 피해 초(楚)나라로 달아났다. 초나라 춘신군(春申君)이 그를 난릉(蘭陵, 지금의 산동성 조장棗莊) 현령에 임용하였으나, 춘신군이 죽자 그도 면직된 후 저술에 몰두하다 그곳에서 죽음.

87 吐詞(토사) : 입론(立論), 즉 의론(議論)의 체계를 세움을 이름.

88 擧足(거족) : 거동, 행동거지.

89 絶類離倫(절류이륜) : 동류(同類) 가운데서 특히 두드러짐. '절'과 '이'는 같은 뜻으로 초월함, 능가함. '류'와 '륜'은 같은 뜻으로 동류. 여기서는 모든 유자(儒者)를 가리킴.

90 優(우) : 넉넉히, 충분히. | 聖域(성역) : 성인의 경지.

91 遇於世(우어세) : 세상에서의 경우(境遇), 처지.

今先生은 學雖勤而不繇其統[92]하고 言雖多而不要其中[93]하고 文雖奇而不濟於用[94]하고 行雖修而不顯於衆[95]이어늘 猶且月費俸錢하고 歲靡廩粟[96]하야 子不知耕하며 婦不知織이요 乘馬從徒[97]하야 安坐而食하고 踵常途之役役[98]하야 窺陳編以盜竊[99]이로다 然而聖主不加誅하며 宰臣이 不見斥[100]하니 玆非幸歟[101]아 動而得謗이나 名亦隨之[102]하니 投閑置散은 乃分之宜니 若夫商財賄之有亡[103]하고 計班資之崇庳[104]하야 忘己量之所稱[105]하고 指前人之瑕疵[106]면 是所謂詰匠氏之不以杙爲楹[107]이요 而訾醫師以昌陽引年[108]코 欲進其豨苓也[109]니라

"지금 선생인 나는 비록 학업은 부지런히 하나 유가의 도통(道統)을 잇지 못하였고, 말은 많이 하나 핵심을 찌르지 못하며, 글은 특출하나 실용에 도움이 되지 않고, 행실은 훌륭하나 사람들에게 드러나지 않거늘, 오히려 달마다 조정의 봉전(俸錢)을 허비하고, 해마다 국고의 곡식을 낭비하여 자식은 밭 갈 줄을 모르고, 아내는 베 짤 줄을 모른다. 뿐만 아니라 문을 나설 때면 말을 타고 수종까지 딸리고, 집안에서는 편안히 앉아 주는 밥을 먹으며, 윗사람들의 평범한 길을 따르느라 쉼 없고, 옛 책을 훔쳐보며 말이나 베껴올 따름이다. 하지만 성군(聖君)께서는 벌하지 않으시고, 재상께서도 쫓아내지 않으시니, 이 어찌 다행한 일이 아닌가? 움직이기만 하면 비방을 받고, 명예 또한 그로 인해 훼손당하며, 한산한 직책에 내던져진 것은 곧 내 본분에 마땅한 일이다. 그러니 봉록의 있고 없음을 헤아리고, 품계의 높고 낮음을 따지며, 자신의 역량에 맞는 바를 잊고 집권자의 흠을 꼬집는 것은, 이른바 목수가 말뚝으로 기둥을 삼지 않는 것을 힐난하고, 의사가 창포(菖蒲)로 수명을 늘이는 것을 비난하며 희령(豨苓)을 쓰도록 권하는 것이나 다름이 없도다."

주석

92 不繇其統(불요기통) : 유가의 도통을 계승하지 못했다는 말. '요'는 유(由)와 같음. 따름, 좇음, 준거(準據)함. '기통'은 유가의 도통을 이름. 한유는 맹자 이후 유도(儒道)의 계승자로 자처한바, 이는 곧 반어적 표현임.

93 不要其中(불요기중) : 논지(論旨)의 정곡을 찌르지 못한다는 말. '요'는 여기서는 파악함, 부합함의 뜻. '중'은 요지, 요점, 핵심.

94 不濟於用(부제어용) : 실용에 도움이 되지 않는다는 말. '제'는 도움.

95 修(수) : 아름다움, 훌륭함. 일설에는 수양이 됨.

96 靡(미) : 소비함, 낭비함. | 廩粟(늠속) : 국고(國庫)의 곡식. '늠'은 곳집,

창고.

97 徒(도) : 수종(隨從), 종복(從僕).

98 踵(종) : 발꿈치. 여기서는 동사로, 따라감. | 常途(상도) : 세상 뭇사람들의 평범한 인생길. | 役役(역역) : 쉼 없이 노고(勞苦)하는 모양.

99 窺(규) : 엿봄, 훔쳐봄. | 陳編(진편) : 옛날 책. '진'은 구(舊)와 같음. | 盜竊(도절) : 훔침. 여기서는 표절함을 가리킴. ◇이 구는 고서(古書)를 보며 옛 사람들의 언론을 베껴올 뿐 참신한 견해를 내지는 못한다는 뜻을 표현함.

100 宰臣(재신) : 재상(宰相). | 見斥(견척) : 나를 파면함. '견'은 부사로, 일인칭 목적어를 대신함. 여기서는 타동사 앞에 쓰여서 피동을 나타내는 말이 아님. '척'은 물리침, 쫓아냄.

101 玆(자) : 차(此)와 같음.

102 名亦隨之(명역수지) : 명예도 그로 인해 훼손을 입는다는 말.

103 若夫(약부) : 화제(話題)를 전환할 때 문장이나 단락의 첫머리에 쓰는 말. ~로 말할 것 같으면, ~에 있어서는, ~은(는). | 商(상) : 상량(商量). 곧 헤아려 생각함, 고려함. | 財賄(재회) : 재물, 재화(財貨). 여기서는 봉록을 가리킴. | 亡(무) : 무(無)와 같음.

104 計(계) : (득실을) 계산함, 따짐. | 班資(반자) : 품계(品階), 품급(品級). 곧 벼슬의 등급. | 崇庳(숭비) : 고저(高低). '비'는 비(卑)와 같음.

105 稱(칭) : 맞음, 적합함, 상당함.

106 指(지) : 지적함, 비난함. | 前人(전인) : 자기 앞에 있는 사람. 곧 상관, 집권자(執權者). | 瑕疵(하자) : 흠, 결점.

107 杙(익) : (마소를 매는) 말뚝. | 楹(영) : 기둥.

108 訾(자) : 헐뜯음, 비난함. | 昌陽(창양) : 창포(菖蒲). 한약재의 일종으로 이를 장복하면 장수할 수 있다고 함. | 引年(인년) : 연년(延年)과 같음. 수명을 늘임.

109 進(진) : 권함, 추천함. | 狶苓(희령) : 즉 저령(豬苓). 참나무 등의 뿌리에 기생하는 버섯류 식물. 이뇨제로 쓰나, 장복하면 해로움.

해설

한유는 유가의 정통 사상을 견지하며 젊어서부터 군왕을 보좌해 치국(治國)·평천하(平天下)하겠다는 웅지(雄志)를 키워왔다. 그러나 고관대작은 말할 것도 없고, 지존(至尊)의 부당한 조치나 과오까지도 서슴없이 직간(直諫)하는 강직한 성품으로, 누차 폄적되는 등 정치적으로 시종 실의하였다. 이 글은 원화(元和) 7년(812) 한유가 직방원외랑(職方員外郎)에서 국자박사로 좌천된 이듬해에 쓴 것으로, 자신의 회재불우(懷才不遇), 즉 재능은 있으나 시운을 만나지 못해 중용되지 못하고 실의한 네 내한 불평지명(不平之鳴, 불공평함에 대해 치밀어 오르는 울분의 외침)이나 다름이 없다. 이른바 '진학'이란 배움의 증진을 뜻하며, 학업의 진보와 덕행의 도야를 포괄한다. 또한 '해(解)'는 두 가지 함의(含意)를 가지는데, 먼저 '해석(解析)'을 뜻하며, 모두(冒頭)에서 국자선생이 처음 한 말은 바로 '진학'에 대한 해석이다. 다음으로 '변해(辯解)'와 '해조(解嘲)'를 뜻하는데, 이는 국자선생이 학생의 힐문(詰問)에 답한 말에서 구체적으로 나타나고 있다. 이처럼 고대 논설문의 한 문체(文體)인 '해'가 갖는 두 가지 성격의 함의는, 이 글의 주지(主旨)가 두 가지 측면을 포함하고 있음을 말해준다. 즉 배움의 증진에 대한 해설과 분석이 있는가 하면, 학생의 힐난과 선생의 변해와 해조를 통해 불평지명을 토로하고 있는바, 시종 애원(哀怨)이 넘친다. 물론 작가의 주된 창작 의도는 후자에 있다. 작가는 학생의 입을 통해 자신의 학업 정진과 덕행 수양, 유도(儒道) 수호, 문장 창작의 노력과 성취를 부각하는 가운데, 회재불우함에 대한 원망과 분개의 격정을 표출하였고, 표면적으로는 평온한 듯하지만, 사뭇 내심의 울분을 숨기지 못한 변해와 해조의 기저에는, 인재 등용의 불공정이 심각한 당시 사회에 대한 불만과 비판의 정서가 흐른다.

사설 師說[1]

당(唐) 한유(韓愈)

古之學者必有師니 師者는 所以傳道授業解惑也[2]라 人非生而知之者인댄 孰能無惑이리오 惑而不從師면 其爲惑也終不解矣라

옛날에 배우는 사람은 반드시 스승이 있었으니, 스승이란 만사 만물의 도(道)를 전수하고, 육예(六藝)의 학업을 교수(教授)하며, 일체의 의혹을 풀어주는 사람이다. 무릇 사람은 태어나면서부터 사리(事理)나 물리(物理)를 아는 존재가 아닐진대, 어느 누가 의혹이 없을 수 있겠는가? 의혹이 있는데도 스승을 좇아 배우지 않는다면, 그 의혹하는 바가 끝내 풀리지 않을 것이다.

주석

1 說(설) : 고대 논설문의 일종으로, 설명한다는 뜻임.

2 道(도) : 사물의 당연한 이치. 또 수기치인(修己治人), 즉 스스로 심신을 수양하고 남을 다스리는 방도. 한유가 말하는 '도'는 유가의 학설을 가리킴. | 業(업) : 육예, 즉 『시(詩)』·『서(書)』·『역(易)』·『예(禮)』·『악(樂)』·『춘추(春秋)』의 학업. | 惑(혹) : 곧 '도'와 '업'에 대한 의혹, 의문을 이름.

生乎吾前[3]하야 其聞道也固先乎吾[4]면 吾從而師之[5]하고 生

乎吾後라도 其聞道也亦先乎吾면 吾從而師之니 吾師道也[6]어니 夫庸知其年之先後生於吾乎[7]리오 是故로 無貴無賤하며 無長無少요 道之所存이 師之所存也라

내 앞에 태어나 도를 들어 안 것이 본디 나보다 먼저라면 나는 그를 좇아 스승으로 삼으며, 내 뒤에 태어났더라도 도를 들어 안 것이 또한 나보다 먼저라면 나는 그를 좇아 스승으로 삼을 것이다. 나는 그에게서 그가 깨달은 도를 배울 뿐이니, 어찌 그가 나보다 먼저 태어났느냐 나중 태어났느냐를 상관하겠는가? 그러므로 귀천(貴賤)도 불문하고, 장유(長幼)도 막론하며, 오직 도가 존재하는 바가 곧 스승이 존재하는 바이다.

주석

3 乎(호) : 우(于)·어(於)와 같음.

4 聞道(문도) : 성인(聖人)의 도를 들어서 앎, 깨달음. 『논어』「이인(里仁)」: "아침에 도를 깨달으면 저녁에 죽어도 괜찮다.(朝聞道, 夕死可矣)" | 固(고) : 본디, 물론.

5 師(사) : 여기서는 동사로, 스승으로 삼는다, 스승으로 모시고 배운다는 뜻.

6 師道(사도) : 그가 깨닫고 터득한 도를 배운다는 말. '사'는 여기서도 동사로 쓰였음.

7 庸(용) : 어찌. | 知(지) : 알려고 함. 곧 상관함, 개의함.

嗟乎[8]라 師道之不傳也久矣[9]니 欲人之無惑也難矣라 古之聖人은 其出人也遠矣[10]로대 猶且從師而問焉이어늘 今之衆人은 其下聖人也亦遠矣로대 而耻學於師라 是故로 聖益聖하고

愚益愚라 聖人之所以爲聖과 愚人之所以爲愚가 其皆出於此乎[11]인저

아! 스승을 좇아 도를 배우는 기풍이 사라진 지 오래되었으니, 사람들이 도에 대해 의혹이 없도록 하는 것이 참으로 어렵구나. 옛 성인은 보통사람을 뛰어넘음이 엄청나지만 오히려 스승을 좇아 의혹하는 바를 물었거늘, 오늘날 뭇사람들은 성인보다 뒤떨어짐이 또한 엄청나지만 스승에게 배우기를 부끄러워하도다. 그러므로 성인은 더욱 성명(聖明)해지고, 우인(愚人)은 더욱 우매해지나니, 성인이 성인인 까닭과 우인이 우인인 까닭이 다 여기에서 말미암는 것이리라!

주석

8 嗟乎(차호) : 차호(嗟呼)와 같음. 감탄의 발어사. 매우 슬피 탄식할 때 쓰는 말.

9 師道(사도) : 여기서는 스승을 좇아 도를 배우는 기풍(氣風), 또는 존사중도(尊師重道), 즉 스승을 존경하고 도를 중시하는 의식, 관념을 이름.

10 其(기) : 대개. | 出人(출인) : 출중(出衆)함, 즉 보통사람을 능가함, 뛰어넘음.

11 出(출) : 유(由)와 같음. 말미암음, 비롯됨.

愛其子하야는 擇師而敎之호대 於其身也엔 則恥師焉하니 惑矣[12]라 彼童子之師는 授之書而習其句讀者也[13]니 非吾所謂傳其道解其惑者也라 句讀之不知와 惑之不解에 或師焉하며 或不焉[14]하니 小學而大遺[15]라 吾未見其明也로라

사람들은 자기 자식을 사랑하여 스승을 골라 가르치지만, 정작 자기 자신은 스승을 좇아 배우기를 수치스러워하니, 참으로 어리석은 노릇이다. 저 어린아이들의 스승은 그저 책을 주고 그 구두를 익혀 글을 읽게 하는 사람이지, 내가 말한 대로 자신이 깨달은 도를 전수하고 학생의 의혹을 풀어주는 사람이 아니다. 그런데 사람들이 구두를 알지 못하거나 의혹을 풀지 못함에 있어, 구두를 모르는 것은 스승을 좇아 배우면서 의혹을 풀지 못한 것은 스승을 좇아 배우지 않으니, 작은 것은 배우면서 큰 것은 배우지 않고 버려두는 것이다. 나는 아직 그런 사람이 도리에 밝은 것을 보지 못하였다.

주석

12 惑(혹) : 미혹됨. 여기서는 어리석다는 뜻.

13 句讀(구두) : 구두(句逗)로도 씀. '구'는 완정(完整)하고 독립된 말뜻을 갖춘 문구(文句)로, 옛날에는 작은 동그라미로 표시함. '두'는 말뜻은 아직 완정하지 않으나, 송독(誦讀)하며 일시적으로 휴지(休止)가 필요한 부분으로, 점으로 표시함. 옛날 책에는 오늘날과 같은 구두점이 없었으므로, 학동(學童)이 글공부를 할 때는 먼저 '구두'를 구분하는 법을 배움.

14 不(불) : 부(否)와 통함. 그렇게 하지 않음. 곧 스승을 좇아 배우지 않음.

15 小(소) : 곧 '구두지부지(句讀之不知)'를 가리킴. | 大(대) : 곧 '혹지불해(惑之不解)'를 가리킴.

巫醫樂師百工之人[16]은 不恥相師어늘 士大夫之族[17]은 曰師曰弟子云者면 則群聚而笑之하야 問之則曰: 彼與彼로 年相似也요 道相似也라하니 位卑則足羞요 官盛則近諛[18]하니라 嗚乎라 師道之不復를 可知矣로다 巫醫樂師百工之人[19]을 君子

不齒[20]러니 今其智乃反不能及[21]하니 可怪也歟[22]인저

무의(巫醫)와 악사(樂師) 그리고 온갖 장인(匠人)과 같은 사람들은 서로 스승 삼아 배우는 것을 수치로 여기지 않는다. 하지만 사대부의 부류들은 스승이니 제자니 하는 이들이 있으면 떼 지어 모여 그들을 비웃는데, 그 까닭을 물으면 "저이와 저이는 나이도 비슷하고, 도학(道學)도 비슷하단 말이오."라고 하나니, 지위가 낮은 이를 스승 삼으면 심히 수치스럽게 여기고, 벼슬이 높은 이를 스승 삼으면 거의 아첨하는 것으로 여기도다. 오호라, 스승을 좇아 도를 배우는 기풍이 회복되지 못하는 까닭을 족히 알겠노라. 무의나 악사, 온갖 장인과 같은 사람들을 존귀하신 사대부들께서 하찮게 여기지만, 지금 그들의 지혜로움에는 오히려 미치지 못하니, 참으로 괴이하구나.

주석

16 巫醫(무의) : 옛날에 부적(符籍)과 주문(呪文)을 위주로 하면서, 때로는 약재도 함께 써서 재앙을 물리치거나 병을 치료하던 사람. 또 무사(巫師)와 의사(醫師). | 樂師(악사) : 노래를 하거나 악기 연주를 직업으로 하는 사람. | 百工(백공) : 온갖 공장(工匠). 또 백관(百官). 여기서는 전자.

17 族(족) : 유(類)와 같음. 부류.

18 諛(유) : 아첨함.

19 樂師(악사) : 『진보』에는 원래 빠져 있으나, 『한창려집』에 근거해 보충함.

20 君子(군자) : 고관 귀족 등 신분 지위가 높은 사람, 또는 도덕 수양이 높은 사람. 여기서는 전자로, 위에서 말한 사대부를 가리킴. | 不齒(불치) : 업신여김, 하찮게 여김. '치'는 나란히 늘어섬.

21 乃(내) : 뜻밖에, 의외로.

22 歟(여) : 감탄의 어기조사.

聖人은 無常師[23]라 孔子師郯子萇弘師襄老聃[24]하시나 郯子之徒는 其賢이 不及孔子라 孔子曰: 三人行이면 則必有我師[25]라하시니 是故로 弟子不必不如師요 師不必賢於弟子라 聞道有先後요 術業有專攻[26]이니 如是而已이라

성인에게는 일정한 스승이 없으니, 일찍이 공자는 담자와 장홍, 사양, 노담을 두루 스승으로 삼은 적이 있다. 하지만 담자를 비롯한 이들 무리는 그 현덕(賢德)함이 공자에 미치지 못한다. 공자께서 말씀하셨다. "세 사람이 함께 길을 가면, 그 가운데에는 반드시 나의 스승이 있다." 그러므로 제자가 반드시 스승만 못하지도 않고, 스승이 반드시 제자보다 낫지도 않다. 단지 도를 들어 앎에는 선후가 있고, 학술과 기예(技藝)에는 전공이 있을 뿐이니, 그 이치가 본시 이와 같을 따름이니라.

주석

23 常師(상사) : 일정한, 고정된 스승. 성인은 호학(好學)하여 스승 삼아 배우지 않는 이가 없으므로, '상사'가 없다고 한 것임.

24 郯子(담자) : 춘추시대 담나라(지금의 산동 담성郯城에 있었음)의 군주. 공자가 일찍이 그에게 고대 관직 이름에 대해 물은 적이 있다고 함. | 萇弘(장홍) : 동주(東周) 경왕(敬王) 때의 대부(大夫). 공자가 일찍이 그에게 고대 음악에 대해 물은 적이 있다고 함. | 師襄(사양) : 춘추시대 노(魯)나라의 악사(樂師). '사'는 악사를 이르고, '양'은 그의 이름임. 공자가 일찍이 그에게 금(琴)을 배웠다고 함. | 老聃(노담) : 즉 노자(老子). 공자가 일찍이 그에게 예(禮)에 대해 물은 적이 있다고 함.

25 이 말의 출처는 『논어』「술이편(述而篇)」임.

26 術業(술업) : 학술과 기예.

李氏子蟠[27]이 年十七이라 好古文하야 六藝經傳[28]을 皆通習之[29]러니 不拘於時[30]하고 請學於余어늘 余嘉其能行古道하야 作師說以貽之[31]하노라

이(李)씨 댁 자제(子弟) 반(蟠)이 올해 나이 열일곱에 고문을 좋아하여, 이미 육예(六藝)의 경전(經傳)을 모두 두루 학습하였다. 또한 스승을 좇아 배우기를 수치스러워하는 시속에 얽매이지 않고, 나에게 배우기를 청하거늘, 나는 그가 옛 도리를 행할 줄 아는 것을 가상히 여겨 이 「사설」을 지어 주노라.

주석

27 李蟠(이반) : 한유의 제자. 덕종(德宗) 정원(貞元) 19년(803) 진사.

28 經傳(경전) : '경'은 육예(六藝) 즉 육경(六經)의 본문, '전'은 '경'을 주해(註解)한 저작(著作).

29 通(통) : 두루.

30 時(시) : 시속(時俗). 곧 스승을 좇아 배우는 것을 부끄럽게 여기는 당시의 사회 풍조를 이름.

31 貽(이) : 줌, 수여함.

해설

한유는 여기서 무릇 배움에는 반드시 스승이 있어야 함을 설파하였는데, 이는 당시 사대부들이 스승을 좇아 배우는 것을 부끄럽게 여긴 풍토에 대한 개탄의 반영이자, 젊은이들에게 올바른 구학(求學)의 길을 가르쳐 주려는 충정(衷情)의 발로이다. 한유의 지우(知友) 유종원(柳宗元)이 「답위중립논사도서(答韋中立論師道書)」에서, "위진 이래로 사람들은 더욱 스승을 섬기지 않았으며, 급기야 오늘날에는 스승이 있다는 소리를 들어보지 못하였다.

설령 있다고 하더라도, 사람들이 그저 야단스럽게 비웃으며 미친 사람 취급을 할 것이다. 그러나 유독 한유만은 분연히 시속(時俗)에 아랑곳하지 않고, 또한 조소와 모욕을 무릅쓰고 후학을 모아 「사설」을 지어 주며 당당히 스승이 되었다.(由魏晋氏以下, 人益不事師. 今之世, 不聞有師. 有, 輒嘩笑之, 以爲狂人. 獨韓愈奮不顧流俗, 犯笑侮, 收召後學, 作師說, 因抗顔而爲師)"라고 한 것을 보면, 당시 고문운동을 주도한 한유의 사명감이 어느 정도였는지를 알 수 있다. 요컨대 한유의 부연에 따르면, 스승이란 '전도(傳道)', '수업(授業)', '해혹(解惑)'을 전문으로 하는 사람인바, 어느 누구도 사람은 '생이지지자(生而知之者)', 즉 태어나면서부터 인생의 진리를 아는 사람일수 없기 때문에 반드시 스승을 좇아 배워야 한다는 것이다. 또한 우리가 스승으로 삼을 인물은 귀천과 장유를 불문하며, 오직 문도(聞道)를 먼저하고 특정 분야에 대한 '전공' 능력만 갖추고 있으면 족하다는 것이니, 진정 진보적이고 개방적인 견해가 아닐 수 없다.

잡설 雜說[1]

당(唐) 한유

世有伯樂[2]한 然後에 有千里馬하나니 千里馬常有로되 而伯樂不常有라 故로 雖有名馬나 秖辱於奴隷人之手[3]하야 駢死於槽櫪之間[4]이요 不以千里稱也라

세상에 백락이 있은 연후에야 비로소 천리마가 존재할 수 있나니, 천리마는 언제나 있지만 백락은 항상 있지는 않다. 그러므로 설사 명마가 있다 할지라도, 그저 마부의 손에서 모욕이나 당하며 구유와 마판(馬板) 사이에서 보통 말들과 함께 죽어갈 뿐이요, 천리마로 칭송되지 못한다.

주석

1 雜說(잡설) : 이는 우언체(寓言體) 잡문(雜文)으로, 『한창려집』에는 본디 네 편이 실려 있으나, 『진보』에는 그 중 제4편인 이 한 편만 선록함.

2 伯樂(백락) : 곧 손양(孫陽). '백락'은 그의 자(字). 춘추시대 진(秦) 목공(穆公) 때 사람으로, 말의 양부(良否, 좋음과 나쁨)를 잘 알아본 것으로 이름이 났음. 때문에 후세에는 흔히 인재를 잘 알아보는 사람의 대명사로도 일컬어짐.

3 秖(지) : 지(祇)와 같음. 다만, 단지. | 奴隷人(노예인) : 여기서는 말을 기르고, 모는 마부를 가리킴.

4 駢死(변사) : 준마가 노마(駑馬, 느리고 둔한 말)와 나란히 죽는다는 뜻으로, 준재가 웅지(雄志)를 펴지 못하고 범인들 속에서 지극히 평범한 삶을 살다

죽음을 비유 개탄함. '변'은 함께, 나란히. | 槽(조) : 말구유. | 櫪(력) : 마판(馬板). 곧 마구간 바닥에 까는 널빤지. 일설에는 말을 매는 말뚝.

馬之千里者는 一食[5]에 或盡粟一石[6]이어늘 食馬者不知其能千里而食也[7]하니 是馬雖有千里之能이나 食不飽하며 力不足하야 才美不外見[8]하고 且欲與常馬等이나 不可得이니 安求其能千里也리오

말 가운데 하루에 천리를 가는 명마는 한 끼에 때로는 곡식 한 섬을 먹어치우거늘, 말을 먹이는 자가 하루에 천리를 갈 수 있는 말인 줄도 모르고 그 말을 먹인다. 그러니 그 말이 비록 하루에 천리를 갈 수 있는 능력이 있나 하더라도, 끼니 때 배불리 먹지 못한 닷에 힘이 모자라 훌륭한 재능을 밖으로 드러내지 못하며, 더욱이 보통 말들과 같이 되려고 해도 되지 못하니, 어찌 그 말이 하루에 천리를 갈 수 있기를 바라겠는가?

주석

5 一食(일식) : 한 끼 식사. '식'은 끼니.

6 粟(속) : 곡식.

7 食(사) : 사(飼)와 같음. (동물을) 먹임, 사육함.

8 見(현) : 현(現)과 같음.

策之不以其道[9]하며 食之不能盡其材[10]하며 鳴之不能通其意[11]하고 執策而臨之曰: 天下無良馬라하니 嗚呼라 其眞無馬耶[12]아 其眞不識馬耶아

천리마를 놓고 채찍질을 함에 그 특성에 맞추어 하지도 않고, 여물을 먹임에 그 자질을 다하게 하지도 못하며, 고함을 침에 그 뜻을 알아서 하지도 못하면서, 채찍을 잡고 다가서서 '세상에 좋은 말이 없어!'라고 하나니, 아, 진정 좋은 말이 없는 것인가, 아니면 좋은 말을 알아보지 못하는 것인가?

주석

9 策(책) : 채찍. 여기서는 동사로, (말을) 채찍질함, 부림. | 不以其道(불이기도) : 천리마의 본성에 따라서 그 특성을 살리는 방법으로 (말을) 부리지 않음을 이름. '도'는 올바른 원칙, 방법.

10 材(재) : 재질(材質), 재질(才質), 자질.

11 鳴(명) : (말을 몰기 위해) 고함침, 소리침. | 通(통) : 통효(通曉). 곧 환하게 앎, 이해함.

12 耶(야) : 의문의 어기조사.

해설

이 글은 말의 양부(良否)를 잘 알기로 이름난 춘추시대 백락의 고사에서 취재(取材)하였다. 작품은 곧 재사(才士)를 천리마에 비유하여 당시 걸출한 인재를 거용(擧用)해 그 재능을 발휘케 하기는커녕 짓밟고 사장(死藏)시키는 모순된 풍토를 신랄히 비판하였다. 물론 이는 정치적으로 시종 실의한 한유 자신은 물론, 회재불우(懷才不遇)한 수많은 한사(寒士)들을 위한 분개이자 불평지명(不平之鳴)이나 다름이 없다.

포사자설 捕蛇者說

당(唐) 유종원(柳宗元)

永州之野[1]에 産異蛇하니 黑質白章[2]이라 觸草木이면 盡死요 以嚙人[3]이면 無禦之者[4]라 然이나 得而腊之[5]하야 以爲餌[6]면 可以已大風攣踠瘻癘[7]하고 去死肌殺三蟲[8]이라 其始에 太醫以王命[9]으로 聚之한대 歲賦其二[10]하며 募有能捕之者하야 當其租入[11]하니 永之人이 爭奔走焉[12]이라

영주 들판에는 기이한 뱀이 나는데, 검은 바탕에 흰 무늬가 있다. 이 뱀이 초목에 닿으면 초목이 다 말라 죽고, 사람을 물면 그 독을 치료할 방도가 없다. 그러나 이 뱀을 잡아다 건육을 만들어 약이(藥餌)로 먹으면 문둥병과 손발이 꼬부라져 펴지지 않는 병, 목 종기와 독창(毒瘡)을 치료하고, 썩은 살을 없애고, 몸속의 온갖 기생충을 죽일 수가 있다. 그러므로 애초에 어의(御醫)가 왕명으로 이 뱀을 수집하게 되었는데, 해마다 두 차례 거둬들이며, 이 뱀을 잡을 수 있는 사람을 모집해 조세(租稅)를 대신하게 해주자, 영주 사람들이 다투어 이 뱀을 잡느라 동분서주하였다.

주석

1 永州(영주) : 지금의 호남성 영릉현(零陵縣) 일대. 유종원은 영정(永貞) 원년부터 원화(元和) 9년까지 영주사마(司馬)로 폄적되었음.

2 質(질) : (물체의) 본질, 재질(材質). | 章(장) : 무늬.

3 嚙(교) : 교(咬)·설(齧)과 같음. (입으로) (깨)묾.

4 禦(어) : 막음, 저항함. 여기서는 치료함.

5 腊(석) : 건육(乾肉), 즉 말린 고기. 여기서는 동사로, 건육을 만듦.

6 餌(이) : 약이(藥餌). 곧 약이 되는 음식.

7 已(이) : 지(止)와 같음. 멈춤, 멈추게 함. 여기서는 치유(治癒)함. | 大風(대풍) : 나병, 문둥병. | 攣踠(연원) : 손발이 꼬부라져 펴지지 않는 병. | 瘻癘(누려) : '누'는 목에 난 종기, '려'는 독창(毒瘡), 즉 독기가 있는 악성 부스럼.

8 死肌(사기) : 죽은 살, 썩은 살. | 三蟲(삼충) : 삼시충(三尸蟲). 곧 사람의 몸속 기생충에 대한 통칭.

9 太醫(태의) : 어의(御醫).

10 賦(부) : 징수함, 수집함. | 其二(기이) : 두 차례.

11 當(당) : 충당하게 함. 곧 (마땅히 납부해야 할 조세를) 대신하게 함.

12 犇(분) : 분(奔)과 같은 글자. | 焉(언) : 지시대명사. 여기서는 뱀 잡는 일을 가리킴.

有蔣氏者專其利三世矣[13]라 問之則曰: 吾祖死於是[14]하고 吾父死於是하고 今吾嗣爲之十二年[15]에 幾死者數矣[16]로다 言之에 貌若甚慼者[17]라

어떤 장씨(蔣氏) 집안 사람이 삼대에 걸쳐 그 이점을 향유하고 있었다. 그에게 경위(經緯)를 묻자, 그가 말했다. "저의 할아버지도 뱀을 잡다가 돌아가셨고, 아버지도 뱀을 잡다가 돌아가셨으며, 지금은 제가 이어받아 이 일을 해온 지 12년이 되었는데, 거의 죽을 뻔한 게 여러 번입니다." 그 말을 하는 표정이 몹시 슬퍼 보였다.

주석

13 專(전) : 오로지함, 향유(享有)함. | 其利(기리) : 곧 뱀을 잡아 바치면 조세를 납부하지 않아도 되는 이점(利點)을 이름.

14 是(시) : 뱀 잡는 일을 가리킴.

15 嗣(사) : 이음, 계승함.

16 數(삭) : 여러 차례, 자주.

17 慼(척) : 슬픔, 괴로움.

余悲之且曰: 若毒之乎[18]아 余將告于莅事者[19]하야 更若役[20]하고 復若賦면 則何如오

나는 가련한 생각이 들어 그에게 말했다. "당신은 그 일을 하는 게 한스럽습니까? 내가 장차 주무(主務) 관리에게 말해서, 당신의 그 뱀 잡는 부역을 바꾸어 다시 원래대로 조세를 납부하는 것으로 해주면 어떻겠소?"

주석

18 若(약) : 너, 당신. | 毒(독) : 원망함, 한(恨)함.

19 莅事者(이사자) : 주무, 담당자. 곧 해당 지방관(地方官)을 이름. '이'는 그 자리에 임(臨)함. 곧 그 일을 맡음.

20 更(경) : 바꿈. | 役(역) : 부역(負役). 곧 뱀을 잡아 바치는 것을 이름.

蔣氏大慼하야 汪然出涕曰[21]: 君將哀而生之乎인댄 則吾斯役之不幸이 未若復吾賦不幸之甚也라 嚮吾不爲斯役[22]이면 則久已病矣[23]랐다 自吾氏三世居是鄕하야 積於今六十歲矣[24]

라 而鄕隣之生이 日蹙[25]하야 殫其地之出하고 竭其廬之入[26]하야 號呼而轉徙[27]하고 飢渴而頓踣[28]하야 觸風雨하며 犯寒暑하고 呼噓毒癘[29]하야 往往而死者相藉也[30]니 曩與吾祖居者今其室[31]이 十無一焉이요 與吾父居者今其室이 十無二三焉이요 與吾居十二年者今其室이 十無四五焉이니 非死則徙耳[32]라 而吾以捕蛇로 獨存이라

그러자 장씨는 크게 상심하여 눈물을 줄줄 흘리며 말하였다. "나리께서는 저를 불쌍히 여겨 살려주려고 하시는 것이지요? 그렇다면 제가 이 부역으로 인한 불행은, 다시 조세 납부를 하게 됨으로써 겪어야 할 극심한 불행보다는 훨씬 덜합니다. 만약 이전에 제가 이 부역을 하지 않았다면, 아마 오래전부터 이미 곤궁하기가 그지없었을 겁니다. 우리 집안이 삼대에 걸쳐 이 마을에서 산 것이 지금까지 60년입니다. 그런데 이웃집 사람들의 삶은 날로 궁핍해져, 조세를 내느라 땅의 소출(所出)을 다하고 집안의 수입까지 모조리 털어 넣고는, 통곡하며 이리저리 도망 다니다 배고픔과 목마름에 지쳐 쓰러지고 넘어졌으며, 비바람을 온 몸으로 맞고 추위와 더위를 무릅쓰며 지독한 장기(瘴氣)를 마시고 다니니, 왕왕 죽은 사람의 시체가 서로 깔고 누울 지경이었습니다. 그 바람에 예전에 이 마을에서 우리 할아버지와 같이 살던 사람들은 지금 그 집안이 열에 하나도 남지 않고, 우리 아버지와 같이 살던 사람들은 지금 그 집안이 열에 두셋도 남지 않고, 저와 12년을 같이 살던 사람들은 지금 그 집안이 열에 네다섯도 남지 않았는데, 죽은 게 아니면 다 마을을 떠난 것이지요. 하지만 저는 이 뱀 잡는 일을 하면서 홀로 살아남았습니다."

주석

21 汪然(왕연) : 눈물이 줄줄 흐르는 모양. 또 눈물이 그렁그렁한 모양.

22 嚮(향) : 접때, 이전에. 여기서는 가정(假定)의 뜻을 내포함.

23 疾(질) : 심히 곤궁함, 곤고(困苦)함.

24 積於今(적어금) : 지금까지 누적함.

25 蹙(축) : 오그라듦, (삶이) 궁핍함.

26 이상 2구는 땅의 소출이나 집안의 수입을 다 털어 넣어도, 조세를 납부하기에는 부족하다는 뜻을 표현함. '탄(殫)'은 다함[盡].

27 號呼(호호) : 호호(呼號)와 같음. 통곡함, 울부짖음. | 轉徙(전사) : 전이(轉移)와 같음. 여기서는 이리저리 도망 다니며 불안하게 삶을 이름.

28 頓踣(돈부) : 돈부(頓仆)와 같음. 넘어짐, 쓰러짐. 곧 처지가 몹시 곤궁함을 이름.

29 呼噓(호허) : 호흡함. | 毒癘(독려) : 독기, 장기(瘴氣).

30 相藉(상자) : 서로 깔고 누움, 겹침. 곧 (시체가) 겹겹이 쌓일 정도로 대단히 많음을 형용함.

31 曩(낭) : 접때, 예전에.

32 耳(이) : ~일 따름임.

悍吏之來吾隣[33]에 叫囂乎東西[34]하며 隳突乎南北[35]하야 譁然而駭者雖鷄狗[36]라도 不得寧焉이어늘 吾恂恂而起[37]하야 視其缶而吾蛇尙存[38]이면 則弛然而臥[39]하고 謹食之[40]하야 時而獻焉이오 退而甘食其土之有하야 以盡吾齒[41]하니 蓋一歲之犯死者二焉[42]이오 其餘則熙熙而樂[43]이라 豈若吾鄕隣之旦旦有是哉[44]리오 今雖死于此[45]라도 比吾鄕隣之死면 則已後矣니 又安敢毒耶아

"매번 포악한 관리가 우리 마을에 와서 곳곳에서 큰소리로 떠들어대고 소란을 피우며 요란하게 사람을 놀랠 때면, 설령 닭과 개라도 편안할 수가 없습니다. 하지만 저는 혹시나 하는 마음으로 일어나 옹기 항아리를 살펴보고, 제가 잡아놓은 뱀이 아직 그대로 있으면 안심하고 누워서 쉬지요. 또한 아주 조심스럽게 뱀을 먹이다가 때가 되면 관가에 바칩니다. 그리고 돌아와서는 땅에서 수확한 것을 맛있게 먹으며 천명(天命)을 다하게 되는데, 대개 일 년에 죽을 위험을 무릅쓰는 경우가 두 번이고, 그 나머지는 희희낙락합니다. 그러니 어찌 이웃집 사람들이 날마다 그런 곤욕을 당하는 것과 같겠습니까? 설사 지금 뱀을 잡다가 죽는다고 하더라도, 이웃집 사람들이 죽은 것에 비하면 이미 한참 나중인데, 어떻게 감히 이 일을 한(恨)하겠습니까?"

주석

33 悍吏(한리) : 포악한 관리.

34 叫囂(규효) : 큰소리로 떠들고 소리침. | 乎(호) : 어(於)와 같음. | 東西(동서) : 여기서는 도처(到處)의 뜻. 다음 구의 '남북(南北)'도 이와 같음.

35 隳突(휴돌) : 소란을 피움. 남의 집에 난입해 기물을 부숨을 이름.

36 譁然而駭(화연이해) : (포악한 관리가) 요란스럽게 떠들어 대며 사람들을 놀라게 함. 일설에는 마을 사람들이 정신없이 소리치며 놀람을 이른다고 하나, 자연스럽지 못함.

37 恂恂(순순) : 여기서는 조심스러운 모양, 또는 걱정스러운 모양.

38 缶(부) : 옹기 항아리. 곧 뱀을 잡아 넣어둔 항아리를 말함.

39 弛然(이연) : 안심하는 모양.

40 食(사) : 사(飼)와 같음. (동물을) 먹임.

41 齒(치) : 나이. 또 천수(天壽), 천명.

42 犯死(범사) : 죽음의 위험을 무릅씀.

43 熙熙(희희) : 화락한 모양.
44 旦旦(단단) : 날마다.
45 此(차) : 곧 뱀 잡는 일을 가리킴.

余聞而愈悲하노라 孔子曰: 苛政은 猛於虎也[46]라하시니 吾嘗疑乎是러니 今以蔣氏로 觀之하니 尤信이로다 嗚呼라 孰知賦斂之毒[47]이 有甚是蛇者乎아 故로 爲之說하야 以俟夫觀人風者得焉[48]하노라

나는 그 말을 들으니 더욱 슬펐다. 공자께서 이르기를, "가혹한 정치는 호랑이보다 무섭다."고 하셨는데, 나는 일찍이 그 말에 의아해 하였지만, 오늘 장씨의 경우를 통해서 보니 확실히 믿을 수가 있다. 오호라, 가렴주구(苛斂誅求)의 독해(毒害)가 독사보다 더 심할 줄 누가 알았겠는가? 그래서 나는 이 이야기를 기록해, 장차 민풍(民風)을 살피는 사람들이 자세한 내막을 알 수 있기를 바란다.

주석

46 苛政猛於虎也(가정맹어호야) : 『예기(禮記)』 「단궁(檀弓) 하(下)」에 보임.
47 賦斂(부렴) : 조세를 징수함. 여기서는 가렴주구(苛斂誅求, 조세를 가혹하게 거두어들이고 무리하게 재물을 빼앗음)를 이름.
48 俟(사) : 기다림. 여기서는 바란다는 뜻을 내포함. | 人風(인풍) : 민풍(民風)과 같음. 민정(民情) 풍속. 당나라 사람들은 당 태종 이세민(李世民)의 휘(諱)를 피하기 위해, '민' 자를 써야 될 때는 모두 '인'으로 고쳐 썼음.

해설

이 글은 유종원의 대표작으로, 현실에 대한 신랄한 풍자와 비판이 참으로 볼 만하다. 중당(中唐) 시기 민생의 현실은 혹독한 가렴주구를 견디다 못해 속절없이 죽어가거나, 고향을 버리고 도망자로 사방을 떠돌다 애달픈 삶을 마감하는 도탄의 극치였다. 이 같은 사회 현실 속에서 삼대에 걸쳐 조세를 납부하는 대신, 나라에서 필요로 하는 독사를 잡아 바쳐온 장씨는, 항시 죽음의 위험 앞에 노출되어 있지만, 도탄에 빠진 이웃들에 비하면 오히려 천명을 다할 수 있다고 기꺼워한다. 웃지 못할 참혹한 민생의 반영이 아닐 수 없다. 요컨대 작품은 장씨와 그 이웃들의 고통의 삶을 통해, 공자가 말한 '가혹한 정치는 호랑이보다 무섭다(苛政猛於虎)'는 사상을 극력 표현하였다.

종수곽탁타전 種樹郭橐駝傳[1]

당(唐) 유종원

郭橐駝는 不知始何名이라 病僂[2]하야 隆然伏行[3]하야 有類橐駝者[4]일새 故로 鄕人이 號之曰: 駝라하니 駝聞之曰: 甚善다 名我固當이로다 因捨其名하고 亦自謂橐駝云이라

곽탁타는 애초에 이름이 무엇이었는지 모른다. 옛날에 그가 곱삿병을 앓아 붕긋하게 등을 구부리고 다니는 것이 탁타(낙타)와 흡사했으며, 그래서 고을 사람들이 그를 '탁타'라고 불렀다. 탁타는 그것을 듣고는 "아주 좋아! 나를 그렇게 부르니까 정말 잘 어울리는구먼." 하며 자기 이름을 버리고, 그 스스로도 탁타라고 하였다고 한다.

주석

1 橐駝(탁타) : 즉 낙타(駱駝). '탁'은 전대(纏帶), 즉 돈이나 물건을 넣어 허리에 매거나 어깨에 두르기 편하도록 만든 자루. 낙타는 등에 육봉(肉峰)이 전대처럼 솟아 있어 '탁타'라고도 함. 여기서 '탁타'는 곽탁타가 곱사등이임을 형용함.

2 僂(루) : 곱사등이, 꼽추.

3 隆然(융연) : 융기한 모양. 곧 붕긋한 모양, 우뚝 솟은 모양.

4 類(류) : 유사함, 흡사함.

其鄕曰豊樂鄕이니 在長安西라 駝業種樹한대 凡長安豪家

富人이 爲觀遊及賣果者皆爭迎取養[5]이라 視駝所種樹면 或移徙라도 無不活이요 且碩茂[6]하고 蚤實以蕃[7]이라 他植者雖窺伺傚慕[8]나 莫能如也[9]러라

탁타가 사는 고을은 풍락향(豐樂鄕)으로, 장안 서쪽에 있다. 탁타는 나무 심는 것을 업(業)으로 하는데, 무릇 장안의 호족(豪族) 부호(富戶) 가운데 원림(園林)을 조성해 관상 유람코자 하거나, 과수를 심어 과일을 내다 팔고자 하는 사람들은, 모두 다투어 그를 데려다 돌봐주며 나무를 심게 하였다. 탁타가 심은 나무를 보면 설령 옮겨 심더라도 살지 않는 게 없었으며, 더욱이 크고 무성하게 자라고 결실(結實) 또한 빠르고 풍성하였다. 다른, 나무 심는 사람들도 몰래 그를 엿보며 따라하지만, 그에게 미칠 수 있는 사람은 아무도 없었다.

주석

5 爲觀遊(위관유) : 원림을 만들어 관상하고 유람하려고 함. | 爭迎取養(쟁영취양) : 다투어 영접해 부양함. 곧 곽탁타를 데려다 돌봐주면서 나무 심는 일을 시킨다는 말. '영취'는 영접함.

6 碩茂(석무) : (나무가) 크고도 무성함.

7 蚤(조) : 조(早)와 같음. 이름, 빠름. | 蕃(번) : 많음.

8 窺伺(규사) : 엿봄, 훔쳐봄. | 傚慕(효모) : 모방함, 따라함.

9 如(여) : 급(及)과 같음. (어떤 능력이나 수준 따위가) ~에(게) 미침.

有問之하니 對曰: 橐駝非能使木壽且孶也[10]라 以能順木之天[11]하야 以致其性焉爾[12]니 凡植木之性이 其本[13]은 欲舒[14]하고

其培[15]는 欲平하고 其土는 欲故하고 其築[16]은 欲密이로다 旣然已어든 勿動勿慮하고 去不復顧라 其蒔也若子[17]하고 其置也若棄면 則其天者全而其性得矣라 故로 吾不害其長而已요 非有能碩而茂之也며 不抑耗其實而已[18]이요 非有能蚤而蕃之也라

어떤 사람이 나무 심는 비결을 물으니, 그가 대답하였다. "저 탁타가 나무를 오래 살고, 또 무성하게 자라게 할 수 있는 게 아닙니다. 저는 단지 나무의 천성에 순응하여, 그 본성을 다하게 할 뿐입니다. 무릇 옮겨 심는 나무의 본성이란, 뿌리는 펴려고 하고 북주기는 골랐으면 하며, 흙은 옛 것이었으면 하고 다지기는 촘촘했으면 하지요. 그렇게 모두 다 한 다음에는 건드리지도, 걱정하지도 말고, 나무를 떠나 다시 돌아보지 않아야 합니다. 나무를 심을 때는 자식 다루듯 하고, 심어놓은 다음에는 한쪽에 버려둔 듯하면, 그 천성이 보전되고 본성이 살게 됩니다. 그러므로 저는 나무의 생장을 방해하지 않을 뿐이지, 결코 크고 무성하게 자라게 할 수 있는 것이 아니며, 결실을 억제해 감손(減損)토록 하지 않을 뿐이지, 결코 빠르고 풍성하게 할 수 있는 것이 아닙니다."

주석

10 壽(수) : 오래 삶. | 孶(자) : 자(滋)와 같음. 번성함, 무성함.
11 天(천) : 천성.
12 焉爾(언이) : 문장 끝에 쓰이는 어기조사. ~일 따름이라는 뜻을 나타냄.
13 本(본) : 나무뿌리를 이름.
14 舒(서) : 폄, 펴짐.
15 培(배) : (나무뿌리 위에 흙을) 북돋음. 곧 배토(培土), 북주기.
16 築(축) : (나무뿌리 위에 덮은 흙을) 다짐.

17 蒔(시) : (나무를 옮겨) 심음.
18 抑耗(억모) : 억제해 감손함.

他植者則不然하니 根拳而土易[19]하고 其培之也若不過焉이면 則不及焉이요 苟有能反是者[20]인댄 則又愛之太恩[21]하고 憂之太勤[22]하야 旦視而暮撫하며 已去而復顧하고 甚者는 爪其膚하야 以驗其生枯하며 搖其本하야 以觀其疎密하니 而木之性이 日以離矣라 雖曰愛之나 其實害之요 雖曰憂之나 其實讐之라 故로 不我若也[23]라 吾又何能爲矣哉리오

"하지만 다른, 나무 심는 사람들은 그렇게 하지 않습니다. 뿌리는 주먹처럼 구부리는 데다 흙도 새것으로 바꾸고, 북주기는 지나치지 않으면 모자라지요. 설령 이처럼 데면데면하지 않는 이가 있더라도 그들은 또 나무를 아끼는 게 너무 다정하고, 걱정하는 게 너무 많아, 아침에 들여다보고 저녁에 어루만지며 금방 왔다 갔으면서 다시 돌아와 보고, 심지어는 껍질을 손톱으로 긁어서 나무가 살았는지 죽었는지를 검사하고, 뿌리를 흔들어 흙 다지기가 성긴지 촘촘한지를 살펴보니, 나무의 본성과는 날로 동떨어지게 됩니다. 그러니 비록 나무를 사랑한다고 하나 기실은 상해(傷害)하는 것이요, 나무를 걱정한다고 하나 기실은 괴롭히는 것입니다. 그렇기 때문에 다른 사람들이 저만 못한 것이지, 제가 또 어떻게 특별히 나무가 잘 자라게 할 수 있겠습니까?"

주석

19 拳(권) : 권곡(拳曲). 곧 손가락을 오그려 주먹을 쥐듯 (나무뿌리를) 구부

린다는 말.

20 苟(구) : 진실로, 만약(설령) ~이라면. | 反是(반시) : 이와 반대로 함, 다르게 함. 곧 이처럼 데면데면하지 않다는 말.

21 太(태) : 너무, 지나치게. | 恩(은) : 다정함, 정겨움.

22 勤(근) : 부지런함, 많이 함. 또는 돈후(敦厚)함.

23 不我若(불아약) : 불약아(不若我), 곧 불여아(不如我). 나만 못함.

問者曰: 以子之道로 移之官理可乎[24]아 駝曰: 我知種樹而已요 理는 非吾業也라 然이나 吾居鄕하야 見長人者好煩其令[25]하야 若甚憐焉[26]이로대 而卒以禍라 旦暮에 吏來而呼曰: 官命이라 促爾耕[27]하며 勖爾植[28]하며 督爾穫하며 蚤繅而緖[29]하며 蚤織而縷[30]하며 字而幼孩[31]하며 遂而鷄豚[32]이라하야 鳴鼓而聚之하고 擊木而召之[33]하니 吾小人[34]은 輟飧饔以勞吏者[35]라도 且不得暇온 又何以蕃吾生而安吾性邪[36]아 故로 病且怠[37]하니 若是則與吾業者로 其亦有類乎[38]아

물은 사람이 말하였다. "당신이 나무를 심어 가꾸는 이치를 정치에 적용하면 되겠습니까?" 탁타가 말하였다. "저는 나무 심는 것을 알 뿐입니다. 정치는 제 본업이 아닙니다. 그런데 제가 고을에 살면서 보니 관리들이 번다(煩多)히 명령을 내는 것을 좋아하여 백성을 아주 아끼고 사랑하는 것 같으나, 결국은 화난(禍難)을 가져다주더군요. 아침저녁으로 관리가 찾아와 소리를 칩니다. '관청의 명령이다. 너희의 밭 갈기를 재촉하고 너희의 모종 심기를 힘쓰고, 너희의 수확에 박차를 가하며, 빨리 너희의 누에고치 실을 뽑고, 서둘러 너희의 명주실로 베를 짜며, 정성을 다해 너희의 어린아이를 양육하고, 너희의 닭과 돼지를 사육하라.' 또 걸핏하면 북을 쳐 사람을 모으고, 딱따기를 두드려 사람을 부르니, 우리 같은 백성들은 아침저녁으로 밥도 먹지 못하고, 관리들을 응접하며 위로하기도 바쁜데, 어떻게 또 우리 생활을 풍성하게 하고 마음을 편안하게 하겠습니까? 그러니 다들 형편은 곤궁하고 심신은 지쳐 있습니다. 상황이 이와 같으니, 제가 업으로 하는 나무 심기와도 아마 유사한 면이 있겠지요?"

주석

24 官理(관리) : 관치(官治)와 같음. 관리가 되어 백성을 다스림, 벼슬하며 정무를 봄. 곧 정치(政治)함. 당나라 사람들은 당 고종(高宗) 이치(李治)의 휘(諱)를 피해 '치'를 '리'로 고쳐 썼음.

25 長人者(장인자) : 백성의 장자(長者) 된 자, 또는 백성을 다스리는 자. 곧 관리를 이름. '인'은 민(民)과 같음. 이 또한 당 태종 이세민(李世民)의 휘를 피한 것임.

26 憐(련) : 어여삐 여김, 사랑함.

27 爾(이) : 이인칭 대명사. 너, 너희.

28 勖(욱) : 면려(勉勵)함.

29 蚤(조) : 일찍, 빨리, 서둘러. | 繰(소) : 소(繅)와 같음. 누에고치에서 실을 뽑음. | 而(이) : 이(爾)와 같음. 이인칭 대명사. 아래 3구의 '이'도 이와 같음. | 緖(서) : 실의 두서(頭緖). 곧 실마리.

30 織(직) : 실로 베를 짬. | 縷(루) : 실.

31 字(자) : 무육(撫育)함. 어루만지듯이 잘 돌보아 기름. | 幼孩(유해) : 젖먹이나 어린아이.

32 遂(수) : 자람, 생장함. 여기서는 (동물을) 먹여 기름.

33 木(목) : 딱따기(옛날에 야경을 돌거나 군중을 불러 모을 때 서로 마주 쳐서 '딱딱' 소리를 내게 만든 두 짝의 나무토막) 따위를 이름.

34 小人(소인) : 소민(小民). 곧 백성.

35 輟(철) : 그침, 멈춤. 『진보』에는 원래 '구(具)'로 되어 있으나, 『유하동집(柳河東集)』에 근거해 고침. | 饔(옹) : 아침밥. | 飧(손) : 저녁밥. | 勞(로) : 위로함. 곧 관리를 상대하며 조세 납부에 차질이 없도록 하겠다고 안심시킴을 이름.

36 蕃(번) : 풍성함, 번성함. | 性(성) : 성정(性情), 마음.

37 病(병) : 곤고(困苦)함, 곤궁함. | 怠(태) : 태(殆)와 같음. 피곤함, 심신이 지치고 고달픔.

38 其(기) : 추측의 뜻을 나타내는 부사. 아마, 대개.

問者喜曰[39]: 不亦善夫[40]아 吾問養樹라가 得養人術[41]이로다 傳其事[42]하야 以爲官戒也[43]하노라

물은 자가 기뻐하며 말하였다. "그 또한 좋지 않습니까? 저는 나무 키우는 걸 물었다가, 백성을 보살피고 기르는 방도를 알게 되었습니다." 이에 나는 이 일을 기록하여 벼슬아치가 항시 유의해야 할 경계로 삼고자 한다.

주석

39 喜(희) : 기뻐함. 『유하동집』에는 '희(嘻)'로 되어 있는데, 웃는다는 뜻이거나, 감탄사로 경탄(驚歎)을 나타냄.

40 夫(부) : 감탄의 어기조사.

41 養人(양인) : 양민(養民)과 같음.

42 傳(전) : 전함. 또 기록함.

43 官戒(관계) : 관리의 감계(鑑戒), 즉 교훈, 경계(警戒).

해설

이 글은 우언체(寓言體)의 인물 전기로, 정론(政論, 정치에 관한 평론이나 의견)의 성향이 강하다. 작품에서는 '단지 나무의 천성에 순응하여 그 본성을 다하게 할 뿐'인 곽탁타의 나무 가꾸는 방법에서, 위정자가 백성을 다스리고 기르는 이치를 추론해내고 있다. 번다히 명령을 내는 것을 좋아하여 '요민(擾民)', 즉 백성을 성가시게 해서는 안 된다는 것이니, 이른바 무위이치(無爲而治)의 정치사상에 가깝다. 이는 물론 중당 시기 '요민'이 심각했던 폐정(弊政, 폐단이 많은 정치)의 개혁에 대한 소망과, 당시 '형편은 곤궁하고 심신은 지쳐' 있는 백성들의 고된 삶에 대한 동정심을 반영하고 있다. 아무튼 이 글의 종지(宗旨)는 고금을 막론하고 위정자가 유념해야 할 천고(千古)의 관계(官戒)임에는 틀림이 없으며, 오늘날 교육 현장이나 인사(人事) 실무 등 여타의 많은 분야에도 적용할 수 있는 여지 또한 풍부하다 할 것이다.

악양루기 岳陽樓記[1]

송(宋) 범중엄(范仲淹)

慶曆四年春[2]에 滕子京[3]이 謫守巴陵郡[4]하니 越明年[5]에 政通人和[6]하야 百廢俱興[7]이라 乃重修岳陽樓하야 增其舊制[8]하고 刻唐賢今人詩賦于其上[9]하고 屬予作文以記之[10]라

경력(慶曆) 4년 봄에 등자경이 옛 파릉군인 악주(岳州)의 지주(知州)로 폄적(貶謫)되어 왔는데, 이듬해가 지나자 정교(政敎)는 순조롭고, 백성은 화락(和樂)하면서, 그간 폐기되었던 온갖 일들을 모두 새롭게 부흥발전시켰다. 이에 공(公)은 악양루를 중수하여 옛 규모를 더욱 확대하고, 당나라 시인들과 요즈음 문인들의 시(詩)·부(賦)를 누각 위에 새겨놓고, 나에게 글을 지어 이 일을 기술토록 부탁하였다.

범중엄(989～1052) : 자(字)는 희문(希文), 북송(北宋) 소주(蘇州) 오현(吳縣, 지금의 강소성 오현) 사람. 유년(幼年)에 아버지를 여의고, 상산(常山) 주씨(朱氏) 집안으로 개가하는 어머니를 따라가서 살았다. 하지만 자라면서 자신의 가세(家世)를 알고, 어머니를 떠나 응천부(應天府, 지금의 하남성 상구商丘 남쪽)로 가서 친척에게 의지해 밤낮없이 면학에 몰두하면서 제세구민(濟世救民)의 웅지를 키웠다. 어머니는 훗날 벼슬에 오른 후 자신이 모시고 와서 봉양하였다. 진종(眞宗) 상부(祥符) 8년(1015)에 진사에 급제하였으며, 벼슬은 추밀부사(樞密副使)·참지정사(參知政事, 곧 부재상副宰相)에 이르렀다. 일찍이 명상(名相) 한기(韓琦)와 함께 군대를 이끌고 연안(延安)에 진수(鎭守, 군대

를 주둔시켜 군사적으로 중요한 곳을 지킴)하며 서하(西夏, 송대에 지금의 내몽고 일부 및 감숙성 서북부 지역에 있던 나라 이름)의 내침을 잠재움으로써, 서북방 변경의 평화를 지켜내기도 하였다. 범중엄은 어려서부터 빈천하고 곤고(困苦)한 삶을 살아 민정(民情)에 대한 이해와 관심이 깊었으며, 또한 그 때문에 송초(宋初)에 소위 '경력신정(慶曆新政)'을 주도한 저명한 정치 개혁가의 한 사람으로서 폐정(弊政)의 혁신에 앞장섰다. 육경(六經), 특히 『역경(易經)』에 통달하였으며, 고문(古文)은 물론 시(詩)·사(詞)에도 능하였다. 시호는 문정(文正)이다.

주석

1 岳陽樓(악양루) : 지금의 호남성 악양에 있는, 고래(古來)의 강남(江南) 명루(名樓)로, 옛 현성(縣城) 서문(西門)의 성루(城樓)였음. 당 현종 개원(開元) 초(初) 장열(張說)이 악주자사(岳州刺史)로 있을 때 세운 3층 누각으로, 동정호(洞庭湖)가 한눈에 내려다보이는 명승지임.

2 慶曆(경력) : 송 인종(仁宗)의 연호. 경력 4년은 1044년.

3 滕子京(등자경) : 이름은 종량(宗諒), '자경'은 그의 자. 하남(河南, 지금의 하남성 낙양) 사람으로, 범중엄과 같은 해 진사에 급제함. 일찍이 경주(慶州, 지금의 감숙성 경양慶陽) 지주(知州)로 있을 때 무고(誣告)를 당해 악주(岳州, 곧 지금의 호남성 악양) 지주로 좌천됨.

4 守(수) : 주군(州郡)의 장관(長官)이 됨을 이름. | 巴陵郡(파릉군) : 즉 악주(岳州). 옛날에는 '파릉군'이었음.

5 越明年(월명년) : 명년을 지난 다음 해란 뜻으로, 곧 후년(後年)을 이름. 일설에는 '월'을 이름[至]의 뜻으로 보아, 명년이 됨.

6 政通(정통) : 정교(政教)가 통달함, 곧 정사(政事)가 순조로움. | 人和(인화) : 백성이 화락(和樂)함. 곧 편안하게 살며 즐거이 일함[安居樂業].

7 百廢具興(백폐구흥) : 갖가지 폐기되었던 일들을 새롭게 부흥 발전시킴. '구'는 구(俱)와 같음. 전부, 모두.

8 增其舊制(증기구제) : 원래의 규모에서 더욱 확대, 확충하였다는 말. '구제'는 옛 제도나 규모.

9 唐賢(당현) : 당대(唐代)의 시인을 이름. 악주자사 장열이 즐겨 벗들과 수창(酬唱)한 이후, 맹호연(孟浩然), 이백, 두보, 한유, 유우석(劉禹錫), 백거이, 이상은(李商隱) 등 당나라 시인들이 모두 악양루에 올라 명편(名篇) 가작(佳作)을 남겼는데, 그 가운데 두보의 「등(登)악양루」와 맹호연의 「임동정(臨洞庭)」 시(詩)는 특히 유명함.

10 屬(촉) : 촉(囑)과 통함. 촉탁함, 부탁함.

予觀夫巴陵勝狀[11]이 在洞庭一湖[12]라 銜遠山[13]하고 呑長江[14]하야 浩浩蕩蕩[15]하야 橫無際涯[16]하니 朝暉夕陰[17]이 氣象萬千[18]이라 此則岳陽樓之大觀也[19]니 前人之述이 備矣[20]라 然則北通巫峽[21]하고 南極瀟湘[22]하야 遷客騷人[23]이 多會于此하나니 覽物之情[24]이 得無異乎아

내가 보기에 파릉의 빼어난 경치는 동정호에 집중되어 있도다. 먼 산을 머금는가 하면 장강을 삼키고, 광대한 물결은 한없이 넘실대며 광활히 끝없나니, 아침에는 햇살이 빛나고, 저녁에는 어스름이 깔리며 다채로운 경색(景色)이 진정 천태만상(千態萬象)이로다. 이는 악양루의 일대 장관으로, 전대(前代) 사람들의 경물 묘사가 이미 빠짐없고 상세하다. 하지만 이 명승지가 북쪽으로는 무협(巫峽)으로 통하고, 남쪽으로는 소상(瀟湘)까지 잇닿아 있어, 실의(失意)한 관리나 다감(多感)한 시인들이 다수 이곳에 모였거니, 경물을 유람하며 내심에 이는 정회(情懷)가 어찌 옛 사람들과 다른 것이 없겠는가?

주석

11 勝狀(승상) : 승경(勝景), 즉 뛰어난 경치.

12 洞庭湖(동정호) : 중국 최대의 담수호로, 호남성 북부 악양 서쪽에 위치함.

13 銜(함) : 머금음.

14 呑長江(탄장강) : 장강을 삼킨다는 뜻. 동정호는 장강의 수량(水量)을 조절하기 위한 거대한 호수로, 봄·여름이면 불어난 장강의 물이 동정호로 흘러 들어감.

15 浩浩蕩蕩(호호탕탕) : 호호상상(浩浩湯湯)과 같음. (강)물이 광대한 모양.

16 橫(횡) : 넓음[廣]. | 際涯(제애) : 끝, 한계.

17 暉(휘) : 햇빛. 또 햇살이 빛남.

18 氣象萬千(기상만천) : 경상(景象, 경물·경색)이 천변만화(千變萬化)하여 일대 장관임을 형용함.

19 大觀(대관) : 장관(壯觀). 곧 웅위(雄偉)하고 장려(壯麗)한 경물, 경관.

20 備(비) : 다 갖춤. 곧 (경물 묘사가) 빠짐없고 자세함.

21 巫峽(무협) : 장강 삼협(三峽)의 하나. 사천성 무산현(巫山縣) 동쪽·호북성 파동현(巴東縣) 서쪽, 곧 동정호의 서북방에 위치함.

22 極(극) : 다함, 곧장 다다름. | 瀟湘(소상) : 소수(瀟水)와 상수(湘水). 두 강은 호남성 영릉현(零陵縣)에서 합쳐져(이후의 강물을 '소상'이라고 함) 북류하여 동정호로 들어감.

23 遷客(천객) : 좌천된 관리. | 騷人(소인) : 즉 시인(詩人). 전국시대 굴원(屈原)이 「이소(離騷)」를 지은 적이 있어, 후세에는 시인을 이같이 통칭함.

24 覽物之情(남물지정) : 경물을 유람 관상(觀賞)함으로써 내심에 이는 감정.

若夫霪雨霏霏[25]하야 連月不開[26]하며 陰風[27]이 怒號하고 濁浪이 排空[28]하야 日星이 隱曜[29]하고 山岳이 潛形하니 商旅不行[30]하

고 檣傾楫摧[31]요 薄暮冥冥[32]하야 虎嘯猿啼[33]라 登斯樓也면 則有去國懷鄕[34]과 憂讒畏譏하야 滿目蕭然[35]이 感極而悲者矣로라

장맛비가 주룩주룩 끝없이 내리며 몇 달이 가도록 개지도 않고, 찬바람까지 세차게 몰아치며 탁하고 거센 물결이 하늘로 솟구칠 때면, 해와 별은 빛을 잃고, 산악은 자취를 감추니, 행상(行商)은 감히 떠나지도 못하고, 돛대는 기울고 노는 부러지도다. 더욱이 저물녘에 어둠이 깔리면, 호랑이가 포효하고 원숭이까지 슬피 운다. 그럴 때 이 누각에 오르면, 경성(京城)을 떠나 고향을 그리는 마음과 참소 당할까 걱정하고 비방 받을까 두려워하는 심사(心事)가 일면서, 두 눈 가득 펼쳐진 풍광에 온통 쓸쓸하고 적막함만 넘쳐 감정이 극하며 비탄(悲歎)에 젖으리라.

주석

25 若夫(약부) : 발어사. 화제(話題)를 바꿀 때 문장이나 단락의 첫머리에 쓰는 말. ~로 말할 것 같으면, ~에 있어서는, ~은(는). | 霪雨(음우) : 장맛비. | 霏霏(비비) : 여기서는 임림(霖霖)과 같음. (장맛)비가 주룩주룩 끝없이 내리는 모양. 『진보』에는 본디 '임비(霖霏)'로 되어 있으나, 『범문정공집(范文正公集)』에 근거해 고침.

26 開(개) : (비가 그치고) 날씨가 맑게 갬.

27 陰風(음풍) : 삭풍(朔風), 북풍(北風), 한풍(寒風).

28 濁浪排空(탁랑배공) : 『진보』에는 본디 '탁배랑공(濁排浪空)'으로 되어 있으나, 『범문정공집』에 근거해 고침. '배'는 침[擊]. 곧 (하늘로) 솟구쳐 오른다는 말.

29 隱曜(은요) : 빛을 숨김, 잃음. '요'는 빛.

30 商旅(상려) : 상객(商客). 곧 타향을 떠돌며 장사하는 상인. 일설에는 상인과 나그네.

31 檣(장) : 돛대. | 楫(즙) : (배 젓는) 노.

32 薄暮(박모) : 해거름, 저물녘. '박'은 근(近)과 같음. | 冥冥(명명) : 어둑어둑한 모양.

33 嘯(소) : 울부짖음.

34 去國(거국) : 국도(國都), 즉 경성을 떠남.

35 蕭然(소연) : 쓸쓸하고 적막한 모양.

至若春和景明[36]하고 波瀾不驚하면 上下天光[37]이 一碧萬頃[38]이라 沙鷗는 翔集[39]하고 錦鱗[40]은 游泳이요 岸芷汀蘭[41]은 郁郁青青[42]이라 而或長煙一空하고 皓月千里[43]니 浮光[44]은 躍金하고 靜影은 沈璧이라 漁歌互答하니 此樂이 何極가 登斯樓也면 則有心曠神怡[45]하야 寵辱[46]을 俱忘하고 把酒臨風하야 其喜洋洋者矣[47]라

또한 봄기운은 화창하고 경물은 명려(明麗)하며 호수에 물결조차 일지 않을 때면, 위아래가 하나 된 하늘빛으로, 아득한 만경(萬頃)에 온통 푸르름이어라. 모래톱의 갈매기는 날거니 쉬거니 자재(自在)하고, 비단비늘 물고기는 한가로이 헤엄치는데, 언덕의 구릿대와 물가의 쉽싸리는 한껏 향기롭고 무성하다. 때로는 장대(長大)한 물안개가 온 창공에 가득하고, 밝은 달이 천리(千里)를 비추면, 물결 위의 달빛은 금빛으로 출렁이고, 고요한 달그림자는 물속에 잠긴 둥근 구슬인 양하다. 때마침 주고받는 어부들의 노랫소리 들려오리니, 그 즐거움을 어찌 다하랴? 그럴 때이 누각에 오르면, 마음도 탁 트이고 기분도 유쾌해지며 영욕(榮辱)을 모두 잊고, 한가로이 술잔을 들고 불어오는 바람 맞을 제, 내심의 희열이

실로 양양(洋洋)하리라.

주석

36 至若(지약) : 약부(若夫)와 같음. *위 주석25 참조.

37 上下天光(상하천광) : 위아래 하늘빛. 곧 하늘의 빛깔과 호수의 물색이 하나 된 경색을 말함.

38 萬頃(만경) : 수면이나 지면이 한없이 넓음을 형용하는 말. '경'은 밭의 넓이를 재는 단위. 1경은 100무(畝), 곧 2만여 평임.

39 沙鷗(사구) : 모래톱에 서식하는 갈매기. | 翔集(상집) : (갈매기가) 때로는(또는 어떤 것은) 날기도 하고, 때로는(또는 어떤 것은) 내려앉아 쉬기도 한다는 뜻. '집'은 새가 나뭇가지에 앉아 쉼.

40 錦鱗(금린) : 물고기의 미칭(美稱). 비늘이 수(繡)놓은 비단처럼 아름답다고 하여 이르는 말.

41 芷(지) : 구릿대. 산형과의 여러해살이풀로, 향초의 일종. 뿌리는 백지(白芷)라고 하여 한약재로 씀. | 汀蘭(정란) : 택란(澤蘭). 곧 쉽싸리. 꿀풀과의 여러해살이풀로 향초의 일종. '정'은 작은 모래섬.

42 郁郁(욱욱) : 향기가 짙음을 형용하는 말. | 靑靑(청청) : 청청(菁菁)과 같음. 초목(여기서는 꽃잎)이 무성한 모양.

43 皓月(호월) : 즉 명월(明月). '호'는 밝음.

44 浮光(부광) : 출렁이는 물결 위에 비쳐 부동(浮動)하는 달빛을 이름.

45 曠(광) : (마음이) 탁 트임. | 怡(이) : 기쁨, 유쾌함.

46 寵辱(총욕) : 영욕(榮辱) · 궁통(窮通)과 같은 말로, 부귀와 빈천, 성공과 실패 따위를 아울러 이름.

47 洋洋(양양) : 득의한 모양.

嗟夫[48]라 予嘗求古仁人之心이 或異二者之爲[49]니 何哉오

不以物喜[50]하며 不以己悲[51]하야 居廟堂之高면 則憂其民[52]하고 處江湖之遠이면 則憂其君[53]하나니 是는 進亦憂요 退亦憂니 然則何時而樂耶아 其必曰: 先天下之憂而憂[54]하고 後天下之樂而樂歟[55]인저 噫[56]라 微斯人[57]이면 吾誰與歸[58]리오

아! 내 일찍이 옛날 인인(仁人) 현자(賢者)의 흉회(胸懷)를 탐구한바, 위의 두 가지 정서와는 다른 것 같다. 왜 그런가? 그들은 바깥 사물 때문에 기뻐하지 않고, 자신의 처지 때문에 슬퍼하지 않으며, 오로지 조정의 높은 관직에 있으면 만백성을 걱정하고, 강호(江湖)의 원지(遠地)에 적거(謫居)하면 군왕을 걱정하나니, 이는 조정으로 나아가도 걱정함이요, 강호로 물러나도 걱정함이다. 그렇다면 그들은 언제 비로소 즐거워하는가? 그들은 반드시 이렇게 말할 것이다. "천하 만인이 걱정하는 것보다 먼저 걱정하고, 천하 만인이 즐거워하는 것보다 나중에 즐거워하리라." 아! 진실로 이 같은 인인 현자가 없다면, 나는 어느 누구를 본받으랴?

주석

48 嗟夫(차부) : 차호(嗟乎)와 같음. 감탄사.

49 或(혹) : 아마도. | 二者之爲(이자지위) : 상술한 '장맛비가 주룩주룩 끝없이 내'린다고 하여 '감정이 극하며 비탄에 젖'거나, '봄기운은 화창하고 경물은 명려하'다고 하여 '내심의 희열이 실로 양양한' 두 가지 일반적인 정서를 이름. '위(爲)'는 여기서는 심리적 활동, 즉 심정 · 정서를 가리킴. ◇ 이 구는 옛날 인인 지사(志士)들의 마음은 범인(凡人)들의 상정(常情)인 희비(喜悲)의 감정과는 다른 것이었음을 표현함.

50 不以物喜(불이물희) : 객관적인 경물이 아름답다고 하여 기뻐하지 않음. 곧 '소인(騷人)'을 두고 이른 말. '물'은 외물(外物), 즉 외재적인 사물이나

환경을 통칭함.

51 不以己悲(불이기비) : 자신의 처지가 불우하다고 하여 슬퍼하지 않음. 곧 '천객(遷客)'을 두고 이른 말. '기'는 자기 자신의 처지나 신세 따위를 지칭함.

52 이 2구는 조정에서 현달해 있으며 소임을 완수하지 못하면, 곧 백성을 걱정하게 된다는 뜻을 표현함. '묘당(廟堂)'은 옛날 국가 정권의 중심이었던 종묘(宗廟)와 조당(朝堂). 여기서는 조정을 가리킴. '고(高)'는 높은 관직을 이름.

53 이 2구는 벽지(僻地)로 좌천되거나 낙향해 한거(閑居)하며 임금을 멀리 떠나 있어 간언(諫言)하지 못하면, 곧 임금을 걱정하게 된다는 뜻을 표현함. '강호(江湖)'는 초야(草野)를 가리킴. 조정의 상대적인 말. '원(遠)'은 원지(遠地), 벽지.

54 이 구는 인인(仁人)은 늘 걱정을 하며, 그 걱정은 바로 천하가 다 함께 해야 할 걱정이지만, 천하 사람들이 몽매하여 걱정할 줄 모르는 것을 보고 유비무환(有備無患)의 마음으로 천하 만인보다 먼저 천하를 걱정한다는 뜻을 표현함.

55 이 구는 인인도 때로는 즐거움을 느끼지만, 그 즐거움은 바로 천하가 다 함께 향유할 즐거움인데, 인인은 천하가 온통 즐거움을 만끽하고 있는 가운데서도 거안사위(居安思危)의 마음으로 환난의 방비에 만전을 기하며, 그런 다음에야 비로소 스스로 즐거워한다는 뜻을 표현함.

56 噫(희) : 감탄사.

57 微(미) : 없음[無]. I 斯人(사인) : 이러한 사람들. 상술한 '고인인(古仁人)'을 가리킴.

58 誰與歸(수여귀) : '귀어수(歸於誰)'와 같음. 이는 '여'를 어(於)나 향(向)의 뜻으로 본 것임. 일설에는 목적어를 전치(前置)한 경우로, '여수귀(與誰歸)'의 도치로 봄. '귀'는 귀의함. 곧 본받음, 따름. ◇이상의 2구는 '옛 인인과 같은 사람들이라야 기꺼이 흠모하고 따를 것인데, 만약 세상에 그런 사람

들은 없고, 모두가 천객(遷客)이나 소인(騷人)처럼 자신의 처지나 외재적인 사물에 따라 슬퍼하거나 기뻐한다면, 내 장차 누구에게 귀의해야 한단 말인가?'란 뜻을 표현함.

해설

이 글은 송 인종(仁宗) 경력(慶曆) 6년(1046) 9월 15일 등자경의 악양루 중수를 기념해 지은 것이다. 당시 범중엄은 '경력신정'의 정치 혁신 운동이 실패로 돌아가고 참지정사에서 파직된 후, 등주(鄧州, 지금의 하남성 등현鄧縣 일대) 지주로 좌천되어 그야말로 '천객(遷客)'으로 전락해 있었다. 강남의 명루인 악양루의 승경(勝景)은 전인(前人)들이 이미 거의 다 묘사하였다. 때문에 작품에서는 먼저 악양루 위에서 동정호를 바라보는 일대 장관을 간략히 기술한 다음, '천객'·'소인'이 악양루에 올라 바라보는 서로 다른 자연 경물로 인해 느끼는 비탄과 희열의 정서를 서술하였다. 그리고 그로부터 전편(全篇)의 주지(主旨)를 담은 '옛날 인인 현자의 흉회(胸懷)'를 이끌어내고 있다. 작가는 마음 깊이 흠모하며 본받고픈 옛 인인 현자들처럼 '바깥 사물 때문에 기뻐하지도 않고, 자신의 처지 때문에 슬퍼하지도 않으며' 오로지 '천하 만인이 걱정하는 것보다 먼저 걱정하고, 천하 만인이 즐거워하는 것보다 나중에 즐거워하리라.' 목청을 높이며 스스로를 면려함과 동시에 등자경을 격려하였다. 작가는 뛰어난 문사(文士)이자 일찍부터 웅지를 키워 온 위대한 정치가이다. 그러므로 그의 안목과 식견은 인생의 득실과 희비(喜悲)를 보는 데 그치지 않고, 국가의 안위(安危)와 우락(憂樂)까지 주목하였다. 한 사람의 천객으로서 개인적인 희비를 넘어 천하를 걱정하고 시국을 가슴아파하며, 천하 대사를 자신의 소임으로 여긴, 범중엄이야말로 진정한 사람의 인인 현자로서 손색이 없다.

추성부 秋聲賦

송(宋) 구양수(歐陽修)

歐陽子方夜讀書[1]러니 聞有聲自西南來者라 悚然而聽之[2]하야 曰: 異哉라 初淅瀝以蕭颯[3]이라가 忽奔騰而澎湃[4]로다 如波濤夜驚하며 風雨驟至[5]하니 其觸於物也에 鏦鏦錚錚[6]하야 金鐵이 皆鳴하고 又如赴敵之兵이 銜枚疾走[7]하야 不聞號令이요 但聞人馬之行聲이라

내가 밤에 책을 읽는데, 서남쪽에서 어떤 소리가 들려왔다. 놀라고 두려워 가만히 귀를 기울이다 혼잣말을 하였다. '기이하구나!' 처음에는 쏴쏴! 비바람이 초목에 몰아치는 소리인가 싶더니, 홀연 출렁출렁! 철써덕철써덕! 거센 물결이 출렁이고 또 서로 부딪혀 솟구치는 소리였다. 흡사 큰 물결이 밤중에 사납게 일고, 비바람이 느닷없이 몰아치며, 여기저기 부딪혀 챙챙! 쟁쟁! 온갖 쇠붙이가 다 울리는 것 같고, 적진을 습격하는 병사들이 재갈을 물고 질주하는데, 장수의 호령 소리는 들리지 않고 인마(人馬)가 행군하는 소리만 들리는 것 같았다.

구양수(1007~1072) : 자는 영숙(永叔), 호는 취옹(醉翁), 만년의 호는 육일거사(六一居士), 시호는 문충(文忠). 북송 길주(吉州) 영풍(永豐, 지금의 강서성 영풍) 사람. 어려서 아버지를 여의고, 빈궁한 가정 형편 속에서도 어머니에게 가르침을 받으며 면학에 각고(刻苦)하였다. 천성(天聖) 8년(1030) 진사. 초년

(初年)에는 간관(諫官)에 올라 직언 극간(直言極諫)하는가 하면, 정치 혁신을 주장하며 범중엄(范仲淹) 등이 주도한 정치 개혁 운동의 지지자로 나서 보수파와 대립하였고, 그러다 여러 차례 폄적되기도 하였다. 그러나 나중에는 승진을 거듭해 벼슬이 추밀부사(樞密副使)・참지정사(參知政事)에까지 이르렀다. 만년에는 보수파로 기울어 왕안석(王安石)의 신법(新法)을 반대하였다. 또한 북송 일대(一代)의 문종(文宗)이자 시문(詩文) 혁신의 영수(領袖)로, 송초(宋初) 이래의 비천(卑賤)하고 유약(柔弱)한 시풍과 문풍을 개혁하는 데 크게 공헌하였다.

주석

1 歐陽子(구양자) : 구양수가 스스로를 일컫는 말. | 方夜(방야) : 밤에. '방'은 당(當)과 같은 뜻임. 당함, 대(對)함, 마주함.

2 悚然(송연) : 두려워 웅숭그리는 모양.

3 淅瀝(석력) : 비 내리는 소리. 또 낙엽 지는 소리. | 以(이) : 이(而)와 같음. | 蕭颯(소삽) : 비바람이 초목에 몰아치는 소리. ◇이 구는 빗소리를 빌려 바람 소리를 형용함.

4 奔騰(분등) : 원래는 많은 말이 질주하는 소리나 형세를 가리켰으나, 나중에는 또 물결이 세차게 출렁이거나 위로 치솟는 소리나 기세(氣勢)를 형용함. | 澎湃(팽배) : 큰 물결이 서로 맞부딪혀 솟구치는 소리나 기세. ◇이 구는 물결치는 소리를 빌려 바람 소리를 형용함.

5 驟(취) : 갑작스러움, 돌연함, 느닷없음.

6 鏦鏦錚錚(총총쟁쟁) : 쇠붙이가 서로 부딪히는 소리.

7 銜枚(함매) : 옛날 군대가 적진을 습격할 때 떠들지 못하도록 병사들의 입에 작은 막대기 재갈을 물린 것을 이름. '매'는 대나무 젓가락 같은 재갈로, 양 끝에 끈이 있어 목 뒤로 묶게 되어 있음.

予謂童子[8]호대 此何聲也오 汝出視之하라 童子曰: 星月皎

潔[9]하고 明河在天[10]하니 四無人聲이요 聲在樹間이더이다

내가 서동(書僮)에게 말했다. "이게 무슨 소리냐? 네가 한번 나가 보아라." 서동이 나갔다 오더니 말하였다. "별과 달이 밝게 빛나고 은하수도 하늘에 걸려 있는데, 사방은 적막히 사람 소리 하나 없고, 기이한 소리가 나뭇가지 사이에서 납니다."

주석

8 童子(동자) : 서동(書僮, 옛날 대갓집에서 주인이나 그 제자의 글공부 시중을 들면서 잡일까지 맡아 한 사내아이 종), 동복(僮僕, 사내아이 종).

9 皎潔(교결) : (달빛이) 밝고 맑게 빛남. 또 희고 깨끗함.

10 明河(명하) : (밝게 빛나는) 은하(銀河).

予曰噫嘻悲哉[11]라 此秋聲也로다 胡爲乎來哉[12]오 蓋夫秋之爲狀也[13]는 其色慘淡[14]하야 煙霏雲斂[15]하고 其容清明하야 天高日晶[16]하고 其氣慄冽[17]하야 砭人肌骨[18]하고 其意蕭條[19]하야 山川寂廖[20]라 故로 其爲聲也가 凄凄切切하고 呼號憤發하야 豊草綠縟而爭茂[21]하며 佳木葱蘢而可悅[22]이라가 草拂之而色變[23]하며 木遭之而葉脫하니 其所以摧敗零落者[24]가 乃一氣之餘烈[25]이라

내가 말했다. "아, 슬프다! 이건 가을 소리로다. 가을 소리가 무엇 하러 왔단 말인가? 가을의 형상은 대개 이러하나니, 그 색깔은 어둡고 쓸쓸하여 안개가 날리고 구름이 모이며, 그 용모는 맑고 밝아 하늘은 높고

햇빛은 찬란히 빛나며, 그 기운은 매섭도록 차가와 사람의 살과 뼛속까지 스미고, 그 의태(意態)는 고독하고 쓸쓸하여 온 산천이 적막하고 공허하다. 그러므로 그 소리가 처량하고 애절하게 울부짖으며 북받쳐 발노(發怒)하니, 풍윤(豊潤)한 풀이 초록빛으로 우거져 무성함을 다투고, 아름다운 나무가 한껏 푸르고 무성하여 사람의 눈을 즐겁게 할 만하다가도, 풀이 가을바람에 휩쓸리면 색깔이 변하고, 나무가 가을바람을 맞으면 잎이 떨어지도다. 이렇듯 초목이 생기가 꺾이어 마르고, 잎이 시들어 떨어지는 까닭은, 바로 가을 기운에 매서움이 넘치기 때문이다."

주석

11 噫嘻(희희) : 감탄사. 몹시 놀라며 탄식하거나 감탄함을 나타냄.

12 胡爲(호위) : 하위(何爲)와 같음. 곧 위하(爲何). 왜, 무엇 때문에. '호'는 어조사. ◇이 구는 '만물을 시들게 하는 가을은 오지 않는 게 좋은데 왜 또 왔는가?'란 뜻을 표현함.

13 蓋夫(개부) : 발어사. | 爲狀(위상) : 그 드러내는 형상, 모양을 이름.

14 慘淡(참담) : 암담(暗淡)함. (색깔이 밝지 않고) 매우 어둡고 쓸쓸함.

15 霏(비) : 연무(煙霧)가 날리는 모양. | 斂(렴) : 수렴함. 곧 (구름이) 모임.

16 晶(정) : 찬란히 빛남.

17 慄冽(율렬) : 몸에 스밀 정도로 추위가 아주 매서움.

18 砭(폄) : 돌 침. 여기서는 동사로, 찌름.

19 蕭條(소조) : 한적하고 쓸쓸한 모양.

20 寂寥(적료) : 적막하고 공허함.

21 綠縟(녹욕) : (풀이) 초록빛이 곱고 무성함. '욕'은 번다(繁多)함.

22 葱蘢(총롱) : 총롱(葱蘢)과 같음. 초목이 푸르고 무성한 모양. | 可悅(가열) : 아주 곱고 아름다워 사람의 눈을 즐겁게 하고, 마음을 기쁘게 할 정도라는 말. '열'은 기쁨, 즐거움.

23 草拂之(초불지) : 풀(잎)에 가을바람이 스침. '지'는 가을바람을 가리킴.
24 摧敗(최패) : 최잔(摧殘)함. 곧 (기세가) 꺾이어 손상을 입음, 시듦. | 零落(영락) : 쇠락함. 곧 초목의 잎이 시들어 떨어짐.
25 一氣(일기) : 천지 만물을 구성하는 원기. 여기서는 가을 기운을 가리킴. | 餘烈(여열) : 넘치는 매서움, 위력.

夫秋는 刑官也[26]라 於時에 爲陰[27]이요 又兵象也[28]라 於行에 爲金[29]이니 是謂天地之義氣[30]라 常以肅殺而爲心[31]이니라 天之於物에 春生秋實하나니 故로 其在樂也에 商聲이 主西方之音[32]하고 夷則이 爲七月之律[33]하니 商은 傷也[34]라 物旣老而悲傷이요 夷는 戮也[35]라 物過盛而當殺[36]이니라

무릇 가을은 형법을 관장하는 형관(刑官)이요, 시절로는 음(陰)의 계절이요, 또 전쟁의 상징이요, 오행으로는 금(金)에 해당한다. 이는 이른바 천지의 엄숙한 의기(義氣)로, 늘 만물을 고사(枯死) 쇠멸케 함을 본성으로 한다. 또한 하늘은 만물로 하여금 봄이면 생장하고, 가을이면 결실을 맺게 한다. 그러므로 가을은 음악에서는 상성(商聲)이 서방의 소리를 대표함이요, 이칙(夷則)이 7월의 율려(律呂)에 해당함이다. 여기서 '상(商)'은 비상(悲傷)의 뜻이니 만물은 노쇠한 다음에는 슬프고 상심하게 된다는 것이요, '이(夷)'는 살육(殺戮)의 뜻이니 만물은 번성함을 지나면 응당 쇠잔하게 된다는 것이다.

주석

26 刑官(형관) : 『주례(周禮)』에 따르면, 옛날에 육관(六官)을 각각 천지(天

地) 및 사시(四時)와 서로 대응시켜 일컬었는데, 가을에는 초목을 영락케 하고 고사시키는 스산하고 쌀쌀한 기운이 돌고, 또 형벌을 집행하였기 때문에 형법(刑法)과 옥송(獄訟)을 관장한 '형관', 즉 사구(司寇)를 '추관(秋官)'이라고도 함.

27 於時爲陰(어시위음) : 옛날에 일 년 사시를 음양으로 나누어 봄 · 여름은 양, 가을 · 겨울은 음으로 본 데 근거해, 가을은 음의 계절이라는 말.

28 兵象(병상) : 전쟁의 상징. 옛날 전쟁은 주로 가을에 하였고, 또 사람을 죽이고 쇠락케 하는 일이므로, 가을을 이같이 비유 형용한 것임.

29 於行爲金(어행위금) : 오행(五行)으로 보면 가을은 금에 속한다는 말.

30 天地之義氣(천지지의기) : 가을의 기운은 천지의 엄숙한 '의기'라는 말. '의기'는 강건하고 방정(方正)한, 또는 정의로운 기운. 가을에는 불의(不義)한 자를 징벌하고, 군사를 일으켜 적을 토벌하는 등 정의를 신장하는 계절이므로, 이같이 말함.

31 肅殺(숙살) : 초목을 말라 죽게 함. 또 만물을 오그라들어 쇠멸(衰滅)케 함. | 心(심) : 본심, 본성. 또는 용심(用心), 목적.

32 商聲(상성) : 고대 오음(五音, 궁 · 상 · 각 · 치 · 우)의 하나. 옛날에는 또 오음을 각각 사시와 서로 대응시켰는데, 상성은 가을에 예속시켜 추성(秋聲)으로 분류함. | 西方(서방) : 가을은 방위로 보면 서쪽에 해당함. 따라서 여기서 가을의 소리인 상성이 서방의 소리를 대표한다고 한 것임.

33 夷則(이칙) : 고대 음악의 십이율(十二律, 높낮이가 서로 다른 열두 가지 표준음)의 하나. 옛날 사람들은 십이율을 각각 열두 달과 서로 대응시켰는데, '이칙'은 7월(곧 가을에 해당함)과 짝을 이룸.

34 이 구에서는 '상성'이 '숙살'의 기운을 띤 가을의 소리이므로, 이같이 말한 것임.

35 이 구에서는 '이칙'이 '숙살'의 기운을 띤 가을의 곡조이므로, 이같이 말한 것임.

36 殺(살) : 여기서는 쇠잔 · 쇠패(衰敗)함, 감퇴(減退)함.

嗟乎라 草木은 無情이로대 有時飄零[37]하나니 人爲動物하야 惟物之靈이라 百憂感其心하며 萬事勞其形하야 有動于中이면 必搖其精[38]이니 而況思其力之所不及하며 憂其智之所不能이온여 宜其渥然丹者爲槁木[39]이요 黟然黑者爲星星[40]이라 奈何非金石之質[41]이어늘 欲與草木而爭榮고 念誰爲之戕賊[42]이완대 亦何恨乎秋聲가

아! 초목은 감정이 없건만 때가 되면 시들어 쇠락하도다. 그런데 사람은 동물로서 만물의 영장인지라, 온갖 근심이 그 마음을 감개(感慨)케 하고, 온갖 일들이 그 몸을 수고롭게 하여 내심에 촉동(觸動)함이 있음으로써 반드시 그 정신을 뒤흔들게 되나니, 하물며 그 힘이 미치지 못하는 바를 생각하고, 그 지혜가 능하지 못한 바를 걱정함에 있어서야. 분명 홀연히 그 홍안의 젊은 용모는 고목같이 노쇠해지고, 검디검은 머리는 백발이 성성해질 것이다. 우리네 육신은 결코 금석같이 단단한 바탕이 아니거늘 어찌하여 초목과 영화(榮華)를 다투려는가? 마땅히 무엇이 우리를 상해(傷害)해 노쇠케 하는지 깊이 생각해 보아야 할진대, 또한 어찌 저 가을 소리를 한(恨)하겠는가?

주석

37 飄零(표령) : 영락(零落)함. 특히 나뭇잎 따위가 바람에 나부끼어 떨어짐.

38 搖(요) : (뒤)흔듦. 곧 손상함, 훼손함.

39 渥然丹者(악연단자) : 불그스레하게 혈색이 좋고 혈기가 왕성한 용모를 이름. 곧 젊음을 비유함. '악연'은 윤택한 모양. '단'은 붉은색. | 槁木(고목) : 고목(枯木)과 같음. 곧 노쇠함을 비유함.

40 黟然黑者(이연흑자) : 검은 머리카락을 이름. 곧 건장함을 비유함. '이연'

은 검은 모양. | 星星(성성) : 머리카락이 희끗희끗하게 센 모양. 또 희끗희끗한 머리카락.

41 奈何(내하) : 어찌하여. | 非金石之質(비금석지질) : 금석과 같이 단단한 바탕이 아니란 뜻으로, 곧 인체(人體)를 두고 이르는 말.

42 戕賊(장적) : 최잔(摧殘)함. 곧 (기세를) 꺾어서 손상을 입힘, 상해(傷害)함.

童子莫對하고 垂頭而睡하니 但聞四壁에 蟲聲이 唧唧[43]하야 如助予之歎息이로다

서동은 대답도 없이 고개를 떨어뜨린 채 잠들어 있고 사방 벽에서는 단지 찌륵찌륵 벌레 우는 소리만 들리며 내 탄식을 돕는 것 같다.

주석

43 唧唧(즉즉) : 의성어. 가을벌레가 요란하게 우는 소리를 형용함. 또 탄식하는 소리를 형용하므로, 여기서는 은근히 중의성(重意性)을 띰.

해설

이 글은 가우(嘉祐) 4년(1059)의 작품으로, 당시 구양수의 나이는 53세였다. 그는 비록 지화(至和) 원년(1054)부터 한림학사(翰林學士)·사관수찬(史館修撰)에 임명된 후 몇 차례 승진하였지만, 정치적으로 결코 득의하지 못해 내심엔 늘 우수(憂愁)가 깃들었다. 게다가 힘들고 고된 『신당서(新唐書)』 편수(編修) 작업으로 건강까지 악화되어 있었다. 근 30년간 벼슬길에서의 부침과 기복의 삶을 살아온 그는, 소슬하면서도 숙살함을 더하는 '가을 소리'를 들으며, '비추(悲秋)'의 기저(基底) 위에 인생의 고뇌와 감개를 토로하였다. 작품에서는 먼저 산천은 적막하고 초목은 영락하며 쓸쓸함이 극하는 가을 경색에 대한 묘사를 통해, 인사(人事)의 우환(憂患)과 곤고(困苦), 가을의 성

항(聲響)과 정경(情景)에 대한 비감(悲感)을 표현하였다. 역대로 가을을 노래한 수많은 문사들은 대개 '비추'에 중점을 두었다. 하지만 이 작품의 종지는 결코 '비추'에 있지 않다. 때문에 말미에서 작가는 다시 목청을 가다듬는다. 인간을 비롯한 만물의 쇠락은 분명 자연 현상일진대, 사람들은 '힘이 미치지 못하고' '지혜가 능하지 못한' 비분(非分)의 명리(名利)를 추구함으로써 노쇠를 부채질하고 있다. "마땅히 무엇이 우리를 상해해 노쇠케 하는지 깊이 생각해 봐야 하며" 무고히 가을의 비량(悲涼)함을 탓하지는 말아야 한다. 요컨대 장생(長生)을 희구하는 인간이 오히려 장생(戕生, 생명을 상해함)하는 화근이, 바로 우리 자신에게 있음을 일깨워주고 있다.

적벽부 赤壁賦[1]

송(宋) 소식(蘇軾)

壬戌之秋七月旣望[2]에 蘇子與客[3]으로 泛舟하야 遊於赤壁之下할새 淸風은 徐來하고 水波는 不興이라 擧酒屬客[4]하고 誦明月之詩[5]하며 歌窈窕之章[6]이러니 少焉[7]에 月出於東山之上하야 徘徊於斗牛之間[8]하니 白露는 橫江하고 水光은 接天이라 縱一葦之所如[9]하야 凌萬頃之茫然[10]하니 浩浩乎如憑虛御風而不知其所止[11]하고 飄飄乎如遺世獨立[12]하야 羽化而登仙[13]이라

임술년 가을 칠월 열엿샛날 소자(蘇子)는 손[客]들과 함께 배를 띄워 적벽 아래에서 노닐었다. 맑은 바람은 산들산들 불어오고, 물결도 일지 않나니, 술잔을 들어 손에게 권하며 '명월(明月)'의 시(詩)를 읊고, '요조(窈窕)'의 악장을 노래하였다. 잠시 후 밝은 달이 동산 위로 떠올라 북두성과 견우성 사이를 배회하는데, 이슬은 강상(江上)에 가로 걸쳐 있고, 물빛은 아득히 하늘에 닿아 있었다. 한 척의 작은 배가 가는 대로 맡겨 만경(萬頃)의 광활한 강물을 헤쳐 가노라니, 끝없이 광대하매 마치 허공중에 올라 바람을 몰고 달려가는 듯 어디서 멈출지를 모르겠고, 가벼이 날아오르매 마치 속세를 벗어나 아무 구속 없이 홀로 탁립(卓立)하고 우화(羽化)하여 선경(仙境)에 드는 듯하였다.

주석

1 赤壁賦(적벽부) : '적벽'은 산 이름. 지금의 호북성 가어(嘉魚) 동북부 장강(長江) 남안(南岸)에 있으며, 삼국시대 손권과 유비가 연합해 조조의 수군(水軍)을 대파한 '적벽대전(赤壁大戰)'으로 유명한 곳. 또 북송 황주(黃州, 지금의 호북성 황강黃岡)의 명승(名勝)으로, 적비기(赤鼻磯)라고도 하는 곳. 소식은 임술년 칠월에 황주의 적벽을 유람하고 이 「적벽부」를 지었는데, 그 제재는 이름이 같은 적벽대전의 '적벽'에 얽힌 사실(史實)에서 취함. 소식은 같은 해 시월에 그곳을 다시 유람하고 「후(後)적벽부」를 지음. 때문에 일부 판본에서는 구별을 위해 이를 흔히 「전(前)적벽부」라고 표제함.

2 壬戌(임술) : 송 신종(神宗) 원풍(元豐) 5년(1082). 소식의 나이는 47세였음.

I 旣望(기망) : 음력으로 매달 열엿샛날. '기'는 지났다는 뜻. '망'은 음력 매달 보름.

3 蘇子(소사) : 소식이 스스로를 일컫는 말.

4 屬(촉) : (술을 따라) 권함.

5 明月之詩(명월지시) : 조조(曹操)의 「단가행(短歌行)」에서 "휘영청 밝은 저 달을 / 언제나 딸 수 있을까?(明明如月, 何時可掇)", "달은 밝고 별은 성긴데 / 까막까치는 남쪽으로 날아가누나(月明星稀, 烏鵲南飛)"라고 하여 이상(理想)에 대한 추구를 표현한 것을 이름. 여기서는 이를 인용해 아래에서 조조를 상기(想起)함과 서로 호응함. 일설에는 『시경(詩經)』 「진풍(陳風)」 「월출(月出)」 시를 가리킨다고 함.

6 窈窕之章(요조지장) : 『시경(詩經)』 「주남(周南)」 「관저(關雎)」 시(詩)에서 "마음도 곱고 얼굴도 예쁜 아가씨는 / 귀공자의 좋은 짝이라네(窈窕淑女, 君子好逑)"라고 하여 미인(美人)에 대한 추구를 표현한 것을 이름. 여기서는 이를 인용해 아래에서 미인을 그림과 서로 호응함. 일설에는 『시경』 「월출」 시에서 '요교(窈糾)'(이는 곧 '요조'와 같은 말)를 표현한 제1장(章)을 가리킨다고 함.

7 少焉(소언) : 잠시 후, 얼마 안 있어. '소'는 소경(少頃). 잠시, 잠깐. '언'은

어조사.

8 斗牛(두우) : 북두성(일설에는 남두성)과 견우성.

9 縱(종) : 내맡김, 하는 대로 내버려 둠. | 一葦(일위) : 한 장의 갈대 잎사귀 같은 작은 배를 비유 형용함. 곧 일엽편주(一葉片舟). | 如(여) : 왕(往)과 같음. 감.

10 凌(능) : 건너감, 지나감. | 萬頃(만경) : *301쪽 「악양루기」 주석38 참조. | 茫然(망연) : 가없이 광활한 모양.

11 浩浩乎(호호호) : 끝없이 광대한 모양. '호(乎)'는 연(然)과 같음. | 憑虛御風(빙허어풍) : 허공중에 올라 바람을 몰고 달려감. 『장자(莊子)』 「소요유편(逍遙遊篇)」에서는 선인(仙人) 열자(列子)가 '바람을 몰고 갔다(御風而行)'고 함. '빙'은 기댐, 의지함. 여기서는 (공중에) 오름. '어'는 (바람을) 몲[駕], 또는 탐[乘].

12 飄飄乎(표표호) : 가볍게 날아오르는 모양, 공중에 가벼이 떠 있는 모양. 곧 유유히 세속을 초탈한 모양을 형용함. | 遺世(유세) : 속세를 버림. 곧 속세를 벗어남.

13 羽化而登仙(우화이등선) : 도가에서 말하는, 사람의 몸에 날개가 돋아서 하늘로 날아 올라가 신선이 됨을 이름. '등선'은 선경(仙境)에 날아올라 간다는 뜻.

於是에 飮酒樂甚하야 扣舷而歌之[14]하니 歌에 曰: 桂棹兮蘭槳[15]으로 擊空明兮泝流光[16]이로다 渺渺兮余懷[17]여 望美人兮天一方[18]이로다 客有吹洞簫者하야 倚歌而和之하니 其聲이 嗚嗚然[19]하야 如怨如慕하며 如泣如訴하고 餘音이 嫋嫋[20]하야 不絶如縷[21]하니 舞幽壑之潛蛟[22]하고 泣孤舟之嫠婦[23]라

그즈음 술을 마시고 즐거움이 극하여 뱃전을 두드리며 노래를 불렀는

데, 그 노랫말은 이러하다. "계수나무 노와 목란 상앗대로 / 월하(月下)의 맑은 강물을 치며 물위에 흐르는 달빛을 거슬러 가노라 / 아득하고 아득한 이내 정회(情懷)여! / 마음속의 임을 그리건만 저 하늘 한 모퉁이에 있구나" 마침 손 가운데 퉁소를 부는 이가 있어 노래에 맞춰 화응(和應)하니, 그 소리가 나지막이 소침(消沈)하여 원망하는 듯 사모하는 듯하고, 흐느끼는 듯 하소연하는 듯하였다. 또한 그 여음(餘音)이 구성지고 유장(悠長)히 실처럼 이어지며 끊어질 줄 모르니, 그야말로 깊은 산골짝의 물속에 잠복한 교룡(蛟龍)을 춤추게 하고, 외로운 배 한 척에 의지한 홀어미를 목메어 울게 하였다.

주석

14 扣(구) : 두드림. | 舷(현) : 뱃전.

15 桂棹(계도) : 향목(香木)인 계수나무로 만든 노. 곧 노의 미칭. | 兮(혜) : 구중(句中)의 어기조사. 가벼운 감탄을 나타냄. | 蘭槳(난장) : 향목인 목란(木蘭)으로 만든 상앗대. 곧 상앗대의 미칭. '장'은 『진보』에는 원래 장(檣, 돛대)으로 되어 있으나, 『동파문집(東坡文集)』에 근거해 고침.

16 空明(공명) : 달빛이 비쳐 허공처럼 맑고 밝은 강물을 가리킴. 일설에는 강물 속에 비친 달그림자. | 流光(유광) : 수면 위에 떠서 유동(流動)하는 달빛을 가리킴.

17 渺渺(묘묘) : 아득히 먼 모양.

18 美人(미인) : 마음 속 깊이 앙모(仰慕)하는 사람을 일컫는 말. 여기서는 성군(聖君) 현신(賢臣) 또는 정치적 이상(理想) 따위를 가리킴.

19 嗚嗚然(오오연) : 나지막이 소침(消沈)하고 애원(哀怨)에 찬 소리를 형용함.

20 嫋嫋(요뇨) : 소리가 구성지고 유장(悠長)하게, 곧 느릿느릿 가늘고 길게 이어지는 모양.

21 縷(루) : 실(가닥).

22 壑(학) : (산간수가 흐르는) 골짜기. | 蛟(교) : 교룡(蛟龍). 곧 용의 일종으로, 홍수와 풍랑을 일으킨다고 함.
23 嫠婦(이부) : 과부(寡婦), 홀어미.

蘇子愀然[24]하야 正襟危坐[25]하고 而問客曰: 何爲其然也[26]오 客曰: 月明星稀하고 烏鵲南飛라하니 此非曹孟德之詩乎[27]아 西望夏口[28]하고 東望武昌[29]하니 山川이 相繆[30]하야 鬱乎蒼蒼이라 此非孟德之困於周郎者乎[31]아 方其破荊州하고 下江陵하야 順流而東也[32]에 舳艫千里[33]요 旌旗蔽空[34]이라 釃酒臨江[35]하고 橫槊賦詩[36]하니 固一世之雄也러니 而今에 安在哉[37]오 況吾與子로 漁樵於江渚之上[38]하야 侶魚鰕而友麋鹿[39]이라 駕一葉之扁舟하야 擧匏樽以相屬[40]하니 寄蜉蝣於天地[41]에 渺滄海之一粟[42]이니 哀吾生之須臾[43]하고 羨長江之無窮하야 挾飛仙以遨遊[44]하고 抱明月而長終[45]이라 知不可乎驟得[46]일새 託遺響於悲風[47]하노라

소자는 문득 마음 깊이 우수(憂愁)가 깃들어 옷깃을 여미고 단정히 앉아 손에게 물었다. "퉁소 소리가 어떻게 그토록 슬프고 처량하오?" 손이 말하였다. "일찍이 '달은 밝고 별은 성긴데 / 까막까치는 남쪽으로 날아가누나'라고 하였으니, 이는 곧 조맹덕(曹孟德)의 시가 아니오? 서쪽으로 하구성(夏口城)을 바라보고, 동쪽으로 무창(武昌) 땅을 바라보니, 산천이 서로 둘러쳐져 있고, 큰 나무가 울창하게 우거졌거니, 이는 조맹덕이 주랑(周郎)에게 곤욕을 치른 곳이 아니오? 일찍이 조맹덕이 바야흐로 형주

(荊州)를 격파하고 강릉(江陵)으로 내려갔다가 장강을 따라 동진(東進)할 때, 거대한 전함이 천리에 이어졌고, 수많은 군기(軍旗)가 하늘을 뒤덮었다오. 당시 조맹덕은 술을 마시며 강물을 내려다보다 긴 창을 비스듬히 잡고 시를 읊었으니, 진실로 일세(一世)의 영웅이었거늘 지금은 그 어디에 있느뇨? 하물며 우리가 그대와 함께 강 가운데 모래톱에서 물고기 잡고 땔나무 하며, 물고기와 새우를 짝하고 순록과 사슴을 벗함에랴. 한 조각 작은 배를 타고 조롱박 술잔 들어 서로 권하며, 하루살이 인생을 천지간(天地間)에 맡김에, 그 보잘것없음이 흡사 망망대해에 떠 있는 한 톨의 좁쌀인 양하외다. 그래서 이내 생명의 짧고도 짧음을 슬퍼하고, 유유히 흐르는 장강의 무궁함을 부러워하며, 하늘을 나는 신선을 따라 마음껏 노닐고, 밝은 달을 품에 안고 길이길이 살고자 하였소. 하지만 그건 결코 홀연히 얻어 누릴 수 있는 게 아님을 깨닫고, 감개(感慨) 어린 퉁소의 여음(餘音)을 처량한 가을바람에 부친 것이라오."

주석

24 愀然(초연) : 수심(愁心)이 일며 안색이 바뀌는 모양.

25 危坐(위좌) : 단정히 앉음.

26 何爲(하위) : '위하(爲何)'의 도치.

27 曹孟德(조맹덕) : 곧 조조(曹操). '맹덕'은 그의 자(字). 전하는 바에 의하면 건안(建安) 13년(208) 조조는 북방을 평정한 위세를 타고 동오를 정벌키 위해 대군을 이끌고 남하하여 적벽에 주둔하였는데, 대전(大戰)을 앞둔 전야(前夜)에 문무백관과 주연을 즐기다 까막까치가 남쪽으로 날아가며 우는 소리를 듣고 느낀 바 있어, 「단가행(短歌行)」을 지어 내심의 정회를 읊었다고 함.

28 夏口(하구) : 옛 성(城) 이름. 지금의 호북성 무창(武昌) 황곡산(黃鵠山) 위

에 있던 것으로, 동오의 손권이 황무(黃武) 2년(223)에 축조하였다고 함.

29 武昌(무창) : 땅 이름. 지금의 호북성 악성현(鄂城縣). 지금의 무창이 아님.

30 繆(무) : 여기서는 료(繚)와 통함. 휘감음, 둘러쌈.

31 周郞(주랑) : 동오의 명장(名將) 주유(周瑜). 24세 젊은 나이에 건위중랑장(建威中郞將)에 올라 사람들이 이같이 불렀다고 함. ◇이 구는 건안 13년 조조가 적벽대전에서 손권의 명장 주유와 유비의 책사 제갈량에게 대패한 일을 이름.

32 이상 3구는 다음 사실(史實)을 표현함. 건안 13년 형주자사 유표(劉表)가 죽은 후, 그 아들 유종(劉琮)이 조조에게 투항하면서 형주를 점령한 조조는, 당양(當陽, 지금의 호북성 당양)에서 유비를 격파하고, 강릉으로 진군하였다. 그리고 다시 장강을 따라 동진(東進)하며 유비를 추격하였다. 이에 유비는 손권에게 구원을 요청하였고, 손·유가 연합해 조조에게 대항하면서 적벽대전이 일어남. '형주(荊州)'는 후한의 주(州) 이름. 지금의 호북, 호남성 일대. 치소(治所)는 양양(襄陽), 곧 지금의 호북성 양번(襄樊)이었음. '강릉(江陵)'은 지금의 호북성 강릉현.

33 舳艫(축로) : 배의 고물(배 뒷부분)과 이물(뱃머리). 여기서는 거대한 전함(戰艦)을 이름.

34 旌旗(정기) : 여러 종류의 군기(軍旗)를 통칭함.

35 釃(시) : (술을) 거름. 여기서는 따름.

36 橫槊賦詩(횡삭부시) : (말 위에서) 창을 비스듬히 잡고(또는 눕혀놓고) 시를 지음. 곧 전장(戰場)에서 시를 읊는, 넘치는 풍류와 기개를 형용함. '삭(槊)'은 긴 창. '시(詩)'는 곧 「단가행」을 가리킴.

37 安(안) : 하(何)와 같음.

38 漁樵(어초) : 물고기를 잡고 땔나무를 함. | 渚(저) : 강 가운데에 있는 작은 모래톱.

39 鰕(하) : 새우. | 麋(미) : 순록.

40 匏樽(포준) : 조롱박 술잔. | 屬(촉) : (술을) 권함.

41 蜉蝣(부유) : 하루살이. 곧 인생의 짧음을 비유함.

42 渺(묘) : 묘소(渺小)함, 즉 아주 작고 보잘것없음. | 滄海(창해) : 대해(大海), 즉 넓고 큰 바다.

43 須臾(수유) : 잠깐 동안, 눈 깜짝할 사이.

44 挾(협) : (겨드랑이에) 낌. 여기서는 의지함, 또는 ~와 함께. | 飛仙(비선) : 하늘을 나는 신선. | 遨遊(오유) : 즐겁게 놂.

45 長終(장종) : 장존(長存)함, 상생(長生)함, 영원함.

46 驟(취) : 홀연히, 갑자기. 여기서는 어렵지 않게, 쉽게란 뜻을 내포함. 일설에는 자주, 늘.

47 遺響(유향) : 여음(餘音). 곧 퉁소 소리를 이름.

蘇子曰: 客亦知夫水與月乎[48]아 逝者如斯[49]로대 而未嘗往也며 盈虛者如彼[50]로대 而卒莫消長也[51]라 蓋將自其變者而觀之[52]면 則天地도 曾不能以一瞬[53]이요 自其不變者而觀之면 則物與我皆無盡也어늘 而又何羨乎리오 且夫天地之間에 物各有主라 苟非吾之所有인댄 雖一毫而莫取[54]어니와 惟江上之清風과 與山間之明月은 耳得之而爲聲하고 目寓之而成色하야 取之無禁이요 用之不竭이니 是造物者之無盡藏也[55]요 而吾與子之所共樂[56]이니라

소자가 말하였다. "손도 저 강물과 달의 이치를 아시오? 무릇 세상 만물이 부단히 흘러가는 것이 저 강물과 같건만 일찍이 깡그리 흘러가 마르지 않았고, 차고 이지러지는 것이 저 달과 같건만 끝내 소실되거나 증장(增長)하지 않았소. 대개 변화의 측면에서 보면 천지 만물도 오히려 한 순간도 변하지 않을 수 없지만, 불변의 측면에서 보면 세상 만물과 우리

인간이 모두 영원히 다하지 않을 것이오. 그러니 또 무엇을 부러워하겠소? 또한 천지간 만물은 모두 그 주인이 있거늘, 진실로 우리의 소유가 아닐진댄 추호라도 함부로 취하지 말아야 할 것이오. 다만 오직 강상(江上)의 맑은 바람과 산간(山間)의 밝은 달만은, 귀로 들으면 정겨운 음악이 되고, 눈으로 보면 아름다운 풍광을 이루며, 취(取)하고 또 취해도 금하는 이가 없고, 쓰고 또 써도 고갈되지 않나니, 이는 조물주 대자연의 무진장한 보고(寶庫)요, 나와 그대가 함께 즐길 바외다."

주석

48 夫(부) : 구중(句中) 어기조사.

49 逝者如斯(서자여사) : 흘러가는 것이 마치 이 강물처럼 쉼 없다는 말. 출처는 『논어』「자한(子罕)」: "공자께서 강가에서 말씀하셨다. '무릇 흘러감이 이와 같나니, 밤낮없이 그치지를 않는구나!'(子在川上曰: 逝者如斯夫, 不舍晝夜)" '사(斯)'는 지시대명사로, 차(此)와 같음. 곧 강물을 가리킴.

50 盈虛(영허) : 여기서는 달이 차고 이지러짐을 이름. | 彼(피) : 달을 가리킴.

51 消長(소장) : 소실(消失)됨, 즉 사라져 없어짐과 증장(增長)함, 즉 점점 더 자라남.

52 將(장) : 여기서는 가정(假定)의 어기를 나타냄. 만약.

53 曾(증) : 여기서는 오히려, 의외로.

54 一毫(일호) : 한 가닥의 털이라는 뜻으로, 아주 적거나 조금인 것을 비유하는 말. 추호(秋毫)와 같음.

55 造物者(조물자) : 조물주. 곧 대자연을 가리킴. | 無盡藏(무진장) : 불교 용어. 원의(原義)는 불법(佛法)과 불덕(佛德)이 끝없이 광대하여 만사 만물에 작용함이 무궁무진함을 이름. 나중에는 쓰고 또 쓰고, 취하고 또 취해도 다함이 없이 무궁무진한 것도 이같이 이름. '장'은 보장(寶藏). 곧 보물 창고.

56 樂(락) : 즐김. 『동파문집』에는 판본에 따라 '적(適)'이나 '식(食)'으로 되어 있는데, 그 역시 향유함 · 누림 · 즐김을 뜻함.

客이 喜而笑하고 洗盞更酌하니 肴核[57]이 旣盡이요 盃盤이 狼藉[58]이라 相與枕藉乎舟中[59]하야 不知東方之旣白이러라

손이 기뻐 웃으며 술잔을 씻어 다시 술을 따르니, 어육과 과일 안주가 이미 다하고, 술잔과 쟁반이 여기저기 흩어져 어지러웠다. 그렇게 우리는 술에 취해 배 안에서 서로 베고 깔고 누워 자며, 동방에 어느새 날이 밝아오는 것도 알지 못하였다.

주석

57 肴核(효핵) : '효'는 어육(魚肉) 안주, '핵'은 과일 안주.
58 狼藉(낭적) : 여기저기 흩어져 어지러운 모양. '적'은 본시 '자'로 읽어야 하나, 여기서는 입성(入聲)의 압운자이므로 이같이 읽음.
59 相與(상여) : 피차(彼此). | 枕藉(침자) : (술에 취해) 서로 베고 깔고 누워 잠. 곧 서로 뒤엉켜 잔다는 말.

해설

이는 황주(黃州) 시기의 작품으로, 폄적(貶謫) 이후 소식의 복잡한 심경을 반영하고 있는데, 비록 일련의 소침(消沈)한 정서를 나타내고 있기는 하나, 그 서술 중점은 어디까지나 그의 활달하고 낙관적인 정신을 표현하는 데 있다. 다시 말해 작품은 사람을 유혹하는 미려(美麗)한 경물의 묘사와 자못 철학적인 주객 간 대화의 서술을 통해, 정치적 실의와 시련 이후 애써 정신적 번뇌와 고민에서 벗어나려는 심정을 표현하였다. 전편(全篇)은 대략 크게 세 부분으로 나뉜다. 먼저 소식은 밝은 달밤에 배를 타고 노닐며 마

치 "속세를 벗어나 아무 구속 없이 홀로 탁립하고 우화하여 선경에 드는" 착각에 빠졌음을 묘사하고 있는데, 현실 생활에 대한 그의 혐오감을 엿볼 수 있는 대목이다. 이어서 객(客)의 입을 통해 인생무상의 비애를 표현하였는데, 정쟁(政爭)에서 패퇴(敗退)한 그의 애수가 느껴진다. 끝으로 눈앞의 경물을 통해 대자연의 변화와 불변의 이치를 설명하는 가운데, 그의 활달한 정회를 표현하였다. 이렇듯 소식은 인생의 고뇌와 시름을 유연(悠然)히 달래며, 시종 이지적 냉정함을 잃지 않았고, 더욱이 활달하고 낙관적인 의식으로 하늘을 원망하지도, 사람을 탓하지도 않고, 오직 자연의 섭리에 순응하며 세속을 초월하고 있으니, 가히 '해탈'의 경지에 이르렀다 할 것이다.

애련설 愛蓮說

송(宋) 주돈이(周敦頤)

水陸草木之花可愛者甚蕃[1]하니 晉陶淵明은 獨愛菊[2]하고 自李唐來[3]로 世人이 甚愛牡丹[4]이라 予獨愛蓮之出於淤泥而不染[5]하고 濯淸漣而不夭[6]하고 中通外直[7]하고 不蔓不枝[8]하고 香遠益淸하야 亭亭淨植[9]하니 可遠觀而不可褻翫焉[10]이라

물이나 땅에서 자라는 초목의 꽃 가운데는 사랑스러운 것이 대단히 많다. 진대(晉代)의 도연명은 유독 국화를 좋아하였고, 당나라 때부터는 세상 사람들이 모란을 좋아하였다. 하지만 나는 연꽃을 특히 좋아하는데, 연꽃은 진흙 속에서 피어나서도 더럽게 물들지 않고, 맑은 잔물결에 씻기어도 요염하지 않다. 또한 줄기 속은 막힘없이 상하가 관통하면서 외형은 곧게 뻗고, 덩굴을 지지도 않고 가지를 뻗지도 않는다. 향기는 멀리 갈수록 더욱 맑고, 매양 정정(亭亭)한 자태로 정갈하고 고고(高古)히 우뚝 솟아 있으니, 멀리서 관상(觀賞)할 수는 있지만 가까이에서 함부로 만지며 완상(玩賞)할 수는 없다.

주돈이(1017～1073) : 자는 무숙(茂叔), 북송 도주(道州) 영도(營道, 지금의 호남성 도현道縣) 사람. 만년에는 여산(廬山, 강서성에 있는 산) 연화봉(蓮花峰) 아래에서 은거하며 '염계서당(濂溪書堂)'을 지어 강학(講學)과 저술에 몰두하였으며, 그 때문에 세칭 '염계 선생'이라고 한다. 시호는 원공(元公)이다. 북송의 저명한 철학자로, 이학(理學)의 비조이다. 저명한 이학자(理學者) 정호(程

顥)와 정이(程頤) 형제는 바로 그의 제자이다. 주돈이의 학설은 공맹(孔孟)의 유학을 존숭하지만, 철학 이론에 있어서는 도가의 사상을 융합하였다. 주요 철학 저술은 「태극도설(太極圖說)」과 『통서(通書)』 등이 있는데, 특히 「태극도설」은 『주역(周易)』과 노자의 사상을 조화(調和)해 완정(完整)한 우주관과 인생관을 제시한 그의 대표작이다.

주석

1 蕃(번) : 번다(繁多)함, 매우 많음.

2 陶淵明獨愛菊(도연명독애국) : 동진(東晉)의 저명한 은일(隱逸) 문사(文士) 도연명은 벼슬을 버리고 전원으로 돌아온 이후에는, 늘 음주를 즐기며 시(詩)를 지어 국화를 읊었는데, 「음주(飮酒)」(제5수)에서 '동쪽 울타리 아래에서 국화를 따노라니 / 아득하고 한가로이 남산이 보이누나(采菊東籬下, 悠然見南山)'라고 읊은 것은 천고의 명구로, 지금까지도 인구에 회자됨.

3 李唐(이당) : 당나라를 달리 일컫는 말. 그 군왕의 성이 이(李)씨였기 때문에 이같이 말한 것임.

4 이 구는 세상의 많은 사람들이 모란을 아주 좋아함을 표현함. 중당(中唐) 시인 백거이(白居易)는 신악부(新樂府) 「목단방(牧丹芳)」에서 당시(當時) 사람들이 모란을 열애(熱愛)하는 광경을 묘사하며, '온 성(城) 사람들이 모두 미친 것 같다(一城之人皆若狂)'고 하였음. 모란은 부귀를 상징하며, 화왕(花王), 즉 꽃의 왕으로 일컬어짐.

5 淤泥(어니) : 진흙.

6 濯(탁) : 씻음. | 淸漣(청련) : 잔잔하게 출렁이는 맑은 물을 이름. '련(漣)'은 잔잔한 물결.

7 中通(중통) : 연(蓮) 줄기 속이 텅 비어 막힘없이 관통함을 이름. | 外直(외직) : 연 줄기의 외형(外形)이 곧게 뻗음을 이름.

8 蔓(만) : 여기서는 동사로, 덩굴이 짐. | 枝(지) : 역시 동사로, 가지를 뻗음.

9 亭亭(정정) : 나무 따위가 곧게 우뚝 솟은 모양을 이름. | 植(식) : 똑바로

섬, 우뚝 섬.

10 褻翫(설완) : 가까이 하며 함부로 장난침, 함부로 만지며 완상함. '설'은 무람없음. 곧 예의를 지키지 않아 삼가고 조심하는 것이 없음.

予謂菊은 花之隱逸者也[11]요 牡丹은 花之富貴者也요 蓮은 花之君子者也리 噫라 菊之愛[12]는 陶後에 鮮有聞[13]이요 蓮之愛는 同予者何人고 牡丹之愛는 宜乎衆矣[14]로다

나는 국화는 꽃 중의 은자(隱者)요, 모란은 꽃 중의 부귀한 이요, 연꽃은 꽃 중의 군자라고 생각한다. 아! 국화를 좋아하는 사람은 도연명 이후에는 거의 들어보지 못하였고, 연꽃을 좋아하는 사람은 나 같은 이가 또 그 누구더냐? 하지만 모란을 좋아하는 사람은 당연히 많을 것이다.

주석

11 隱逸(은일) : 피세 은거함. 또 그런 사람 곧 은자(隱者).

12 菊之愛(국지애) : 국화에 대한 사랑. 또 국화를 애호하는 사람.

13 鮮(선) : 드묾, 적음.

14 宜乎(의호) : 당연함. '호'는 어조사.

해설

이 글은 주돈이가 여산 기슭에 기거(寄居)할 당시에 지은 것이다. 부귀영화를 동경하고 추구하는 것은 인지상정(人之常情)이다. 하지만 염치(廉恥)와 도의(道義)가 전제되지 않을 때, 그것은 비속(卑俗)함을 면치 못한다. 송대의 사대부들은 다른 시대에 비해 유독 부귀공명에 탐닉한 경우가 많았다. 때문에 여기서 작가는 연꽃의 고결하고 탈속(脫俗)한 자태를 찬탄함과 동시에, 스스로를 연꽃에 비유해 시류에 휩쓸리지 않고 청고(淸高)하기 그지없

는 자신의 품격을 포양(褒揚)하는가 하면, 부귀 현달(顯達)의 추구에 몰두하는 세속의 무리들을 은근하면서도 신랄히 풍자하였다. 작품의 전문(全文)은 겨우 100여 자(字)에 지나지 않지만, 행간(行間)에는 심원한 우의(寓意)가 흐르고 무궁한 함축이 있으니, 작가 자신의 안빈낙도의 지향(志向)과 홍취를 표현하였고, 또한 비속한 풍조가 팽배한 당시의 사회 현실에 대한 불만과 우려의 정서를 토로하였다.

태극도설 太極圖說[1]

송(宋) 주돈이

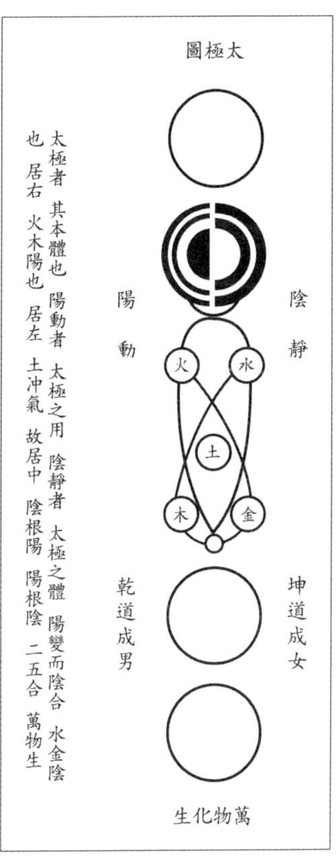

無極而太極[2]이니라

무극에서 태극이 생겨났다.

주석

1 太極圖(태극도) : 주희(朱熹) 등의 견해에 따르면, 주돈이의 '태극도'는 오대(五代) 및 송초(宋初)의 도사(道士) 진단(陳摶)의 양생 수련도(修煉圖)인 '무극도(無極圖)'를 계승해, 우주 만물의 생성 변화의 원리를 도식화한 것이라고 함.

2 無極(무극) : 우주의 본원(本源)으로, 곧 '태극'의 근원을 이름. 이 말은 고대 유가 경전에서는 찾아볼 수 없으며 『노자(老子)』에 처음 보이는데, "사람은 깨끗하고 밝음을 잘 알고, 기꺼이 더럽고 어두움에 안거(安居)하며, 천하의 본보기가 되어야 한다. 천하의 본보기가 되면 영원불변의 지극한 덕이 어그러지지 아니하여 다시 '무극'으로 되돌아가게 된다.(知其白, 守其黑, 爲天下式. 爲天下式, 常德不忒, 復歸於無極)"(제28장)라고 함. 다만 주희는 노자가 말한 '무극'은 '무궁하다는 뜻(無窮之義)'으로,

주돈이가 말하는 뜻이 아니라고 함. | 太極(태극) : '무극'에서 생성되어 나온 또 하나의 우주 만물의 근원으로, 음양이 분화되기 이전 혼돈 상태의 근원적 기운을 말함. 이는 『주역(周易)』「계사(繫辭) 상」··· "역(易)'의 도(道)에는 '태극'이 있으니, 이것이 양의(천지 음양)를 낳고, 양의가 사상(태양, 태음, 소양, 소음)을 낳고, 사상이 팔괘를 낳았다.(易有太極, 是生兩儀, 兩儀生四象, 四象生八卦)"라고 한 데에서 비롯됨. '태'는 시원(始原), 본원. 또 무상(無上, 최고의, 극치의). '극'은 최(最)발단의 자리, 결구(結構) 및 구조의 근본. 또 준칙(準則), 표준. ◇이 구는 전편(全篇)의 핵심 강령(綱領)이다. 주돈이의 현존 「태극도설」은 주희가 정리해 후세에 전한 것인데, 이 구가 송대(宋代) 『국사(國史)』「주돈이전(周敦頤傳)」 소인본(所引本)에는 "무극에서 태극이 생겨났다.(自無極而爲太極)"라고 되어 있다. 이에 대해 주희는 '자(自)'와 '위(爲)' 두 글자가 잘못 덧붙여진 것이라는 견해를 내놓았는데, 그는 '무극'과 '태극'을 동일시하여 '무극이 곧 태극이고, 태극이 곧 무극'이라고 본 것이다. 그에 따르면 우주의 본원은 무극이면서 태극이며, 결코 태극의 위나 밖에 새로 무극이 있는 것이 아니다. 여기서 무극이란 단지 태극을 형용하는 말로, 태극이 전체를 관통하는 무형무적(無形無迹)의 본원임을 나타낼 뿐이라는 것이다. 반면 남송의 육구연(陸九淵)을 비롯해 청대의 모기령(毛奇齡) 등은 모두 『국사』를 신뢰하며 그대로 이해하고 풀이하였다. 즉 '무극'이 우주 만물의 본원이고, 그런 '무극'에서 일정한 변화와 발전을 거쳐 '태극'이 생성되었다는 것이다. 현재로서는 어느 것이 주돈이의 원문인지 알 수 없다. 또한 『국사』의 오류를 입증할 확증도 없다. 판단에 신중을 요한다는 말이다. 다만 유가의 입장에서는 인정하기 싫을지 모르나, 여기서 주돈이는 노자의 사상을 계승한 것으로 보인다. 그러니까 이 구는 『노자』··· "'도'(우주의 본원)가 '일'(천지가 분화되기 이전 혼돈의 원기元氣)을 낳고 '일'은 '이'(음기와 양기)를 낳고 '이'는 '삼'(음양 혼합의 화기和氣)을 낳고 '삼'은 만물을 낳았다.(道生一, 一生二, 二生三, 三生萬物)"(제42장)고 한 논지와 상통한다. 하여 '무극'은 우주의 본원으로서 천지 만물의 생

성을 위한 또 하나의 근원적 기운인 '태극'을 낳았다고 할 수 있다. 바로 '무에서 유가 생겨났다(有生於無)'는 도가의 우주론과 같은 맥락이다.

太極이 **動而生陽**하니 **動極而靜**이요 **靜而生陰**하니 **靜極復動**이라 **一動一靜**이 **互爲其根**[3]하야 **分陰分陽**에 **兩儀立焉**[4]이니라 **陽變陰合**[5]하야 **而生水火木金土**[6]하야 **五氣順布**에 **四時行焉**이니라

태극이 움직여 양기를 낳고, 움직임이 극에 달하면 정지(靜止)하게 된다. 정지하여서는 음기를 낳고, 정지함이 극에 달하면 다시 움직이게 된다. 이처럼 한 번 움직임과 한 번 정지함이 서로 의존해 근거하며, 음기를 분화(分化)하고 양기를 분화함으로써 천지(天地)의 양의(兩儀)가 확립되었다. 또한 천지 음양이 일변일합(一變一合)하여 수(水)·화(火)·목(木)·금(金)·토(土) 오행(五行)이 생성되고, 오행의 기운이 순서대로 분포함으로써 춘·하·추·동 사시(四時)가 운행하게 되었다.

주석

3 互爲其根(호위기근) : 음양·동정(動靜)이 서로 의존하고 근거한다는 말. 여기서 '근'은 근본이나 본원의 뜻이 아님. 음양은 모두 태극을 근본으로 하며 피차 서로를 근본으로 할 수는 없음.

4 兩儀(양의) : 음양. 또 천지. 천지는 태극의 동정(動靜)에 의해 분화된 음양을 대표함. 우주 만상은 곧 천지 음양의 대립적 조화의 산물임.

5 陽變陰合(양변음합) : 양기가 변동(變動)하고, 음기가 그에 호응 화합한다는 말.

6 水火木金土(수화목금토) : 우주 만물을 이루는 다섯 가지 원소로, 곧 오행.

五行이 一陰陽也[7]요 陰陽은 一太極也니 太極은 本無極也라

오행은 귀일(歸一)하면 곧 음양이요, 음양은 귀일하면 곧 태극이니, 태극은 무극에서 근원한다.

주석

7 一(일) : 귀일함. 곧 여러 갈래로 나뉘거나 갈린 것이 하나로 합쳐짐.

五行之生也에 各一其性[8]이니 無極之眞과 二五之精[9]이 妙合而凝[10]하야 乾道成男하고 坤道成女[11]하야 二氣交感[12]하야 化生萬物하니 萬物은 生生而變化無窮焉이니라

오행이 생성됨에 있어 각각 그 독특한 속성을 하나씩 가지게 되며, 무극의 진수(眞髓)와 음양·오행의 정수(精髓)가 절묘하게 융합해 응집하면서 하늘의 기운인 건도(乾道)는 남성의 형체를 이루고, 땅의 기운인 곤도(坤道)는 여성의 형체를 이루었다. 또한 두 기운이 상호 감응하여 만물을 화육해 생장케 하니, 만물은 끝없이 생성을 거듭하며 그 변화가 무궁무진하다.

주석

8 各一其性(각일기성) : 오행은 다섯 가지 물질이면서 또한 각각 그 독특한 본질과 속성을 가지고 있음을 이름.

9 二五(이오) : 음양 이기(二氣)와 오행(五行)의 기운.

10 妙合(묘합) : 주희는 이를 '무극과 음양, 오행이 본디 완전히 섞이고 융화되어 전혀 간극이 없음(無極二五本混融而無間也)'(『근사록집해近思錄集解』)

을 이른다고 함. | 凝(응) : 주희는 이를 '모인다는 뜻이니, 기가 모여서 형체를 이루는 것이다.(聚也, 氣聚而成形也)'(위와 같음)라고 풀이함.

11 "乾道(건도)"2구 : 양강(陽剛)한 기운은 남성이 되었다는 것이니 곧 아버지의 도(道)요, 음유(陰柔)한 기운은 여성이 되었다는 것이니 곧 어머니의 도임을 말함. 출처는 『주역(周易)』「계사(繫辭) 상」.

12 交感(교감) : 상호 감응함. 『주역』「함괘(咸卦)」「단사(彖辭)」: "천지의 기운이 상호 감응하여 만물이 변화 생성되었다.(天地感而萬物化生)"

惟人也得其秀而最靈[13]하니 **形旣生矣**에 **神發知矣**[14]요 **五性感動而善惡分**[15]하고 **萬事出矣**니라 **聖人**이 **定之以中正仁義而主靜**[16]하야 **立人極焉**[17]이니라

그 가운데 오직 사람만이 천지 음양의 수기(秀氣)를 받아 만물의 영장이 되었으니, 형체가 생성된 다음에 정신이 지각(知覺)을 발(發)하였고, 오상(五常)의 성(性)이 외물(外物)에 감응하여 움직이면서 선악이 나뉘고 만사가 생겨났다. 그러므로 성인은 인의와 중정의 도(道)로써 오성을 안정시키고, 청심과욕(淸心寡慾)을 주창하여 사람됨의 최고 표준을 수립하였다.

주석

13 秀(수) : 천지 음양의 수기(秀氣, 신령스럽고 빼어난 기운). | 最靈(최령) : 가장 영묘(靈妙)함. 곧 사람이 만물의 영장(靈長)임을 이름.

14 知(지) : 지각(知覺). 일설에는 지혜[智].

15 "五性(오성)"구 : 『예기(禮記)』「악기(樂記)」에서 "사람이 세상에 태어나면 욕심이 없어 청정(淸靜)하기만 한데, 이는 사람의 천성이다. 또한 외물

에 감응하여 움직이는 것은 인성(人性)의 정욕(情欲)이다.(人生而靜, 天之性也. 感於物而動, 性之欲也)"라고 함. 다시 말해서 성(性)이 외물에 감응하여 움직임으로써 정(情)을 낳는데, 유가의 학설에 따르면 성은 본디 선(善)한 것이나, 정은 선함도 있고 불선(不善)함도 있다. 그러므로 이 구(句)와 같이 말한 것임. '오성'은 인간의 다섯 가지 본성, 즉 인의예지신(仁義禮智信) 오상(五常)의 성(性)을 이름.

16 定之以中正仁義(정지이중정인의) : '중정인의'로 '오성'을 안정시킴. 사람마다 오성이 다르기 때문에 선악이 나뉘며 복잡다단한 일이 일어나게 된다. 뿐만 아니라 사람이 악을 행하고 불의를 범하는 까닭은 사사로운 욕심이 오성을 교란시키기 때문이다. 그러므로 성인은 중정인의의 도(道)로써 오성을 안정시킨다는 것임. '지'는 앞에서 말한 오성을 가리킴. '중정인의'는 성인지도(聖人之道)의 핵심으로, 중화(中和)·방정(方正)·인애(仁愛)·도의(道義)를 이름. 주돈이의 원주(原注)에서 "성인의 도는 인의와 중정일 뿐이다.(聖人之道, 仁義中正而已矣)"라고 한 바 있음. | 靜(정) : 청정(淸靜)함. 곧 무욕(無欲)의 경지를 이름. 주돈이의 원주에 이르기를 "욕심이 없기 때문에 맑고 고요한 것이다.(無欲故靜)"라고 함. 『노자(老子)』에서는 "욕심을 부리지 아니하여 마음이 맑고 고요해지면, 천하가 절로 안정될 것이다.(不欲以靜, 天下將自定)"(제37장)라고 함.

17 人極(인극) : 사람됨의 최고(最高) 전범(典範), 표준.

故로 聖人은 與天地合其德하며 日月合其明하며 四時合其序하며 鬼神合其吉凶[18]이니 君子는 修之라 吉하고 小人은 悖之라 凶하니라 故로 曰: 立天之道는 曰陰與陽이요 立地之道는 曰柔與剛이요 立人之道는 曰仁與義[19]라하고 又曰: 原始反終이라 故로 知死生之說[20]이라하니 大哉라 易也[21]여 斯其至矣로다

그러므로 성인은 『주역(周易)』에서 말한 대로 "천지와 그 덕성이 부합되고 일월과 그 광명이 동일하며, 사시와 그 차서(次序)가 일치하고 귀신과 그 길흉이 합치하거니" 군자는 그 같은 성인의 도를 닦아서 길하고, 소인은 그 같은 도를 어겨서 흉하다. 그러므로 『주역』에서 이르기를 "천도(天道)를 세움에는 음과 양이 있음을 말하고, 지도(地道)를 세움에는 유(柔)와 강(剛)이 있음을 말하며, 인도(人道)를 세움에는 인과 의가 있음을 말한다."라고 하였으며, 또 이르기를 "만물의 시원(始原)을 고찰하여 그 종국(終局)을 탐구하며, 그렇게 하여 삶과 죽음의 이치를 안다."라고 하였다. 위대하도다, 『주역』이여! 이것이 그 지극한 철리(哲理)로다.

주석

18 "與天(여천)"4구 : 곧 천시와 일월, 사시, 귀신이 모두 동일한 음양 동정(動靜)의 도리(道理)로, 그 어느 것 하나도 어겨서는 안 된다는 뜻을 표현함. 출처는 『주역』「건괘(乾卦)」「문언(文言)」.

19 "立天(입천)"6구 : 곧 음양이 형상을 이룸으로써 천도(天道)가 확립되고, 강유가 형질(形質)을 이룸으로써 지도(地道)가 확립되며, 인의가 성덕(聖德)을 이룸으로써 인도(人道)가 확립되었다는 뜻을 표현함. 다시 말해서 천도에는 음과 양이 있으니 달과 해와 같음이요, 지도에는 유와 강이 있으니 나무와 쇠와 같음이요, 인도에는 인과 의가 있으니 상(賞)과 벌(罰)과 같음임을 이름. 출처는 『주역』「설괘(說卦)」.

20 "原始(원시)"2구 : 출처는 『주역』「계사 상」. '원(原)'은 추구(推究)함, 곧 이치를 미루어서 깊이 생각하여 밝힘. 또는 고찰함, 궁구(窮究)함. '반(反)'은 반(返)과 같음. 여기서는 탐구(探求)함. 곧 필요한 것을 조사하여 찾아내거나 얻어냄. 또는 유추함.

21 易(역) : 즉 『주역』. 『역경(易經)』이라고도 하며, 유가 육경(六經)의 으뜸으로 꼽힘.

해설

이 글은 동양철학사상 소위 공맹(孔孟)의 전통 유학이 새롭게 발전하여 성리학(性理學)이라는 신(新)유학으로 거듭나는 데 초석이 된, 위대한 저작이다. 여기서 주돈이가 논증한 주요 관점과 사상은 다음 몇 가지로 요약된다.(이하以下 꿔 삐껑郭必庚의 『元極學與傳統文化研究』 참조)

첫째, 소위 '무극이태극(無極而太極)'의 우주 본원론(本源論) 내지 본체론(本體論)이다. 주돈이는 태초의 우주 생성과 관련하여, 오행은 음양에서 근원하고 음양은 태극에서 근원하며 태극은 무극에서 근원함을 명확히 하였는데, 최(最)원시적 혼돈 상태의 '무극'을 우주의 시원(始原)으로 본 것이다.

둘째, 우주 만물의 생성과 변화를 계통화한 모식(模式)이니, 곧 '무극' → '태극' → '음양' → '오행' → '남녀' → '만물'의 계통이다.

셋째, 성인(聖人)을 지향하는 윤리관(倫理觀)이다. 곧 주돈이가 논증한 윤리관의 중심 내용은 '중정인의'를 원칙으로 하면서, '청심과욕을 주체로 함(主靜)'을 기본 방법으로 하는, 유가의 도덕 수양 이론이다. 그리고 그 수양의 목표는 바로 '성인'이다. 인간은 만물의 영장이므로 마땅히 청정(淸靜)한 마음을 닦아야 한다. 그리하여 성인군자는 무엇보다 탐욕을 버리고 자각적으로 천지와 덕성을 부합시키고, 일월과 광명을 동일하게 하며, 사시와 차서를 일치시킴으로써 길상(吉祥)을 얻게 된다. 반면 소인은 그렇지 못하니, 결국 흉화(凶禍)에 직면할 수밖에 없다. 여기서 우리는, 비록 도가와 불가의 학술에도 상당한 조예가 있었던 것으로 알려진 주돈이이지만, 결국은 유가의 입장에서 성리학의 발전을 위해 태극도를 연구하였다는 것을 알 수 있다.

넷째, 천도는 음양이요, 지도는 강유요, 인도는 인의임을 밝히고 있는데, 곧 이러한 근본 도리 내지 이치를 깨달음으로써 인생의 문제를 보다 정확히 이해할 수 있다는 관점이다.

다섯째, 주돈이는 『주역』과 『노자』의 정화를 계승해 유가의 경전과 결합시켰으니, 곧 '무극', '태극', '음양', '오행' 등 도가의 기본 개념과 유가의

‘인’, ‘의’, ‘예’, ‘지’, ‘신’, ‘중(中)’, ‘정(正)’ 등의 개념을 융합하여, 신유학(新儒學)의 이론을 정립한 것이다.